先秦往事

覃仕勇 著

华文出版社
SINO-CULTURE PRESS

图书在版编目（CIP）数据

先秦往事 / 覃仕勇著. -- 北京：华文出版社，2024.1
　ISBN 978-7-5075-5885-2

　Ⅰ. ①先… Ⅱ. ①覃… Ⅲ. ①中国历史－先秦时代－通俗读物 Ⅳ. ①K220.9

中国国家版本馆CIP数据核字(2023)第248649号

先秦往事

作　　者：	覃仕勇
责任编辑：	胡慧华
出版发行：	华文出版社
地　　址：	北京市西城区广安门外大街305号8区2号楼
邮政编码：	100055
网　　址：	http://www.hwcbs.cn
电　　话：	总编室 010-58336239　责任编辑 010-58336197
	发行部 010-58336267
经　　销：	新华书店
印　　刷：	三河市龙大印装有限公司
开　　本：	710mm×1000mm　1/16
印　　张：	18.5
字　　数：	247千字
版　　次：	2024年1月第1版
印　　次：	2024年1月第1次印刷
标准书号：	ISBN 978-7-5075-5885-2
定　　价：	58.00元

版权所有，侵权必究

前言

我们都知道中华民族有五千年的灿烂文明，但是，这五千年的文明历史中，大家熟知的只是从秦汉而下的两千多年的发展过程，而对秦朝以前，也就是我们常说的"先秦"的历史不甚了解。

究其原因，也容易理解：

一、秦汉而下，历朝历代，次序井然，史籍记载，材料丰赡。

二、民间的各种演义、戏说，背景多定位于秦朝以后的朝代，即人们对秦朝以后的历史人物、历史事件喜闻乐见，了解的渠道多种多样。

形成这种现象的原因，也主要有两个：

一、广义上的"先秦"，是指秦朝建立之前的时代，上溯唐尧、虞舜等人生活的远古时代，下至春秋和战国时期。

但我国第一个有文字记载的王朝是从商朝开始的，换言之，即商朝属于半信史时代。

夏朝和夏朝以前的历史，只能划归传疑时代的范畴。

中国的信史时代是从西周共和元年（前841）开始的。

无论是商朝及商朝以前的传疑时代，还是商朝以后、东周之前的历史，大多以传说为主。

二、即使是东周时期的历史，各诸侯国史家记载的出发点不同，侧重点不同，并且流传下来的很少，史料荒芜，即使参考诸子百家的著作，亦仍是斑驳杂离，难得全貌。

以上两点导致了后世对先秦历史总是不得要领、难以适从，甚至无从了解。

写作本书，笔者就是想从考古和史料辨析这两个方面入手，试图还原一个比较接近历史原貌的先秦历史画卷给读者。

换言之，对商朝及商朝以前的传疑时代，以及商朝以后、东周之前的历史，全部根据近百年来考古专家的考古进程讲述；而对东周时期的历史，当然也有考古析疑的部分，则主要还是依照历代史家的记录、叙述、辨析进行讲解。

以上，是本书的表达方式，也是本书的表达风格——所涉及的考古，不是枯燥的考古，而是从一个个真实而又富于传奇色彩的小故事入手，围绕文物的发现、寻访、得失、考证展开讲述，妙趣横生，引人入胜；所涉及的史料辨析，都是从人们所熟知的历史典故剖析讲起，以侦探破案式的悬疑设问，层层推进，层层辨析，让读者在阅读中享受愉悦，在愉悦中收获知识。

不难看出，本书的价值和意义在于：以别开生面的笔触吸引读者，让读者在愉悦的阅读中收获知识，从而达到弘扬中华悠久灿烂文化、增强中华民族自信的目的。

综上所述，本书可以说是一本非常独特的历史通俗著作。

目　录

第一部分　传疑时代

第一章　神话的回归
一、中华文明可以追溯到多少年前？ /002

二、说说那些或与伏羲有关的古迹 /004

三、女娲真的存在吗？娲皇宫出土了六千多年前的成人头骨 /006

四、黄帝是神话人物？ /008

五、"大禹只是一个图腾"？有青铜器可以证明大禹划分了九州 /011

六、谁能破解禹王碑的文字？ /013

七、"尧舜禅让"是真的吗？ /016

第二章　夏商周遗迹
一、夏朝的史实在这里脉络分明 /020

二、妇好墓的发掘 /023

三、一个或与纣王有关的犀尊 /025

四、利簋：为"夏商周断代工程"提供了重大考证证据 /027

五、逨盘出土，印证了《史记》所记西周朝的准确性 /030

六、足以证实周成王迁都成周的镇国之宝 /031

第三章　周朝的几处析疑
一、文王享年九十七？武王享年九十三？ /033

二、周文王惨遭肢解并被陈尸祭坛了吗？ /043

三、姜子牙七十二岁遇周文王？ /047

四、穆王驭八骏游西天有史实依据吗？ /055

第二部分 信史时代

第一章 东周列国

一、卫国曾为"诸侯之长"，国内人才辈出，为何越混越不像样了呢？ /062

二、强大的晋国为何最终惨遭"三家分晋"？ /075

三、"三家分晋"后，魏国其实是沿用了"晋"的国号，但很多人不知道 /083

四、鲁国在立国之初就不被看好，却存活了将近八百年 /087

五、吕氏的齐国原本是春秋四大国之一，后来怎么被田氏取代了？ /099

六、燕国在春秋时期的存在感为何这么低？ /113

七、《吕氏春秋》里的寓言故事为什么喜欢拿宋国人开涮？ /120

八、吴国的两次让国，温情脉脉，感人无数 /131

九、春秋争霸行列中最神秘的一个国家——越国 /137

第二章 春秋争霸

一、周幽王烽火戏诸侯？ /143

二、周平王东迁的最大原因，原来是他得位不正 /146

三、郑庄公身为一代雄主，却被孔子他们"玩坏了" /149

四、春秋五霸都有谁？ /155

五、窝囊至极的宋襄公为何被列为"春秋五霸"之一？ /160

六、吴王阖闾和伍子胥灭楚后行禽兽事？ /166

第三章 战国竞雄

一、"三家分晋"后，晋国的国君到哪里去了？ /169

二、晋国的三军六卿制的来由及其发展 /171

三、绝代美女息妫是如何倾人城、覆人国的？ /183

四、楚庄王为何要三年后才一鸣惊人？ /188

五、秦桓公背信弃义，撕毁"夹河之盟"，差点把秦穆公建立的基业败光 /196

六、没能起用商鞅和孙膑的魏惠王是庸主吗？ /200

第三部分　乱世奇才

第一章　兵家光环

一、春秋的孙武就是战国的孙膑？ /212

二、兵圣孙武的吊诡人生：著有兵法《孙子》十三篇，实际操作只有"吴宫训美" /213

三、田忌赛马需要孙膑指点吗？他的军事作品比《孙膑兵法》流传更广 /217

四、一言不合就杀人，为求功名杀娇妻，战国名将吴起真的是那样的人吗？ /222

五、拨开云雾，看看都有哪些假战绩是司马迁强加给吴起的 /226

六、司马迁给吴起编造的这个拙劣情节，很多人信以为真 /230

七、"战神"白起，他的军事能力并没那么神 /236

第二章　谋士风采

一、宋人写诗称"须信巫臣为楚忠"，知道巫臣是谁吗？来看他做的好事 /242

二、古人的情商就这么低？为了争个桃子被人耍得团团转，还拔剑自杀了 /251

三、柳下惠"坐怀不乱"，是否确有其事？ /254

四、娶了漂亮老婆是啥体验？孔子先祖有过极不平凡的经历，被记于史册 /256

五、孔子的父亲为什么叫叔梁纥，却不姓孔？ /258

六、李耳为何不叫李子而叫老子？ /260

第三章　历史谜团

一、孔子著《春秋》？ /262

二、吴起写作了《左传》？ /267

三、左丘明写了《左传》？ /269

四、虚拟出两位光照千古的大英雄，司马迁堪称一流的编剧家 /275

五、庞涓死于马陵之战？ /279

参考书目 /285

第一部分

传疑时代

第一章　神话的回归

一、中华文明可以追溯到多少年前？

中国历史是从什么时候算起的，现在实在无法确定。

中国历史是如何开始的，现在更加无法确定。

西汉史学家司马迁编写《史记》，因为他写的是纪传体通史，撰写有《五帝本纪》，算是从黄帝王朝时代写起的。

黄帝王朝时代，属于一个传说时代。

传说时代之前，还应该有一个神话时代。

神话时代的大致脉络是：盘古大帝开天辟地，天地经过九头纪、五龙纪、摄提纪、合雒纪、连通纪、序命纪、循蜚纪、因提纪、禅通纪、疏仡纪的分化和演变，陆续出现了三位伟大的神祇，即天皇、地皇和人皇这"三皇"。

在"三皇"的统治时代，天地已生有万物，但人们的生活水平低下，风餐露宿，茹毛饮血，处于野蛮而未开化的原始社会状态。

让人类获得长足发展的，是随后出现的五位神祇人物，即有巢氏、燧人氏、伏羲氏、女娲氏、神农氏"五氏"。

有巢氏教导人民建造出简陋的巢穴、房屋；燧人氏摸索出钻木取火的技能；伏羲氏始造文字以记事；女娲氏采石补天；神农氏尝百草而开启了农耕文明，中国历史也因此进入黄帝王朝时代。

黄帝王朝时代出现五位有名的领袖人物，分别是黄帝、颛顼、帝喾、尧、舜，史学家称之为"五帝"，所以，黄帝王朝时代也可称之为五帝时代。

前面说了，黄帝王朝时代属于一个传说时代，虽然它的系统性要比神话更为严谨一些，但它和神话时代的虚构成分是一目了然的。

那么，现在，我们是否可以借助于考古研究，把中国古代历史的发展脉络梳理得更为清晰一些呢？

这里，最先要涉及到的一个重大问题是：中华文明的出现，应该从什么时候算起。

考古学家以人类使用打制石器为标志来划分人类物质文明发展阶段，先是旧石器时代，再到新石器时代。

我国河南省舞阳县北舞渡西南三里处的贾湖遗址，曾在1980年被河南省博物馆考古队确认为新石器早期文化遗存。

从1983年到2001年，河南省博物馆考古队先后对贾湖遗址进行了七次科学发掘，共揭露面积二千六百五十七点五平方米，清理出住房遗址五十三座，陶窑十一座，墓葬四百四十五座，出土陶、石、骨等文物及文物标本五千余件。

这些陶、石、骨等文物及文物标本，通过碳-14检测，都在地下埋了近万年，但质量普遍不高。

不过，在1986年开始的第四次发掘中，考古工作人员在七十八号墓里发掘出了两段被放置在墓主人股骨旁的骨管。

这两段骨管，经科学检测，属于兽骨或禽骨。

墓主人为什么要拿这两段兽骨或禽骨作为陪葬品呢？

有人说，它们属于织布和补网的器具。

也有人说，它们是宗教祭祀用品。

也有人根据骨管一侧管壁上挖有的七个圆形穿孔，开玩笑地说："这种'穿孔骨管'应该是一支笛子。"

玩笑归玩笑，大家都没有当真。

前面说了,通过碳-14检测,贾湖遗址埋在地下的东西,都是埋了近万年的了。

近万年前,连文字都没有,哪谈得上音乐?哪有什么乐理知识?又哪谈得上制作乐器演奏呢?

但这次考古的负责人中还真的有人把这句玩笑话当真了。

1987年春,贾湖遗址进行了第六次发掘,考古队又发现了一座墓的墓主人左股骨内侧放置的一支完整无损的"穿孔骨管",管身上的七个孔大小完全相同。

不得不说,这个"穿孔骨管"实在太像笛子了。

考古工作的主要负责人决定拿着这支完整无损的"穿孔骨管"找音乐界的权威人士问个究竟。

几经周折。

1987年11月,"穿孔骨管"被国内顶级的音乐界专家认定为笛子,并且,通过了电闪音高仪(stroboconn)闪光频谱测音仪的测试。

测试完毕,有两位音乐专家分别用斜吹的方式吹奏了上行和下行的音序,又分别吹奏了河北民歌《小白菜》的曲调。

那么,专家们对"穿孔骨管"做出的结论是:舞阳出土的"穿孔骨管"具备音阶结构,是乐器。

既然是乐器,那就可以确定九千年前的贾湖先民具备了一定的乐理知识,那么,中国的文明史就不应该是我们常说的五千年,而是九千年了!

二、说说那些或与伏羲有关的古迹

20世纪20年代,我国发现了新石器时代中期的仰韶文化和新石器时代晚期的龙山文化,震惊了世界。

可惜的是,只有新石器时代的中期、晚期文化,缺失了早期文化。

在接下来二十多年的时间里,考古界也一直迟迟没有发现关于新石器时代早期文化的任何遗址。

有人提出了"中国文化西来说",说"外来信息是中国新石器时代起源的决定因素"……。

这些毫无根据的言论引起我国考古工作者强烈的不满,大家决心寻找我国新石器时代早期文化,以填补这段空缺。

1956年秋,第一届全国文物普查培训班成立,培训班里的成员都以这一重责为己任。

培训班结束,河南省新郑县的文物普查工作开始了。

河南属古中原地带,而河南地区自古以来也流传着许多伏羲的传说,至今尚存有纪念伏羲或与伏羲有关的文物古迹。

伏羲是中华民族古史传说中的人文始祖,为"百王先"。《水经注》卷二十二载:"(陈城)故陈国也,伏羲、神农并都之。城东北三十许里,犹有羲城实中。"这句话的意思是,伏羲曾都陈。陈即今淮阳。淮阳县城东北有伏羲城。

想想看,伏羲作为中华民族的人文始祖,早于炎黄二帝,在考古学文化中,伏羲文化应早于炎黄文化。学术界既然将炎黄文化对应于新石器时代中期的仰韶文化,那么要找寻新石器时代的早期文化,可不就得对照着伏羲文化开展寻找文物工作?

淮阳与新郑的直线距离不到两百公里。

新郑文物普查工作组成员都格外重视这次普查工作。

1956年冬,普查工作组进入西北区,在云湾大队裴李岗村挖出了一个石铲和陶片。

经过多方考证,发现它们是史前文明时代先民加工谷物用的石磨和石碾。

这一发现,惊动了国家和省文物部门,也惊动了邻近的县市。

于是,从1956年到1973年的这十几年中,不断有专家、学者前来参观、考察,大家都认为裴李岗这块台地是个遗址,内涵丰富,可代表一个历史阶段的文化。

截至1973年，人们已经在裴李岗村西发掘出墓葬一百一十四座、陶窑一座、灰坑十多个，还有几处残破的穴居房基。出土各种器物四百多件，包括石器、陶器、骨器及陶纺轮、陶塑猪头、羊头等原始艺术品。

经科学鉴定，从这两万余平方米的发掘面积中，考古人员鉴定其文化内涵是八千年前的人类的文明史，并且印证了古文献记载的有关伏羲的功绩，如治屋庐、作网罟、养牺牲、作琴瑟、画八卦、造书契、制九针等。

也就是说，伏羲文化不是神话，裴李岗文化即是它的现实写照。

三、女娲真的存在吗？娲皇宫出土了六千多年前的成人头骨

说起女娲，大部分的中国人都知道，她是中国上古神话中的创世女神。

按照神话的说法，上古世界，本无人类。

女娲以黄泥仿照自己，抟土造人，创造出了人类。

女娲也因此被尊为华夏民族的人文始祖、福佑社稷之神。

后来，水神共工与火神祝融交战，共工吃了败仗，一怒之下，撞断了支撑西方世界的大柱不周山，导致天穹塌陷，天河之水注入人间。女娲不忍人类受灾，炼五色石补天，斩断神鳌的四条腿用来支撑四极，平洪水，杀猛兽，人类始得以安居。

神话终究是神话。不过有专家根据各种典籍考证，女娲并非纯粹的神话人物，历史上很可能真的有其人物原型。

女娲所处的时代为远古时期，人类处于原始社会，生活主要依赖大自然的恩赐，条件非常艰苦。

女娲是母系社会中的一位著名首领。有史料记载，女娲的部落位于中皇山。这个"中皇山"或许就是《尚书·禹贡》里的中霍山。由此

我们可以推测出,女娲的主要活动区域就在现今的山西省洪洞县一带,她带领着部落民众战胜了各种各样的自然灾难,从而被人们尊崇为神。

现在,山西省洪洞县所保存的许多古传文化可以印证这一点。

另外,女娲的陵墓也位于山西省。准确地说,就在今山西省芮城县西南的黄河岸边。

王国维校《太平御览》一书,引用戴延之《西征记》中的记载,认为:因为女娲姓风,所以黄河岸边的风陵是女娲的陵墓。

《太平寰宇记》也称:"河东县三里风陵,是女娲之墓,秦汉以来俱系祀典。"

《山西通志》《名胜志》《陕西通志》《新唐书·五行志》等书,全都认为风陵就是女娲陵。

……

种种迹象表明,女娲并非单纯虚构的神话人物。

20世纪80年代,位于山西省吉县的人祖山娲皇宫遭到了人为破坏。

考古工作者于事后赶到现场,在女娲塑像下找到一只内有黄绫的木函。

"木函"上有墨书写道:"大明正德十五年(1520),天火烧了金山寺,皇帝遗骨流在此,十六年(1521)上梁立木……皇帝遗骨先人流下。"

显然,木函里面黄绫包着的是明代人称为"皇帝遗骨"的骨骸。

到底是哪位皇帝的"遗骨",没有交待清楚。

考虑到女娲是传说中史前"三皇时代"与伏羲、神农并称为"三皇"的"娲皇",而这包遗骨又埋在女娲塑像下面,莫非这"皇帝遗骨"是传说中的女娲娘娘的骨骸?

为了一探究竟,考古工作者将"皇帝遗骨"送往北京大学考古文博学院进行碳-14同位素测年。

没想到,测量出来的结果让人大吃一惊:"皇帝遗骨"为六千两百年前的成人头骨!

六千两百年前，和传说中的夏朝相吻合，这"皇帝遗骨"并非明代人作假。大家都感到难以置信。

2011年8月，考古工作者对人祖庙进行了"抢救性"整理，发现了战国、汉唐、宋元、明清、民国时代遗物二百九十一件（套），并在娲皇宫积土中找到其他人头骨、木函残片和距今九百年至二千一百年曾作祭品的动物骨头。

这是中国目前发现的最早祭祀女娲的考古遗迹。

2012年6月，山西省考古研究所举行的人祖山考古文化开发鉴评听证会，共有国家、省、市、县四级二十三位专家参加。

另外，考古、历史、神话、民俗等专家考察了人祖山。

最终达成了如下共识：

在漫长的母系社会中，女娲首先是原始氏族的名号，同时也成为氏族首领的名字，不会只是一个女娲，会有一代又一代的女娲产生。木函题记中的"皇帝遗骨"之说，可能是某代或最后一代女娲，是后人对母系社会首领女娲崇高地位的追称，即这个遗骨就是明朝人认为的"娲皇"遗骨。

四、黄帝是神话人物？

中国史书认为中华文明可以从夏、商、周三个朝代算起，其中最古老的王朝夏朝可以追溯到公元前2070年。

可是，西方研究中国历史的权威著作《剑桥中国上古史》否认夏朝的存在。西方学者说，夏朝是中国人自己虚构出来的，历史上并不存在。

事实上，《剑桥中国上古史》最初也否认商朝的存在，但殷墟出土了商朝人使用过的青铜器，还出土了大量刻有文字的龟甲兽骨，其中包含若干商王朝的档案。铁证如山，西方学者哑口无言，乖乖补上了有关商朝的记载。

本来嘛，中国权威史书《史记》已清清楚楚地记载了大禹治水、禹受舜禅、夏启夺位、太康失国、少康中兴，以及夏桀暴政等重大事件，历代夏王的名字也记录在册。

可是，西方学者却一口咬定这是司马迁胡编乱造出来的。真是毫无道理！

看来，要让西方学者承认夏朝的存在，就必须通过考古发掘，寻找出过硬的文物证据。

中华民族文化宝典《山海经》的内容由帝禹时代的《五藏山经》、夏代的《海外四经》、商代的《大荒四经》、周代的《海内五经》合辑而成，其中《五藏山经》记述有东西南北中五个区域二十六条山脉四百四十七座山，如果将其描述的地形与现在的地貌进行对照，会发现传说中黄帝都城昆仑的位置就在黄河河套以南的鄂尔多斯高原之上。

应该不是巧合，2011年，考古部门在位于鄂尔多斯高原之上、毛乌素沙地的东缘，陕西省榆林市神木县高家堡镇石峁村的山峁上，发现了一处形制独特、气势恢弘的石砌古城，其规模远大于与之年代相近的良渚遗址（浙江，三百多万平方米）、陶寺遗址（山西，二百七十万平方米）等已知城址，是目前已发现的我国史前时期规模最大的城址，相当于六个故宫。而其年代约在公元前2300年至公元前2000年，属于中国上古时代。

石城的城墙由巨石砌成、城门保存较好，具有强大的军事功能设计，已发掘出三座"马面要塞"，蕴含独特的军事思想。该城的石墙也有显著的细节，如砌墙时会有菱形的石块，目前不清楚是装饰作用还是有宗教意义。再者，该城规划严谨，功能分区非常明显。

参照两河流域、古印度、爱琴海文明的大型遗迹，西方学者一向认为中国上古文明没有能力打造石材建筑。石峁古城的出现，恰到好处地填补了这一空白。

石峁古城那超大的面积、强大的军事功能、严谨的规划设计，显示出华夏上古时代确实存在着一个实力非凡的族群。

第一部分　传疑时代　009

那么，他们应该是哪个族群？

所有证据都指向轩辕黄帝一系。

古史传说将黄帝都城昆仑与黄河发源地联系在一起，认为黄河发源于昆仑东北方。文献则多记载黄帝部落起源于陕西渭水流域，"黄帝以姬水（今甘肃省清水牛头河流域）成。炎帝以姜水（今陕西省宝鸡市清姜河）成。"（《国语·晋语》）两个部落争夺领地，阪泉之战后，黄帝打败炎帝，两部落渐渐融合成华夏族。

实际上，上海辞书出版社出版的《经典图读山海经》《山海经鉴赏辞典》《山海经十日谈》和武汉大学出版社出版的《全本绘图山海经》（全三册）等专著已明确论证出：在先夏时期和夏商周时期，人们所知道的黄河发源地，实际上在今日的河套地区。

河套地区在四千多年前曾经有许多大湖泽。其中，前套湖泽即《山海经》所说的稷泽（周族先祖后稷葬在这里），后套湖泽即《山海经》所说的黄河发源地泑泽，也是《穆天子传》河宗氏祭祀黄河之神的地方。

根据石峁先夏时期古城遗址的庞大规模及其出土文物，对照《山海经》等古籍关于黄帝活动的记载，我们可以推知石峁古城遗址当为黄帝都城昆仑所在地的遗存。

很多学者因此相信，石峁古城就是传说中的黄帝部族所居住的居邑。

不管石峁古城是否是传说中的黄帝部族所居住的居邑，它至少证明了：早在夏朝之前的两百年，中国已经存在强大的城池要塞，足以建立强有力的国家。

因此，我们取得了有力的夏朝存在的间接证据。

石峁古城因此相继被评为"全国十大考古发现（2012）"和"世界重大田野考古发现（2014）"。

五、"大禹只是一个图腾"？有青铜器可以证明大禹划分了九州

大史学家顾颉刚在观看戏曲时，无意中注意到一个现象：同一个题材的戏曲，越到后来内容越丰富。

于是，他突发奇想：中国的历史会不会也有类似现象呢？也就是说，越到后来，被编造出来的"历史内容"就越丰富。

于是，他开始动手研究。

当时，恰逢他应提倡"整理国故"的胡适之邀，负责整理和考辨古史。

这样，他把研究对象锁定在中国古史上。

他惊奇地发现：时代愈靠后，传说的古史期愈长。

周代人心目中最古的人是禹；而到了孔子时代，就有了生活在禹之前的尧、舜；到战国时代，又出现有了生活在尧、舜之前的黄帝、神农；等到了秦朝，又有了生活在尧、舜之前的燧人氏、伏羲氏、有巢氏；汉朝以后，又有了开天辟地的盘古等。

由此，顾颉刚提出了震惊学术界的"层累说"——"层累地造成的中国古史"。

他认为，盘古和三皇五帝都是神话传说中的人物，并不存在。

他甚至认为：大禹其人也是不存在的，而是先由神，再人格化为人而来的。

顾颉刚在1923年发表的著名的《与钱玄同先生论古史书》中写道："至于禹从何来？……我以为都是从九鼎上来的。""我以为禹或是九鼎上铸的一种动物，当时铸鼎象物，奇怪的形状一定很多，禹是鼎上动物的最有力者；或者有敷土的样子，所以就算他是开天辟地的人。"

换言之，顾颉刚认为：大禹只是一个图腾。

为了证实自己这一推断，顾颉刚声称，他翻遍古籍，发现最早记载大禹的是《商颂·长发》，而在最初的记载里，禹不是作为凡人出现

的，而是一个下凡的神。直到鲁僖公时，《鲁颂·閟宫》里，大禹才开始作为一个人间之王被传颂。

不过，在顾颉刚看来，无论是《商颂·长发》，还是《鲁颂·閟宫》，都是出自《诗经》的东西。而《诗经》和《尚书》一样，都是春秋时期的产物，并不能真正说明商朝时就有"洪水茫茫，禹敷下土方"的诗句。

顾颉刚认为，最早记载大禹事迹的文献是《尚书》，其成书于公元前4世纪，与传说中大禹生活的公元前2000年有千余年的差距，不能作为信史。

那么，大禹如果只是一条虫子、一个图腾的话，夏朝的有或无也同样存疑了。

那么，《尚书》到底是不是最早记载大禹事迹的文献呢？

2002年，文物专家在海外文物市场上偶然发现了中国西周时期带有铭文的青铜器"遂公盨"。

盨是用来盛黍稷的礼器，内底有铭文，共十行，九十八字，铭文里面居然记载了大禹治水的相关事件，有"天命禹敷土，随山浚川"之句。

中国夏商周断代工程专家组组长兼首席科学家、中国社会科学院历史研究所原所长李学勤教授指出：铭文记述大禹采用削平一些山岗堵塞洪水和疏道河流的方法平息了水患，并划定九州，还根据各地土地条件规定各自的贡献，最终得以成为民众之王、民众之"父母"。

李学勤进而表示：铭文中所述"禹"便是夏王朝的奠基人。

蒋迎春教授则说，遂公盨的发现，将大禹治水的文献记载提早了六七百年，即早在二千九百年前，人们就广泛传颂大禹的功绩。夏为夏、商、周"三代"之首的观念早在西周时期就已经深入人心。

铭文里既然提到大禹划分九州的事迹，那么，夏王大禹令九州州牧铸九鼎用以象征九州的事就可能不仅仅是传说。

实际上，《竹书纪年》和《史记》都记载，舜要把位子传给大禹，大禹拒不肯受，躲到阳城隐居。在 20 世纪 70 年代末期，考古学家在河南登封告城镇的王城岗发现了一个遗址。根据出土的青铜器残片鉴定，这个遗址应该属于龙山文化晚期，也就是距今约四千年。巧合的是，这个时间正好符合史料记载夏朝建立的时间。

六、谁能破解禹王碑的文字？

文物保护界公认的中华三大瑰宝分别是黄帝陵、炎帝陵和禹王碑。

黄帝陵、炎帝陵皆为世人所共知。禹王碑却是神龙半现，东一鳞、西一爪，首尾不见。千百年来，众说纷纭，莫衷一是。

民间传说，大禹治水，到了南方，择南岳衡山七埂二峰之一岳麓峰高地居住，斩恶龙、斗洪水，终于将洪水治好。

长沙先民感激涕零，一致要求在岳麓山顶立碑为大禹记功。

大禹推托不掉，故意提供了七十七个犹如天文一般的奇古文字让百姓镌刻。

百姓虽不能辨认，但选出最好的石匠，将这七十七个字一笔一画依样刻在岳麓山顶的石壁上。

千载之后，有方外道士云游经过岳麓山头，无意中看到了该碑文，兴趣大起，便一个字一个字地考证辨认起来。

从晨到夕，已认出了七十六个字。

道士兴奋莫名，正要一鼓作气考证辨认完最后一个字，忽感双膝冰凉，低头看时，洪水滔天，快要淹没岳麓山头，自己双脚已泡在水中，不由得大惊失色，连呼"救命"。

这一惊，先前考证辨认出的碑文顿时忘得干干净净，而洪水也随着记忆的消失瞬时退去。

道士望着退去的洪水，恍然大悟：此乃天书，百姓不可识读。

民间传说是这样。东汉赵晔的《吴越春秋》却记载了另外一种说法：大禹的父亲鲧治水不力，被舜斩杀于羽山（今山东省临沂市郯城东北)。继承父业的禹一开始同样治水无方,后来他听说黄帝曾把一部以金简为页、青玉为字的治水宝书藏在衡山上,便到衡山寻找,杀白马祭祀求神,梦中得到天上神仙苍水使者的指点,找到了金简玉书,将治水之方刻在岣嵝峰石碑上。

关于此事,罗含《湘中记》、郦道元《水经注》、王象之《舆地纪胜》均有记述。

后世把大禹杀白马的山峰叫作"白马峰",把掘出宝书的山峰叫作"金简峰",把那块石碑叫作"禹王碑"。

据说,在"禹王碑"附近,还有禹迹蹊、拖船埠等古迹。

至于"禹王碑"上碑文的流传,南北朝时期成书的《粹玑录》称,它们是南齐高祖萧道成的儿子贵阳王萧烁"爱采佳石翻刻",让人摹写,"始见于世"。

值得一提的是,唐代大诗人韩愈、刘禹锡虽然无缘一睹"禹王碑"的真面目,甚至连临摹碑文也没见过,但都作有"咏禹碑"的诗,使"禹王碑"名声大噪。

其中,韩愈《岣嵝山》诗云:

岣嵝山尖神禹碑,字青石赤形模奇。
科斗拳身薤倒披,鸾飘凤泊拿虎螭。
事严迹秘鬼莫窥,道人独上偶见之。
我来咨嗟涕涟洏,千搜万索何处有?
森森绿树猿猱悲。

刘禹锡《送李策秀才还湖南》诗有句云:

尝闻祝融峰,上有神禹铭。
古石琅玕姿,秘文螭虎形。

从东汉赵晔的《吴越春秋》到唐朝韩愈的"咏禹碑"的诗，我们都可以看到，"禹王碑"最先是刻在岣嵝峰上的，并非民间传说里的岳麓峰。

岳麓峰上之所以出现有"禹王碑"，其实是南宋文士何致所为。

明末岳麓书院山长、人称嵝山先生的吴道行著《禹碑辨》，文中记载：南宋文士何致于嘉定五年（1212）游南岳衡山，在樵夫的导引之下，来到了岣嵝峰藏碑处，临摹碑文，复制到了岳麓山峰。而明嘉靖十二年（1533），潘镒将碑文拓出，传之于世。

诚如清代钱泳说的"三代已有文字而今不传，所传者唯《大禹岣嵝山碑》《比干铜槃铭》《周宣王石鼓文》"，天下名士得知潘镒所拓碑文是三代时的文字，无不纷纷加入考释碑文的行列。

其中包括著名历史学家、甲骨文专家郭沫若考释碑文的故事。

禹王碑的古篆文，字分九行，共七十七字。碑高一点七米，宽一点四米。字形如蝌蚪，既不同于甲骨钟鼎，也不同于蝌蚪文，苍古难辨。据说，郭沫若钻研其拓本三年仅识得三字，因此，碑文内容至今还是一个谜。

诸如明代杨慎、沈镒、杨时桥、郎瑛，清代杜壹，当代长沙童文杰、杭州曹锦炎、株洲刘志一等对碑文都有自己的考释结果，但都是自成一派，难得学术界认同。

话说回来，潘镒拓岳麓山峰碑文，致使天下只知岳麓山峰有"禹王碑"，而不知其是"禹王碑"的复制品，而真的"禹王碑"还在岣嵝峰。

现存于世的西安碑林、绍兴禹陵、云南法华山、武昌黄鹤楼等处"禹王碑"碑文，全都是以岳麓山峰"禹王碑"碑文为蓝本的翻刻。

实际上，岣嵝峰的"禹王碑"在南宋以后就谜一样地消失了。

2007年7月，中央电视台《走遍中国》栏目组专门录制了一期寻访禹王碑的节目，派出摄制组到南岳衡山实地寻访。

最终，栏目摄制组在湖南衡山县福田铺乡云峰村七组的一个农户家里找到了该碑。但碑已经被砌为了墙体的一部分。

在征得屋主同意后,墙体被拆开。

由此,这个被认为是"禹王碑母本"的碑终于重现在人们面前。

令所有人遗憾的是,原本有七十七字的禹王碑现在已经无法看清。

原来由于建房的需要,碑身已经被打碎了一部分,有六十五个字也跟着被打掉了,剩下的那十二个字也几乎无法辨认。

当屋主被告知石碑是中华三大瑰宝之一时,他彻底傻眼了。

地方文物部门所能做的是,对禹王碑遗址采取了紧急保护措施,开展禹碑原址、原碑的进一步确认工作,整理破译禹碑文字,积极着手将禹王碑遗址申报为文物保护对象。

七、"尧舜禅让"是真的吗?

秦始皇"吞二周而亡诸侯,履至尊而制六合",一统天下,开创了中国历史上第一个大一统王朝——秦王朝。

然而,秦王朝国祚不长,二世而亡。

所谓"秦失其鹿,天下共逐之"。秦末群雄逐鹿,笑到最后的是布衣出身的刘邦。

史家云:世有大乱,而后有大治。

果然,汉承秦制,中国历史上出现了国力高度强盛的西汉、东汉,东西两汉统治时间长达四百多年。

最后,东汉政权被曹魏家族以"禅让"的方式篡为己有。

禅让制度来源于尧让位给舜、舜让位给禹的传说。

对于这个传说,传统意义上的解读是这样的:禅让,是一种政权和平过渡的方式,即由上一届统治者在和平友好的气氛中把政权交给新一届统治者。

毕竟,传说只能是传说,禅让的细节和具体的操作规程究竟是怎样的,没有人能说清。

在曹魏代汉之前，即西汉末年，王莽就制订出了一套"禅让"的流程，让孺子婴把帝位"禅让"给了自己。

不过，王莽没把握好分寸，民心尽失，他建立的新朝很快就被刘秀推翻。

曹氏父子吸取了王莽的教训，小心翼翼，经过两代人的精心运作，又是"封大国"、又是"总百揆"，还要"加九锡礼"，终于成功登上大位。

曹氏父子的这套"禅让"程序走得又稳又准，步步为营，而且每一个步骤都有详细的笔记，渐渐地成为了一种制度。

赵翼因此说："至曹魏创此一局。"

事实上，经过魏、晋以后各朝的发展，禅让的流程便基本上形成了一套固定的模式，成为统治者和平更迭的方式，如曹魏的曹奂禅让皇位给司马炎，东晋的司马德文禅让皇位给刘裕，南朝宋刘准禅让皇位给萧道成，南朝齐萧宝融禅让皇位给萧衍，南朝梁萧方智禅让皇位给陈霸先，而与此同时，东魏元善见禅让皇位给高洋，西魏元廓禅让皇位给宇文觉，北周宇文衍禅让皇位给杨坚，隋杨侑禅让皇位给李渊等等。

值得特别说明的是，虽然南北两朝同时行禅让礼，但南朝的宋、齐、梁、陈是上承汉魏晋的，被视为正统。这种看法持续了两百多年，直到杨坚统一了中原，杨坚为了彰显自己的合法性，才回头承认了北朝的正统性。

不管怎样，在人们的共识里，受禅的政权只有在禅让中完成前后政权传递的，才能算是秉承正朔，否则就是"不合法的"。

饶是"隋失其鹿，天下共逐之"，群雄竞相争逐，笑到最后的李渊，还是没有胆量像汉高祖刘邦那样大大方方地接替过隋朝的政权，而是乖乖上演了一出"禅让"大戏，才登上帝位。

其后，朱全忠篡唐，后汉、后周、宋的改朝换代也是走"禅让"路线完成的。

话说回来，比"禅让"让后继统治者更理直气壮的原本应该是"革命"。"天地革而四时成，汤武革命，顺乎天而应乎人"，夏商、商周鼎革，高举的大旗就是"革命"。

可是，革命不是那么容易的，革命是一种暴动，是一个阶级推翻另一个阶级的暴烈行为，它伴随着暴力、残忍和大面积的流血。

因此，以民为本的儒家和悲天悯人的墨家强烈反对革命！

这就使得尧让位给舜、舜让位给禹的禅让传说得到巨大的美化和传颂。

可以说，孔子在《论语·尧曰》一篇的述说，首开儒家颂称尧舜禅让的风气。

而孟子更是"言必称尧舜"，大力提倡"尧舜禅让"，把"尧舜禅让"描述成儒家仁政的典范。

墨子则从"尚贤"的角度来理想化"尧舜禅让"。

就这样，在先秦两大显学儒家、墨家的大力宣传下，"尧舜禅让"成为传统中国的盛事。三皇五帝的时代，也被颂称为"垂拱而治、天下清明"。

但真相真是这样的吗？

前事不可考，但可以从后世推前世。这是按历史的发展规律研究问题的科学态度。

爱德华·霍列特·卡尔在《历史是什么？》一书中也说，"历史学家是不属于过去，而是属于现在的"，我们完全可以从现在反推从前。

而从后世历次充满血腥和恐怖气味的"禅让"活动来看，"尧舜禅让"的活动很难在和平友好的气氛中进行。

早在春秋战国之时，就有人对"尧舜禅让"一说提出了质疑。

其中，荀子就直指："夫曰尧舜禅让，是虚言也。"进而断言："天子者，势位至尊，无敌于天下，夫有谁与让矣。"

韩非子更是赤裸裸地指出，舜和禹登上帝位，那是"臣弑君"的结果，所谓："舜逼尧，禹逼舜，汤放桀，武王伐纣，此四王者，人臣弑其君者也。"

如果说荀子和韩非子等人的说法还停留在质疑和猜测阶段，则晋代出土的魏国史书《竹书纪年》完全印证了韩非子等人的猜测。

《竹书纪年》的记载曾明确指出，舜取代了尧的帝位，并将尧放逐到尧城（今山东省菏泽市鄄城县西北七公里故偃朱城），囚禁之，与世隔绝，甚至父子不能相见。在这种情形下，尧郁郁寡欢，悲凉死去。为了斩草除根，舜还把尧的儿子流放到了丹水。

当然，《竹书纪年》也只是一家之言，并不能说其所持就是真理。但在孔子时代，孔子为了宣扬"以礼以仁治国"的政治理想，一而再，再而三地颂称"尧舜禅让"是一种美政、善政，使得"尧舜禅让"已经成为垂范历史的一道风景。《竹书纪年》因为深埋土下，又避开了秦朝的焚毁之祸，其说服力还是非常强的。

唐代的刘知几在他所著《史通》中引用《竹书纪年》的记载，肯定了尧是中国历史上第一位死于谋杀、且沉冤千古的帝王。《史记正义》的作者司马贞也引《竹书纪年》的记载揭露了"尧舜禅让"背后的血腥内幕。

舜的结局也没比尧好到哪儿去，他被禹流放到人烟稀少的蛮荒之地，死于苍梧之野，草葬于九嶷山。舜的妻子娥皇、女英惊闻噩耗，踉跄奔至湖南一带，抱着竹子，号啕大哭，泪染篁竹，斑斑点点，后人称这种竹子为"斑竹"，也叫"湘妃竹"。

一句话，在古代的政治斗争中，也很难存在高尚、温情脉脉的东西。

第二章　夏商周遗迹

一、夏朝的史实在这里脉络分明

很多人接触中国历史，是从那首《朝代歌》开始的："夏商周，春秋战，秦朝以后是两汉，三国两晋南北朝……"

人教版历史教材编有更详细的《朝代歌》："三皇五帝始，尧舜禹相传，夏商与西周，东周分两段，春秋与战国……"

从这些不同版本的《朝代歌》里，我们可以看到，夏、商、周是中国古代最早的三个朝代。

历史书上也明确说，中国是世界文明古国之一，有将近4000年的有文字可考的历史。距今一万年前后的新石器时代遗址，遍布中国各地。在距今六七千年的浙江余姚河姆渡和西安半坡遗址，发现了人工栽培的稻谷和粟粒及农耕工具。最古老的王朝夏朝开始于公元前2070年。

可是，西方研究中国历史的权威著作《剑桥中国上古史》根本不记载夏朝，西方学者固执地说，中华文明是从商朝开始的，夏朝是不存在的。

凭什么？

西周初期文献《尚书》里，不知有多少处提到历史上的"有夏"或"夏"。周初大贤周公在《尚书》里说，夏朝统治了很长时间，但后来不顺应天命，被汤商革了他们的"命"，即所谓"天地革而四时成，汤武革命，顺乎天而应乎人"是也。

权威史书《史记》也记载了大禹治水、禹受舜禅、夏启夺位、太康失国、少康中兴、夏桀暴政等重大事件，并把夏王的名字一代一代罗列了出来。

西方学者凭什么说夏朝是不存在的？

他们认为，《尚书》中提到夏朝的那几篇文章属春秋战国时期的人伪造，而春秋距离传说中的夏朝灭亡时间已经快一千年了，写《史记》的司马迁生活年代距夏朝灭亡更久，有一千四五百年。按照历史研究的普遍规则，必须是当时人记当时事方可为信史，像《尚书》《史记》这种晚了上千年的记载，只能是传说，根本不可信。

所以，要让西方学者承认夏朝的存在，我们就一定要通过考古发掘，找到与史书记载相互印证的文物证据。

那么，这些年来，相关的文物证据找到了没有呢？

有。很多。

比如说，2002年中国保利集团从国外购回来一尊西周中期的青铜器"遂公盨"（又称"豳公盨"）。这尊"遂公盨"经过除锈，上面的铭文全部显露，记载的是大禹治水的伟业。

西方学者说《尚书》中提到夏朝的文章是春秋战国时期的人伪造的，但这尊"遂公盨"可是货真价实的西周产品。

还有，按照历史记载，夏朝的开始，肇始于大禹治水。

因此，大禹以及那场大洪水是否真实存在，也是证明夏朝是否存在的一个关键点。

西方学者一直认为，大禹治水只是一个神话，与《圣经》中的"诺亚方舟"、印第安传说中"雷鸟与食人鲸"等世界各国的神话、史诗和宗教故事中关于远古洪水的传说相类似。

2016年，有考古工作队经过实地考察和科学的分析和研究，证实了那场大洪水的存在。

他们从官亭盆地范围内一处属于早期齐家文化、被称为"东方庞贝"的喇家遗址开始研究。

早在 2005 年，人们就在这个遗址中发现了现存最古老的面条（小米制）。

在这次考察中，考古工作人员对喇家遗址内崩塌房屋中的若干孩童遗骨进行碳-14 断代检测，非常精确地将灾难发生的时间窗口缩小到了公元前 1922±28 年。

所谓的灾难，指的是地震和洪水。

喇家遗址先是毁于一场地震，但废墟之上有积石峡溃堤带来的洪水沉积物，证明洪水曾经在地震之后淹没此处。

也就是说，首先是地震引发了滑坡，滑坡形成了大坝，水因大坝而蓄积，最终溃决，暴发洪水。

可以说，公元前 1922±28 年的这场洪灾，在规模和影响范围上完全达到了史书中描写的"九州阕塞，四渎壅闭"的地步，成为下游地区农耕文明一代人甚至几代人难以磨灭的共同记忆，并在千家万户口口相传，十个世纪之后由后人书写到正统信史中。

此外，众多史料都记载，夏朝都城的位置大致在伊洛平原地区。人们也在伊洛平原地区找到了这座都城的遗址。

这座都城遗址的具体位置在偃师市二里头村及其周围，南临古洛河，北依邙山，背靠黄河，范围包括二里头、圪垱头和四角楼等三个自然村，由于"二里头遗址"范围最大，堆积最厚，故定名为"二里头文化"。

"二里头遗址"总面积为三点七五平方千米，内有大型宫殿遗址。

经碳-14 测定，"二里头遗址"的绝对年代就在约公元前 1900 年左右，距今有四千多年的历史，在时间与空间上与史书上记载的夏王朝完全一致。

除了强大的物证之外，还有人证。

甲骨文《大戴礼·少间》里面记载说：商汤灭了夏朝后，封夏禹的姒姓后裔到杞地建杞国，以奉夏后氏祀。杞地就在今河南省杞县一带。

因为杞国是夏之延续，保存有夏礼，所以《史记》将其列为《世家》。而孔子为了了解夏礼，还曾经专门到杞国考察过。

众多证据表明，夏朝是中国历史上无可辩驳地存在过的朝代。

二、妇好墓的发掘

前面我们说了，中国有五千多年的发展史，但一些西方人士对此提出质疑。他们认为：中国顶多有三千多年的历史，所谓四千多年前关于黄帝的历史只是神话传说；中国专家公布的《夏商周年表》中把夏代始年定为公元前2070年也是不靠谱的。他们甚至认为：根本就不存在夏、商这两个朝代。

我们要证明这一点，就必须有那个时代存留下来的物证。

二十世纪初，我国考古工作人员在河南省安阳市小屯村陆续发掘出了殷墟，非常可惜的是，十一位曾定居安阳的商王大墓仅剩下十一座空陵。

不幸中的万幸是，人们在殷墟中陆续发现了一万七千多块龟骨。这些龟骨，几乎全部出自商高宗武丁一朝。

武丁是商代第二十三代王，属于比较有作为的君主。

在这些出土的龟骨中，有二百多块以甲骨文的方式记载了一个叫"妇好"的女子的事迹：妇好是武丁的王后。妇好原是商王国周边部落的母系部族首领，能征惯战，谋略过人。嫁给武丁后，又成为商王朝的统帅，领兵征战四方，依次击败了北土方、南夷国、南巴方，以及鬼方等二十多个小国，为商王朝开疆拓土立下了不朽战功。妇好并非姓"妇"，"妇"是一种尊称；又因她战功彪炳，获武丁册封封地，在自己的封地上，得到了"好"的氏名，从而被人们尊称为"妇好"，或者"后妇好"。商朝是个既崇尚武力，又迷信鬼神的国家，所谓"国之大事，在祀与戎"，妇好执掌国家兵权，又担任国家的祭司，经常受命主持祭天、祭先祖、祭神泉等各类祭典，主持占卜国家大事，称得上是商国的第一实力派。可惜的是，这样一个女强人，却在三十三岁时因难产去世。武丁赐妇好庙号为"辛"，商王朝的后人们则尊称妇好为"母辛""后母辛"。

商朝的武功数武丁时代最盛，正是由妇好带兵通过一连串战争才将商朝的版图扩大了数倍。

甲骨文资料中有一片卜辞曰："登妇好三千、囗旅万，乎伐羌。"

那时作战，规模不会太大，参战人数一般也就上千人。根据这片卜辞可知，妇好领兵一万三千多人出征羌方，可以说是执掌了倾国兵力。

值得一提的是，不知出于什么原因，妇好死后，武丁多次为妇好举行冥婚，让妻子改嫁，先将其许配给商王朝的第十四代帝王祖乙；后来觉得不过瘾，又让妇好与祖乙离婚，改嫁给商王朝的第五代帝王太甲；最后，干脆把妇好配给了商王朝的开国国君成汤。

武丁的解释是，自己太爱妇好了，生怕妇好在阴间被别人欺负，把她许配给先祖，是让她得到保护。

真是这样的吗？

武丁真的是担心那个征伐无数、战无不胜的王后会在阴间被别人欺负吗？

不管怎么样，他的这个理由是够奇葩的。

事实上，武丁有六十多个妻子，妇好只不过是其中之一。他们结婚后，并不经常住在一起，妇好的绝大部分时间是待在自己的封地上，经营自己的封地。

说来也巧。1976 年，考古学家郑振香、陈志达在安阳小屯村西北地发掘出了一座保存得完好如初的商墓，这墓南北长五点六米，东西宽四米，深七点五米，墓上建有被甲骨卜辞称为"母辛宗"的享堂。"母辛"，就是商人对妇好的尊称。也就是说，这座墓就是妇好墓。

墓中有殉葬的人体骨骸和狗骨骸。

随葬品极为丰富，共出土青铜器、玉器、宝石器、象牙器等不同质地的文物近两千件。

其中，出土了数件武器。

一把龙纹大铜钺和一把虎纹铜钺上均刻有"妇好"字样，这进一步证实了墓主就是妇好。

龙纹大铜钺重八点五公斤，虎纹铜钺重九公斤，都是妇好生前曾使用过的武器。

兵器如此沉重，足见妇好武艺超群、力大过人。

此外，墓中令人惊讶的物品还有来自新疆等地的玉器佩饰近千件，其中还包括来自台湾和海南甚至更远处的多枚海贝！

妇好墓的发掘弥补了人们对商代王室墓的全貌了解不足的缺憾，也完善了我国三千四百年前的历史文献记载。

三、一个或与纣王有关的犀尊

有一个年代久远、价值珍贵的犀牛造型酒尊流失到了海外，现藏于美国旧金山亚洲艺术博物馆。

该宝物出土于清咸丰年间，出土地点为山东省寿张县梁山，年代属于商代晚期，由于犀尊内底有二十七字铭文，铭文中有"王赐小臣艅夔贝"之句，所以，被称为"小臣艅犀尊"。

解释一下，"小臣"不是复姓，而是官名。按照《中国历代官称词典》的注解，小臣为商始置的官职，主要负责掌管各种具体事物，并沿用至春秋时期。

"艅"，是担任"小臣"职责之人的名字。

这尊宝物，是怎么"定居"美国旧金山亚洲艺术博物馆的呢？

跟一个名叫埃弗里·布伦戴奇（Avery Brundage）的美国人有关。

此人曾是一名出色的全能运动员，分别获 1914 年、1915 年和 1918

年全美业余全能冠军,并自1952年至1972年,担任国际奥林匹克运动委员会主席,对我国重返奥运会大家庭做出过粗暴的干涉行为。

在清末民初那段时间,我国国内的盗掘、走私文物行为极为猖獗,布伦戴奇瞅准时机,购走了海量文物,其中就包括"小臣艅犀尊"。

1959年,布伦戴奇将自己的所有藏品捐献给了旧金山亚洲艺术博物馆。

"小臣艅犀尊"不同于一般的鸟兽形尊,一方面,其所表现的对象为犀牛,这一点,可以充分证明犀牛曾经是在中国大地上生活过的大型物种,只不过在人类的猎杀下才灭绝消失。另一方面,其短短的二十七字铭文给后人展现了一段壮丽、且相当重要的史实。

首先,这件宝贝既非出土于殷墟,也非出土于湖南省,而是出土于山东省半岛。要知道,在商王朝时期,这一带是东夷人的聚居地。

其次,我们来看铭文:"丁子(巳),王省夔且,王易(赐)小臣艅夔贝,隹(唯)王来正(征)人方,隹(唯)王十祀又五肜日。"

这段铭文中出现的人物有:王、小臣艅和敌人人方。

所记载的事件是:小臣艅跟随王征讨人方,得到王赏赐的夔贝。

最重要的是时间:十祀又五,即小臣艅随王征讨人方的战役发生在王的十五祀之时。

该铭文与国内甲骨卜辞对照,可以证实"十祀"和"十五祀"时商王两次出征东部夷方的记载。甲骨文中的夷方与铭文中的人方基本相同,即商晚期的主要敌人——东夷。

由此可以推断出,铭文中的王即商代最后两位帝王——帝乙和帝辛之一。

现在已经确定,"十祀"征讨夷方的当事者是帝乙。

"十五祀"征讨的当事者是帝乙还是帝辛,尚无定论。

说到帝辛,也许很多人并不熟悉他,但只要说他是商代最后的帝王,即亡国君主,大家一定会恍然大悟——哦,原来是他!

是的,就是他,就是那个在"酒池肉林"中过着醉生梦死的生活,以至丢了江山的商纣王。

为了彰显武王伐纣的正义性，纣王的形象遭到了丑化，再经后世文学作品《封神演义》的夸张放大，纣王已经成为人人唾弃的反面教材。

但是，从这段铭文来看，如果小臣艅所跟随的是纣王的话，即从纣王远离殷商都城进攻东夷的行为看，他还是尽到了商王军事首领的责任，是有值得尊敬之处的。

小臣艅跟随商王艰难地打赢了征讨东夷的战争后，获得了丰厚的夔贝赏赐，因此铸器并刻文纪念。

四、利簋：为"夏商周断代工程"提供了重大考证证据

话说 2012 年，《国家人文历史》别出心裁，独家邀请九位考古、文博方面的专家，在所有国宝中做一次全盘的综合考量，精心选出中国文物中的九大"镇国之宝"。

经过一番激烈的角逐，九大"镇国之宝"终于出炉，它们分别是太阳神鸟金饰、西周利簋、秦石鼓文、《孙子兵法》竹简、《平复帖》、《五牛图》、真珠舍利宝幢、定窑孩儿枕、渎山大玉海。

这里重点说说西周利簋。

"簋"，读作 guǐ，是古代青铜或陶制盛食物的容器；"利"，是一个人的名字。

西周利簋，就是西周人利的青铜容器。

这件簋，是 1976 年在陕西临潼出土的，土头土脑，并不很起眼，凭什么被列为九大"镇国之宝"之一？

奥秘在于簋腹内底所铸的四行三十三字铭文。

粗读这段文字，大致的意思是：周武王征伐商纣王，在甲子日，一日之间就攻克了商都。辛未日，武王在阑师（论功行赏），赐给有司

（官名）利金铜等物，（利）用其来制作祭器，以纪念先祖檀公。

不用说，这件簋的年代久远，而且与周武王征伐商纣王有关，有重大历史意义，文物价值非凡，因此也被称为"武王征商簋""周代天灭簋""檀公簋"。

不过，铭文中的"岁鼎"这两个字，很绕，让专家很费解。

以当时考古、文史最负盛名的数位专家的见解为例。

唐兰先生认为这两个字并非"岁鼎"，而是"越鼎"，是说周武王夺取了鼎，意指周武王夺了殷商的江山。

钟凤年也认为这两个字不是"岁鼎"，不过也不是"越鼎"，而是"戍晁"，是个地名，指的是周武王的征商之师驻扎于"戍晁"这个地方。

于省吾、赵诚、黄盛璋、王宇信等则认为这两个字既不是"岁鼎"，也不是"越鼎"，更不是"戍晁"，而是"岁贞"，即岁祭时进行占卜和贞问。

赵诚还进一步解释，"岁"也可以指"一岁之大事"。

但戚桂宴认为这两个字就是"岁鼎"，"岁"即岁星（木星），"鼎"训为当，意思是"岁星当空"，意指吉兆。

张政烺同意戚桂宴的看法，即"岁"为岁星，但"鼎"本为"丁"，转训作"当"，意思也是"岁星当空"。

徐中舒也认为这两个字所表达的意思就是"岁星当空"，但根据郭忠恕在《佩觿》说的"古文以贞为鼎，籀文以鼎为则"，"鼎"的读音应该读为"则"。

……

到底哪一种解释比较靠谱呢？

由于许多学者对中国史书上的记载总是有所怀疑，以《史记》记牧野之战为例，里面说，当时，商纣王组织起七十万人的作战队伍。

三千多年前就集结起七十万人投入战争，这让人感到不可思议。

关于牧野之战发生的时间，也一直没能搞清楚，以至于周王朝是什么时候建立的，也无从得知。

这件簋的出土，为"夏商周断代工程"提供了一个考证证据。

专家们采用碳-14测年法，将西周初年遗存中出土的炭样进行检测，框定出武王伐纣战役发生在公元前1050年至前1020年之间。

天文学家尝试按照张政烺、戚桂宴等人的解释，依据铭中所记"甲子"日"岁"（木）星在中天的天象，再参照《国语·周语下》记载的天象记录，计算出武王伐纣的时间为公元前1046年1月20日。

这一推算，正与《尚书·牧誓》《逸周书·世俘》等文献的记载相合。

最妙的是，武王伐纣在甲子日晨，并逢岁（木）星当空，更充分地印证了《尚书·牧誓》中"时甲子昧爽，王至于商郊牧野"的记录。

张政烺、戚桂宴等人的解释是完全正确的。

换言之，古代史上这一著名的战役有了一个绝对年代，它为商周两代的划分，提供了重要的年代依据。

想想看，远古文明距今太久，许多文字都已散佚、消亡，要精确估计上古文明的历史时间是何其之难！

现在号称最古老文明的古印度文明、古巴比伦文明、古希腊文明，其所说的文明产生于公元前多少多少年，其实并没有确切的文字证明，不属"信史时间"，只能在时间前加个"约"字。

而我们由于利簋的发现，中国的信史时间已经推进到公元前1046年，并且精确到日，这是何等伟大，何等不可思议！

凭借着碳-14测年法和利簋金文的解读，中国的"信史时间"乃是毫无争议的世界第一。

利簋也因此成为了中国"信史时间"世界第一的铁证，其名列"镇国之宝"行列，当之无愧。

五、逨盘出土，印证了《史记》所记西周朝的准确性

众所周知，《史记》是研究先秦史不可或缺的重要文献。

然而，也许是因为太史公的文人情怀，也许是因为太史公在著史时容易意气用事……总之，由于种种原因，人们对《史记》中的诸多记载总是持怀疑态度，或者说是半信半疑，抱一种"姑妄言之姑听之"的心理。

之前，有人怀疑《史记·殷本纪》中记载的殷先公先王世系不准确。王国维通过甲骨卜辞证实了《史记·殷本纪》的可靠性后，这些人又把怀疑的目光转移到《史记·周本纪》中关于周先王的世系记载。

由于一直没有有力的物证出现，在相当长时间里，关于《史记·周本纪》"周先王世系记载不可靠"的说法见诸各种研究资料。

然而，这一论断，随着陕西省眉县杨家村附近一批文物的发掘，很快就烟消云散了。

眉县杨家村可是一块宝地，谁也搞不清楚那儿到底埋藏有多少宝贝。

1954年，两件青铜彝方尊、两件青铜彝驹尊从那儿出土。前者的铭文记述了西周军队的部署情况，后者的铭文反映了西周畜牧业发展情况。

1972年5月，又有一件重七十八点五公斤的大铜鼎在那儿出土，上面镌刻的二十七字铭文记述了周成王妃姜馈赠土地给贵族臣子的事。时任中科院院长的郭沫若将铭文拓片调去研究，经过仔细考释，写出了重要文章。

1985年，一套完整的青铜打击乐器在那儿出土，里面每三件一组的编钟全部属国家一级文物，编钟上有铭文。

印证《史记·周本纪》周先王世系记载的文物——逨盘，也在那儿出土。

逨盘的主人是一个叫"逨"的人，上面所刻铭文共计四千余字，主要记载的是"单"氏家族（"逨"是"单氏家族"中的第八代人）的历史，同时也列数了西周文、武、成、康、昭、穆、恭、懿、孝、夷、厉和当朝天子宣王十一代十二王的世系（十三位周王中仅余最后一个王——周幽王未在其中）。

一句话，"逨盘"铭文记载单氏家族八代辅佐西周十二代周王的功绩，第一次印证了《史记·周本纪》所记周先王世系是可靠的。

《史记》不愧是史家经典之作、权威之作、伟大之作。

六、足以证实周成王迁都成周的镇国之宝

宝鸡炎帝和周秦文化研究会常务理事、宝鸡社科讲堂主讲人杨曙明先生曾这样赞美我国古代青铜器，说它们"有原始图腾的天真、厉鬼般的狰狞、谶语般的谲秘、苍松般的威仪、黑云般的凝重"，浑身散发着"狞厉之美"。

关于青铜器身上的所有亮点，杨曙明先生认为，全都可以通过一尊名叫"何尊"的青铜器折射出来。

杨曙明先生惊叹说："这件宝物（指何尊）被称作宝鸡青铜器博物馆的'镇馆之宝'，也被称作'镇国之宝'。与毛公鼎、大盂鼎、虢季子盘这些大件宝器相比，它重只有十四点六公斤，是他们之中的'小兄弟'，但由于造型奇特，有骇俗之美、惊世之姿，将思想家的深邃、哲学家的缜密、美学家的夸张统统融于一身，在青铜世界中熠熠闪光，璀璨夺目！"

"何尊"的确是"镇国之宝"，为国家一级文物，是国家文物局首批禁止出国（境）展览文物之一。

它的外表，也恰如杨曙明先生所说的，璀璨夺目。其主体花纹为高浮雕兽面纹，巨目利爪，狞厉凶猛，口沿和圈足部位有兽形蕉叶纹和浅浮雕兽面纹，整器的装饰以雷纹为地，部分采用三层花的装饰手

法，造型凝重雄奇，纹饰严谨而富有变化，堪称华美瑰丽。

何尊底部有一篇十二行共一百二十二字的铭文，记载了成王继承武王遗志，营建东都成周①之事。

"何尊"的铭文史料价值体现在：

一、证实了周武王灭商后，就产生了在成周这个天下中心建立都城、一统天下的战略意图；

二、此器作于周成王五年，作为实物证据，为解决周公摄政的七年是否包括周成王在位年数之内的历史课题，提供了直接资料；

三、证实了周成王要迁居成周并付诸行动这样一个史料不详的重大事件；

四、铭文中"中国"两字作为一个词组第一次出现，尽管它与现在的"中国"一词不是同一个地理概念，但其意义十分重大；

五、铭文述及周初重要史事，与成周兴建有关，对研究古代历史文化与河南地方史、城市建设史等都有非常重要的意义。

1980年，国家文物局又请马承源组织筹备"伟大的中国青铜器"展，以赴美国进行友好交流，美方提出展品中必须有"何尊"，国宝出展，身价倍增，最后投保达3000万美金。

因为极其珍贵，镇国之宝"何尊"因被列入国家文物局六十四件永久不准出国展出的国宝级文物目录中。

---

① 古地名。即西周的东都洛邑。故址据传在今河南省洛阳市东郊。

第三章　周朝的几处析疑

一、文王享年九十七？武王享年九十三？

周文王在中国古代历史上得到的评价非常高。

很多人认为，他是一个"内圣外王"的完人，后世无人能及。

《淮南子·修务训》赞美说：文王大仁，"天下所归，百姓所亲"。

文王不但在道德和政治上都是世人楷模，他的人生也完美无瑕：享年九十七岁，善终，生有百子。

但是，从相关史料看，事实未必是这样。

比如说，文王有史可查的儿子，只有十七个。

"百子"之说，应该源自《诗经·大雅·思齐》里的诗句："太姒嗣徽音，则百斯男。"

这里面的"太姒"，是文王的正妃；"百斯男"，是指她的儿子众多。

后人不明所以，牵强附会，说她生育了一百个儿子，从而以讹传讹，说文王有一百个儿子。

此大谬矣。

现在，人们想要了解文王，首选资料肯定是司马迁的《史记》。

我们读《史记》，会发现文王之所以成为大圣人，跟他的家庭培养是分不开的。

首先，文王的爷爷古公亶父就是一个品行高洁的人。

《史记·周本纪》中说，古公亶父"积德行义"。

他"积德行义"达到了什么样的境界呢？

薰育、戎狄前来攻打他，想得到他的财物，他二话不说，将自己的财物拱手相送。

薰育、戎狄得寸进尺，继续前来攻打，想得到他的土地和民众。

他的民众义愤填膺，同仇敌忾，想与薰育、戎狄拼死决战。

他却息事宁人，甘心献出自己的土地和民众，非常高调地对民众讲了一通大道理，劝民众接受薰育、戎狄的奴役。

他说："民众拥立君主，是希望君主能为他们谋利益。如今薰育、戎狄为了获得我的土地和民众发动了战争。但民众属于我，或是属于他们，又有什么区别？民众为了我去打仗，那我这个君主就等于是用民众的性命换来的，我怎么忍心？"

他阻止了民众对薰育、戎狄的抗争，带领着自己的亲属，悄悄地离开了豳地，渡过漆水、沮水，越过梁山，来到岐山脚下定居。

豳地民众惊觉古公亶父逃离，赶紧扶老携弱，渡过漆水、沮水，越过梁山，追赶到了岐山脚下，重新成为他的民众。

豳地民众这种"穿越万水千山也要追随你"的壮举，惊动了其他国家的民众。

这些国家的民众都认定古公亶父是个了不起的仁君，也纷纷前来归附。

古公亶父的势力因此迅速壮大了起来。

古公亶父的正妃太姜是个非常有贤德的女人，她一共生了太伯、仲雍和季历三个儿子。她处处以身作则，严格教导儿子，让他们在品德行为上不犯一丁点儿过错。

季历娶妻太任。

太任也是个非常有贤德的女人，她在生儿子昌时，"有圣瑞"——出现了圣人降生的瑞兆。

古公亶父惊喜坏了，连连说："我世当有兴者，其在昌乎？"

长子太伯、次子仲雍一听这话，感觉父亲话里有话，这明明就是想要传位给昌的节奏啊。

为了不让父亲为难，哥俩离家出走，逃到了荆蛮之地，和当地人融合在一起，纹身剪发，主动让位给季历，好让昌从季历那儿接位。

这样，古公亶父去世后，季历理所当然地继位，是为公季。

公季继承了父亲传下的仁德，专心推行仁义，遍服诸侯。

公季去世，儿子昌即位，是为西伯，也就是后来的周文王。

西伯遵循祖辈、父辈留下的成规，真诚地推行仁义，尊老慈幼，礼下贤者，日中不暇食以待士，吸引了众多人才前来投奔，这其中有闳夭、伯夷、叔齐、太颠、散宜生、鬻子、辛甲大夫等，真是名士云集，济济一堂。

这个时候的商纣王神志昏乱，为政残虐，重刑辟。

西伯流涕叹息。

有崇氏（今黄河以南嵩山一带）国君崇侯虎偷偷向纣王告密，大意是说：西伯积善行德，收买人心，将会威胁到您。

纣王不由分说，命人把西伯囚禁在羑里（今河南省汤阴县北）。

闳夭等人急坏了，赶紧搜罗美女、良马、珠宝、财物，厚赂纣王。

纣王见到美女，眉开眼笑，不但赦免了西伯，还赐以弓箭斧钺，让西伯拥有专征讨伐邻近诸侯的权力。

他还乐呵呵地把崇侯虎给卖了，说："谮西伯者，崇侯虎也。"

重获自由的西伯，想和纣王做一笔交易：献洛西之地，请纣王废除炮烙之刑。

纣王想也不想，一拍大腿：成交！

西伯回到岐山，整顿兵马讨伐崇侯虎，但他闭口不谈私人恩怨，而是找了一大堆理由，发表宣言说："崇侯虎蔑侮父兄，不敬长老，听狱不中，分财不均，百姓力尽，不得衣食；予将来征之，唯为民。"

民众心悦诚服，兵卒士气高涨，一下子就灭掉了崇国。

西伯的威望更高了。

诸侯以后有了争议，都不约而同地来找西伯做裁决。

虞、芮两国的人，有了争议不能解决，前来找西伯。

他们到了周境，看见耕田者都互让田界，民众都尊重长辈，不由得心生惭愧，互相检讨，谦让而去。

诸侯听到这件事，奔走相告，兴高采烈地说："西伯盖受命之君。"

西伯受此鼓励，信心大增，而且实力也不允许他低调。他积极开疆拓土，攻伐犬戎、攻伐密须、攻耆国、攻邗国，连战连捷，国土面积大增，把国都从岐山下迁到丰邑（今陕西省骊山附近）。

殷朝的祖伊大感恐惧，提醒纣王要严加提防西伯。

纣王认为西伯没有天命，不可能有什么作为，对此建议置之不理。

周文王的确没有天命，他在迁都后不久就死了，太子发即位，是为周武王。

武王以太公望为师，周公旦为辅，召公、毕公之徒为左右手，师修文王绪业。

一切准备妥当，伐纣行动开始。

武王郑重祭祀了上天主兵的毕星，然后制作了文王的牌位，用车载着，供在军营中，自称"奉文王以伐，不敢自专"，带领大军出发。

在横渡黄河时，有一条大白鱼跳入武王的船中。

这是吉兆！

武王俯身拿起白鱼祭天。

晚上，有一团流火自上往下降，到达武王的营帐顶时，聚积成乌鸦状，颜色赤红，发出"魄魄"声响，摄人心魄。

这是大大的吉兆！

有八百个诸侯不约而至，相聚于盟津。

群情振奋，众诸侯都振臂高呼："纣可伐矣。"

但是，武王却莫名其妙地说："女（汝）未知天命，未可也。"

于是，大家各回各家，分头散去。

过了两年，太师疵、少师彊仓皇逃入周地求生，告诉武王，说纣王昏乱暴虐滋甚，杀比干，囚箕子。

武王于是遍告诸侯说："殷有重罪，不可以不毕伐。"亲率戎车三百乘，虎贲三千人，甲士四万五千人，向东伐纣。

这次是动真格的了。

伐纣战争，正式打响。

武王聚集了各路诸侯，在牧野一举击溃了纣王的大军。

纣王心死如灰，登上鹿台，衣其宝玉衣，赴火而死。

武王挥军进城，亲自向纣王尸体射了三箭，然后下车，用轻吕剑击纣王的尸身，用黄色大斧斩下纣王的头颅，悬挂在太白旗上。

大功告成，武王分封功臣谋士，师尚父为首封。

《史记·管蔡世家》里面的记载说，武王克殷平天下之后，大封功臣和自己的兄弟，其中的两位弟弟康叔封、冉季载因为年纪太小"未得封"。

这是一个让人感觉到非常奇怪的现象。

因为《礼记·文王世子》中说："文王九十七而终，武王九十三而终。"

刘宋裴骃所著《史记集解》也引用其同时代人徐广所著《史记音义》的说法："文王九十七乃崩。"认为周文王活到了九十七岁。

而按照《史记·周本纪》的记载，武王是在文王死后十一年克殷的，这时候的康叔封、冉季载年幼没有得到封国，那么，他们应该是在十一岁以上、十五岁以下。

即使以他们是十五岁论，那也是在文王九十三岁时出生的。

这太不可思议了。

当然，有人会觉得，九十三岁的文王让一个年轻的姬妾怀上孩子，也不是没有可能。

问题是，查《史记·管蔡世家》可知，康叔封、冉季载都是周武王的同母弟！书中说："武王同母兄弟十人。母曰太姒，文王正妃也……次曰冉季载。"冉季载最少。

第一部分　传疑时代　037

也就是说，康叔封、冉季载和武王都是文王的正妃太姒所生。

另外，《大戴礼记》中又明确记载："文王十五而生武王。"即周文王十五岁时就生下了次子周武王。

可以想象，生长子伯邑考的时间就更早了。

而周文王的妻子太姒，年纪应该与周文王相当，绝对不会比周文王小太多。

道理明摆着，如果她比周文王小两岁以上的话，就会出现十一二岁时生育的怪象，不符合科学。

这么一来，周文王九十三岁生幼子康叔封、冉季载时，太姒也应该九十岁上下了。

九十岁的老妇人，还怎么生子？

根本不可能！

显而易见，《礼记·文王世子》说的"文王九十七而终"是错的。

那么，文王到底享年多少呢？

《诗经·大雅·大明》篇中说："文王初载，天作之合。"

啥意思呢？

意思是说，周文王在即位之初与太姒结婚，乃是上天安排的良缘佳偶。

既然"文王十五而生武王"，前面又生了长子伯邑考，那么，他应该是在十三岁左右登位。

另外，《尚书·无逸》又记文王"享国五十年"。则文王死年大概是六十三岁。

回到前面的话题，就算文王死时六十三岁，他死后十一年，他的幼子康叔封、冉季载为十五岁，即康叔封、冉季载在他五十九岁时出生，可信度还是很低。

问题出在哪儿呢？

最大的可能是：武王不是在文王死后十一年伐纣的，而是在文王死后一年就克殷成功了。

《史记·伯夷列传》记：武王准备兴兵伐纣，伯夷、叔齐叩马劝谏，说您"父死不葬，爰及干戈，可谓孝乎"？

文王死了十一年，尸首都没有安葬，根本就不合理嘛。

武王极有可能是在文王死后一年，甚至文王死的当年，就出兵伐纣了。

如果按这个时间点来推算，该年康叔封、冉季载十五岁，再往回推，他们出生时文王四十八岁，这勉强说得过去。

但问题又来了，如果武王是在文王死后一年，甚至文王死的当年，就出兵伐纣了，那他为什么这么着急呢？而且连父亲的尸首都来不及安葬？

有人猜测，文王的尸首被毁，并且不在武王那里，所以没法安葬。

这个猜测相当靠谱。

《无逸》篇记载，周公曾悄悄对年幼的成王说："文王受命惟中身，厥享国五十年。"这个"惟中身"，之前人们理解为文王在中年受天命。但仔细推敲，应该是说文王中途殒身，以至于仅仅享国五十年。

武王之所以"父死不葬"就急吼吼地兴兵伐纣，可不就是急于为父报仇吗？

《楚辞·天问》里因此而慨叹说："武发杀殷，何所悒？"

也就是说，文王如果是享尽天年、寿终正寝的话，武王绝不会不埋葬父尸，而如此急匆匆地兴师伐纣。

还有一个细节要注意。

《史记·周本纪》中说，武王祭祀了上天主兵的毕星后，将文王的牌位车载于军中。

不用多说，把文王的牌位车载于军中，那是表示要完成父王没有完成的事业，同时，也彰显复仇的决心，以激励士气。

五胡十六国时代，前秦皇帝苻坚被羌人姚苌杀害，他的族孙苻登即皇帝位后，就将苻坚的牌位车载于军中，并命令将士在长矛镗甲上都刻上"死休"字样，表明与姚苌展开生死较量。

苻登的做法，与武王何其相似！

因此，武王伐纣，是专为复仇而来。

他伐纣时自称"太子发"，那是由于文王惨遭横死，没有来得及交班。

武王伐纣的誓师词，见于《礼记·坊记》所引《太誓》，里面反复辩说文王无罪，云："予克纣，非予武，惟朕文考无罪；纣克予，非朕文考有罪，惟予小子无良。"意思是说，我若战胜纣王，并非我武功强大，只因亡父无罪；纣王若战胜了我，并非亡父有罪，只说明我无能。

看这段誓词，很有几分努尔哈赤进攻明朝时所发布的"七大恨"的气味，如果文王不是惨死在纣王之手的话，真说不通了。

有了这个前提，我们看《史记·周本纪》中武王克殷成功后，他所实施的"亲自向纣王尸体射三箭""用轻吕剑击纣王的尸身""用黄色大斧斩下纣王的头颅"等一系列行动，我们才不会感到突兀。

毕竟，武王自称仁义之师，以有道伐无道，他在取得天下后，难道不应该宽宥对手，以向天下彰显仁德？

孟子说："汤武革命，顺乎天而应乎人。"

但对比一下过去的汤克夏，仅仅是放逐了夏桀而已。

武王却把已经死去的纣王碎尸枭首，若不是有夺妻之恨，就是有杀父之仇。

那么，纣王是在什么时间、什么地点处死文王的呢？

应该就是在把文王囚禁于羑里时下的毒手。

这里有一个问题：文王是怎么被纣王囚禁的呢？

要知道，商朝的主要政治制度是内外服制度。

商王的控制力仅限于王畿，附属国拥有极大的自主权。

文王是一方诸侯，哪能像宋高宗用十二道金牌召岳飞那样，要你来你就得来，要你死你就得死？

所以，纣王必定是经过了一番血战，才抓住文王的。

而我们也知道，战争是需要成本的。

纣王又是出于什么原因要付出巨大的战争成本去擒捉文王呢？

《史记·周本纪》中说，纣王是听信了崇侯虎的谗言。

《史记·殷本纪》里说得更不靠谱：纣王重刑辟，有炮烙之法，西伯闻之流涕叹息。

这两种说法都不大可信。

倒是郑注《尚书》引《大传》说得有点道理："纣闻文王三伐皆胜，而始畏恶之，囚于羑里。"

换言之，文王积极开疆拓土不是在被"囚于羑里"之后，而是在被"囚于羑里"之前，他攻伐犬戎、攻伐密须、攻耆国，连战连捷，严重地威胁到了商朝的统治。

《尚书大传》雅雨堂刊本直接一语道破天机："西伯既戡耆，纣囚之羑里。"

"戡耆"，今本《尚书》作"戡黎"。

《说文》的解释是："黎，殷诸侯国，在上党东北，从邑声。《商书》：'西伯戡黎'。"

"耆"也称"黎"，在现在的山西省长治市南，与商地连壤。

"西伯既戡耆"，意思是在向商的中心地带进攻。

既然是这样，纣王就必须有所反应了。

《左传·昭公四年》中记："商纣为黎之蒐，东夷叛之。"

"蒐"，可以理解为检阅军队，也可以理解为用兵。

这里，应该理解为用兵。

意思是说，纣王领兵去耆地跟文王干了一仗。

文王的势力已延及至东海、江淮一带。纣王与文王干了这一仗，擒捉了文王，东夷人大为不满，发动了叛乱。

《左传·昭公十一年》又记："纣克东夷，而陨其身。"意思是说，纣王囚文王之后，又发兵讨伐东夷，导致国内兵力空虚，结果遭遇了武王伐商，国灭身死。

一句话：纣王囚文王、殷讨东夷、武王伐纣等一连串事件是紧密相连的。

同时，纣王擒获文王后，是不可能放虎归山的。

《史记·周本纪》里面说，闳夭等人听说文王被囚禁在羑里（今河南省汤阴县北），赶紧搜罗美女、良马、珠宝、财物，厚赂纣王，文王不但得免，还被纣王赐予弓箭斧钺并得到了据有专征讨伐邻近诸侯的权力。

此说并不可信。

《左传·襄公十一年》里面的说法更荒唐，说："纣囚文王七年，诸侯皆从之囚，纣于是乎惧而归之。"

囚禁文王七年，天下诸侯都申请做他的囚友，和他一起受囚，这是在开玩笑吗？

纣王因为众诸侯的表现感到害怕，从而释放了文王？有这个可能吗？如果真这样，纣王还不如咬舌自尽算了。

《楚辞·天问》说："何圣人之一德，卒其异方？梅伯受醢，箕子佯狂。"意思是说，圣人的德行相同，结果却异，梅伯被剁成肉酱，箕子佯装疯狂。

按照《楚辞·天问》的说法，梅伯和箕子都是圣人。箕子其人其事及其言论在《尚书》《周易》等先秦文献中屡有出现；"梅伯"却非常奇怪，虽然《晏子春秋》《吕氏春秋》《韩非子》《淮南子》《春秋繁露》《韩诗外传》等书也提到过这个名字和其被"醢"的记录，却都不知其为何许人也。

其实，这个"梅"通"某"，即"梅伯"就是"某伯"。

这个"某伯"应该就是"西伯"，即周文王。盖因其"受醢"，死得不光彩，屈原为尊者讳，没有直说。

有人可能会问，《天问》又有提到"受赐兹醢，西伯上告。何亲就上帝罚，殷之命以不救"，这里为什么不为尊者讳了？

这里的"西伯"指的是周武王。

结合上下文的意思,是纣醢了文王之后,把肉醢赐给武王,以此来震慑周人。武王上告于天,亲自执行上帝对殷商的惩罚,殷商命数由此无可救药。

不用说,文王这个悲惨的死法是周人的奇耻大辱。

周人为了维护文王的"完人""圣人"形象,从而编造出了文王从羑里获释归周的故事。

《太公金匮》里就出现了文王从羑里归后与姜太公的一段对话。

最后补充一下,武王克殷商之后不久去世,成王即位。因为成王年幼,周公摄政治理天下。

这也再次证明《礼记·文王世子》说的"文王九十七而终,武王九十三而终"是一个大谎言。

很难想象,武王已经九十三岁,而他的嫡长子还未成年。

如果文王惨死时六十三岁,武王比他小十五岁,那该年武王四十八岁。再过两年武王死,则武王死年五十岁。

不管如何,武王年寿虽然不永,但算是善终;文王虽比武王多活了十三岁,却是横遭肢解烹煮,惨烈至极。

二、周文王惨遭肢解并被陈尸祭坛了吗?

上一节已经辩驳了《礼记·文王世子》中"文王九十七而终,武王九十三而终"的说法。

"文王九十七而终"站不住脚的地方在于:《大戴礼》中明确记载周文王在十五岁时就生下了次子周武王。而给周文王生育武王的女人,按照《管蔡世家》里面的记载,就是文王的正妃太姒。《管蔡世家》又交代得很清楚,太姒一共给文王生了十个儿子,长子伯邑考,次子武王,第九子康叔封,最小十子冉季载。但是,文王死后十一年,武王克殷平天下,大封功臣昆弟,他的两个弟弟康叔封和冉季载竟然因为年幼没有得到封国。由此可以推知,康叔封和冉季载是太姒九十岁时生育的，这绝对不符合生理科学。因此，周文王死年，决不是九十七岁。

《诗经·大雅·大明》篇中又说"文王初载，天作之合"，意思是说，周文王在继位之初就与太姒结婚了。将之与《尚书·无逸》所记文王"享国五十年"结合起来看，文王死时大概六十三岁。

文王是怎么死的呢？

《无逸》篇里面记载有"文王受命，惟中身。厥享国五十年"之语。意思是说，周文王应该是身遭不测，王业中断，仅享国五十年。

网络上有一个说法：陕西省岐山周原发掘出记载有周文王遭肢解并陈尸祭坛的甲骨。

支持这个说法的网文有很多，题目起得很惊悚，如"周文王惨遭开膛破腹""周文王被当成祭品"之类。

这些文章大同小异，都附上一张周原甲骨文的描摹图，但都对图中描摹的文字视而不见，闭着眼睛自说自话。

他们说，考古学家1977年在陕西省岐山周原发掘出一块甲骨，上面刻着"王祭祀大甲，册周方伯，先王保佑风调雨顺"的文字，翻译成白话文就是：商王祭祀第四代商王大甲，用周方伯祭祀，先王会保佑当年风调雨顺。

然后，他们对"周方伯"前面的"册"字做了一通详细的解释，说：周方伯就是周文王。原文中的"册"字是个象形字，意为一条条肋骨，这段甲骨文的意思就是把用于祭祀的人杀死，然后剖开胸膛摆好，并显露出一条条肋骨。因此，"册周伯"的意思就是把周文王开膛剖腹摆上祭坛。

关于甲骨文中的"册"字，济宁甲骨学大师屈万里先生认为，卜辞里出现的"册"是"册告"的意思。如果有"册祝"二字，即是意味着这是向神祝告的文书。历史学家白玉静却认为，"册"像用来圈养牲畜的篱笆之形，意指用来祭祀的牺牲。古文字学家徐中舒则认为"册"字与"删"通用，含有"砍""斫"之义。古文字学大师于省吾在《甲骨文字释林》中直接把"册"字作"杀"字解。

话说回来,周原甲骨文描摹图上的文字,并非"王祭祀大甲,册周方伯,先王保佑风调雨顺"。其实,稍微动脑子想想,"风调雨顺"这个词,根本就不可能出现在甲骨文里!其实,原文是:"贞王其皋又(佑)大甲,册周方伯,卤(斯)正,不左,于受又(有)又(佑)。"

那么,这短短的十九个字,所表达的是什么意思呢?

这里,有一个很重要的问题:这片甲骨,到底是商人刻辞,还是周人刻辞?

1977年,考古学家在陕西省岐山县凤雏村发掘出大批甲骨,数量达一万七千多片。

岐山县凤雏村一带,是周人迁丰前的岐邑所在,而从出土遗址的建筑构造看,其明显属于"前宫后寝"的宗庙建筑。

当年主持发掘者徐锡台认为周原凤雏遗址为周室宗庙建筑。

通过对这批出土甲骨的译读,考古人员发现上面的内容主要涉及到周人早期的祭告、祈年、田猎、征伐等活动。

因此,学术界的有识之士都认为,这些甲骨应该都是周人刻辞。

但出土于凤雏甲组建筑基址西厢房二号房间编号为H11的窖穴内的四片甲骨,还是引起了一些争议。

其中被冠以H11:84编号的甲骨,就是记载着"贞王其皋又大甲,册周方伯,卤正,不左,于受又又"这十九个字的那片甲骨。

殷墟甲骨中,有许多卜辞记录地点;殷墟卜辞中,商王在京城外或诸侯国的祭祀行为一般都要指明占卜祭祀的地点。殷墟甲骨喜用龟背,字体线条较粗,钻孔多为枣核状孔。

这三片甲骨和其他周原甲骨别无二致,卜辞不记录地点,没有像殷墟卜辞那样由前辞、贞辞、占辞、验辞组成;用的是龟腹,微雕,文字线条很细、方凿、圆钻平底。它们应属周人刻辞。

那么,甲骨上提到的"周方伯"是谁呢?

《礼记·王制》载:"千里之外设方伯。"

在殷周时代，方伯就是一方之长，诸侯中的领袖。

其中被冠以编号 H11∶1 的甲骨里提到了"帝乙"，而帝乙就是商纣王的父亲。另外，"帝乙"是商王死后才有的"日名"，因此，"周方伯"应该就是周文王姬昌。

据此，很多人认为这三片甲骨上出现的"王"就是商纣王。

但这些甲骨是珍藏在周室宗庙中的，说商纣王来周室宗庙祭祀先祖，似乎说不通。

而说商纣王来周室宗庙祭祀先祖，并把周文王像牲口一样宰杀，"剖开胸膛摆好，并显露出一条条肋骨"，然后摆上祭坛，那就更加说不过去了。

那么，说周人把记载有"周文王被人家像牲口一样宰杀"的血腥甲骨珍藏在自己的宗庙里，那就真的匪夷所思了。

另外，从周原其他甲骨文可以看出，周人凡在述及商王，都不单独称"王"，而是称"衣王"或"商王"。而对本族之王一律直接称呼为"王"。

因此，这个"王"不可能是商纣王，而是周文王。

有人会感到奇怪：从这三则庙祭卜辞看，这个"王"所祭对象是成汤、太甲、文武丁和帝乙等商人先祖，他怎么可能是周文王？

是这样的：中国古代有一个"能御大灾则祀之，能捍大患则祀之"的祭祀原则。而根据《左传》《周礼》等先秦文献的记载，三代又实行一种名叫"命祀"的祀典制度，即以命令的方式，要求邦国、都鄙等必须遵从王室之命进行祭祀。

这种命祀不仅发生于先周时期，也存于商灭之后。

显而易见，一旦弄清楚了甲骨上"王"指的是周文王，而"周方伯"指的是周文王，自然就不会认这个"册"字作"杀"字解了。

考古学家、夏商周断代工程文献组课题组组长杨升南先生认为，这里的"册"字表达的是"册命""册告""册封"的意思。

那么，这三片甲骨分明是什么意思呢？

下面逐一进行解读。

H11：1编号甲骨所表达的意思是：癸巳日，文王在文武丁、帝乙宗庙祭祀，两位小妾参与其事，杀了三头公羊，又杀了三头小猪，诸事完毕。（是否吉利？）

H11：82编号甲骨所表达的意思是：在文武丁神主前，文王祭祀某先王，请册命周方伯继承殷商之天命，（是否吉利？）果然应验，文王受到保佑。

H11：84编号甲骨所表达的意思是：文王祈求太甲，册命周方伯继承殷商之天命是否吉利，果然应验，文王受到保佑。

有人会觉得奇怪，成汤、太甲、文武丁和帝乙等人都是殷商先王，他们怎么会保佑周文王承殷商之天命？周文王只有脑袋不正常才会祈求他们保佑自己继承殷之天命吧？

大家应注意这样一个现象：早期文献和青铜器铭文，从没出现过"文王称王"的说法，所记载的都是"文王受命"。

文王和武王为了宣扬伐商的合法性，长期采用自己接受天命的说法。

这"天命"，指的既是上天之命，也是前代圣贤先王之命。

对于"文王受命"，周人一律都说："受命，受殷王嗣位之命。"

清朝人陈奂因此说："文王受命于殷之天子，是即天之命矣。"

因此，在那个年代，周文王祈求殷商先王保佑自己继承殷之天命，大家都会觉得很正常。

所以说，"册周方伯"绝不是杀周方伯，而是册命周方伯。

三、姜子牙七十二岁遇周文王？

姜子牙七十二岁遇周文王的说法，主要来源于《荀子·君道》和《韩诗外传》（卷四）的记载。

《荀子·君道》中是这样写的："乃举太公……行年七十有二……"

第一部分 传疑时代 047

《韩诗外传》（卷四）则这样写："太公七十二而用之者。"

另外，《说苑·尊贤篇》虽然不说姜子牙七十二岁遇文王，但说："太公七十而相周，九十而封齐。"

司马迁拿不准是七十二岁还是七十岁，在写《史记·齐太公世家》时，就笼统地写："年老矣，以渔钓奸周西伯。"

不管怎么样，姜太公七十二岁时垂钓渭水、被文王所遇的故事已经深植民间。

但是，很多先秦典籍中所提到的名人的岁数，大多是靠不住的。

比如《史记·齐太公世家》中又载："盖太公之卒百年有余，子丁公吕伋立。"

按照其字面意思，就是说姜太公死后过了一百多年，他的儿子丁伋即位为齐公。

姜太公死了一百多年他的儿子才即位，这个儿子是从哪里来的？他当时得有多少岁了？

姜子牙出生之年不载于任何史料，但《竹书纪年》明确记载了他的卒年："周康王钊六年，齐太公卒。"

另外，上博简《举治王天下》里又说文王与姜子牙相遇于文王七年。

那么，从姜子牙遇文王之年算起，到周康王六年，这段时间是可以大致算得出来的。

我们来看：

1.《尚书·无逸》记文王"享国五十年"；

2.《尚书·泰誓上》载："惟十有三年春，大会于孟津。"也就是说，文王死后十三年，武王克殷；

3.《管子·小问》载："武王伐殷，七年而崩。"《礼记·文王世子》也载："武王七年而崩。"也就是说，武王克殷后居天子位为七年；

4. 西汉人刘歆的《世经》认为成王在位三十七年（含周公"摄政"的七年）；

那么，姜子牙在得周文王知遇后，经过了辅佐文王的四十三年、武王伐商的十三年、武王克殷后在位的七年、成王在位的三十七年、再加上康王六年，共一百零七年时间。

显而易见，如果姜子牙是在七十二岁遇上周文王，即，七十二加一百零七等于一百七十九，也就是说，姜子牙享年一百七十九岁，根本不科学。

问题出在哪儿呢？

最大的可能，就是姜子牙初遇文王不是七十二岁，而是三十岁上下。

只有这样，才会有继续讨论下去的可能。

为什么不把姜子牙初遇文王时的岁数定位在比三十岁更小的十几岁、二十岁呢？

上博简《举治王天下·古公见太公望》里面记载过这样的事：周文王的爷爷古公亶父曾经拜访过姜子牙，并且叮嘱文王一定要想办法得到姜子牙，说你得到了他，就得到了天下，丢失了他，就等于丢失周王室。

假定古公亶父是在他辞世的那一年拜访姜子牙的。古公亶父死后，他的儿子季历继位。过了三四年，季历被商王文丁杀害。文王继位后七年寻访到姜子牙。这期间大概过了十年。

那么，古公亶父拜访姜子牙时，姜子牙大概二十岁出头，不能再往小里推了。

总之，文王礼遇姜子牙时，姜子牙的年纪不应该太大，也不应该太小，应该是三十岁出头，正值盛年，风华正茂。

那么，问题来了，为什么会流传出"太公七十二而用之者"的说法呢？

应该和姜子牙的名字"太公望"有关。

姜子牙的名字，也是一个非常复杂的问题。

受明代许仲琳的神魔小说《封神演义》的影响，很多人以为，姜子牙姓姜,名尚,字子牙,道号飞熊,尊称太公。

其实,在先秦典籍里,根本不存在"姜尚""姜子牙""姜太公"这样的说法,有的只能是"吕望""吕尚""太公望""师望""尚父""师尚父"等。

姜姓始祖四岳当年辅佐大禹治水有功,其后被分封了齐、申、吕、许四个国家。

姜太公是四岳之后的吕国人,以吕为氏。

这个吕国在最早的时候,是在今天山西省霍州市西南,在太岳山的西边。后来,周穆王重新封了吕国,将它迁到了今河南省南阳市西边。

现在很多可查的史料,对姜子牙的籍贯都搞错了。

比如《后汉书·郡国志三》"西海"下注引《博物记》说:"太公吕望所出,今有东吕乡。又钓于棘津,其浦今存。"

《水经注》引《齐乘》又称:"莒州东百六十里有东吕乡,棘津在琅琊海曲,太公望所出。"《博物志》也说:"海曲城有东吕乡东吕里,太公望所出也。"

这里面提到的地名:东吕乡、棘津、莒州、琅琊、海曲等,全都在山东,其中的海曲就是现在的山东省日照市。

但是,上博简《举治王天下》里有古公亶父访问姜子牙于吕隧的记载。古公亶父原先居于豳地,后迁到岐阳周原,说他不远千里跑到山东去访问一个年轻小伙子,很难说得过去。

显而易见,姜子牙居住的地方应该是在今天的山西省霍州市。

把姜子牙的籍贯错定在山东,应该跟《孟子·离娄上》记载的"太公辟纣,居东海之滨"、《吕氏春秋·首时》记载的"太公望,东夷之士也"之类的说法有关,早早把姜子牙认定为东夷人。

《孟子》等书之所以把姜子牙说成东夷人,估计是跟姜子牙的封国齐是东海之国有关。

但姜子牙封国在东海,并不能意味着他的籍贯就在东海。

例如，周公封鲁，但周公的籍贯并不在鲁。

另外，高诱注《吕氏春秋》说："太公望，河内人也。"《水经注》引《太公庙碑文》说："太公望，河内汲人。"这些说法也不能成立。

再说回来，姜子牙是吕国人，以吕为氏。而先秦人的习惯是：男人称氏不称姓，女人称姓不称氏。

因此，先秦、秦汉的典籍里对姜子牙常见的称谓是"吕望""吕尚"。

不过，"吕望"里面这个"望"字，并不是姜子牙的原名，而是周文王帮他起的。

《史记·齐太公世家》交代得非常清楚：周文王出猎，与姜子牙相遇于渭水之阳。一番交谈下来，周文王心情大为舒畅，感叹说，我先君太公在世的时候就说，必定会有圣人来辅佐周，周会因此兴旺发达。你就是这个圣人了，"吾太公望子久矣"，我先君太公盼望你很久了。

就这样，周文王把姜子牙尊称为"太公望"。

人们除了从"太公望"这一尊称中组合出"姜太公""吕太公"的称呼，还组合出了"姜望""吕望"的称呼。

另外，很多人认为，因为周武王崇尚姜子牙，以父礼事之，所以尊称为他"尚父"。

但是，上面已经说了，上博简《举治王天下》中，古公亶父曾告诫文王："得上父，载我天下；子失上父，遂（坠）我周室。"

在古时候，"上""尚"相通。

换言之，"尚父"并不是源自周武王对姜子牙的尊称，它根本就是姜子牙的名或字。

《封神演义》里一口一句"姜尚"，的确，在先秦，"某父"中的"父"字经常会被省略，比如《左传·昭公十二年》里"禽父""燮父"，其实是鲁公伯禽、晋侯燮。

因此，"姜尚父"简称为"姜尚"，那是没有问题的。

但依据先秦的人名、字的通例，"子某""某父"都是字而不是名，像"禽父""燮父",都是字,因此,"尚父"应该是姜子牙的字。

称姜子牙为"师尚父",是古代有大师和少师,大师就是后来的太师,是最高的武官,掌管军队。

姜子牙曾经是文王、武王时代掌管军队的大师。

因此,"师"是他的官职名。

"师尚父"也因此被称"师望"。

姜子牙的"子牙"是怎么来的呢?《孙子·用间》提道:"周之兴也,吕牙在殷。"

不难看出,"吕牙"就是吕望。

"吕牙"的说法,在先秦典籍中,也仅见于《孙子》。

有人因此认为,"牙"的古代读音与"望"的古代读音接近,即"牙"是由"望"音转成的。

姜子牙道号"飞熊",是文王遇姜子牙前夕,由史扁卜卦,出现了"所获非龙非彲,非虎非羆,所获霸王之辅"的爻辞。后人误把"非羆"转成"非熊",最终演变成了"飞熊"。

关于姜子牙的名,宋人吴仁杰在《两汉刊误补遗》卷四中提到了太颠、闳夭、散宜生、南宫适这四个人,说这四个人是"文王之四友",由于《书大传》又说散宜生、南宫适、闳夭与太公望"见西伯于羑里"被孔子说成"文王得四臣,丘亦得四友"。因此,他认为太颠与师尚父是一人,即"颠"是姜子牙的名。

清人苏时学赞同吴仁杰的说法。他在《墨子刊误》中说:"泰颠,("泰"通"太")当即太公望也。"

虽然有人认为,《逸周书·克殷》篇里既记载有太颠,又记载有尚父。但该书为战国史官写的东西,并非绝对可靠。战国史官写前代史,常有把一个人写成两个人,或把两个人写成一个人的现象发生。

因此,姜子牙是姜姓,吕氏,名颠,字尚(上)父,尊号太公望,官太师。

弄清楚了姜子牙的姓、氏、名、字以及尊称,就不难发现,后人非常有可能是看到了"太公望"里面"太公"这两个字,不知其所指为周文王的爷爷古公亶父,望文生义,以为指的是姜子牙,误以为当时的姜子牙已经很老,称他为"姜太公",从而讹传出姜太公七十二岁遇周文王的说法来。

不过,就算姜子牙是三十岁遇文王,但他事周的时间长达一百零七年,还是让人感觉难以置信。

这里面应该还存在偏差。

根据《帝王世纪》所记载的:文王在即位后的第四十二年,由于"岁在鹑火",即金、木、水、土、火这五星聚在西边太阳落山处,在晚霞的映衬下,好像五只赤乌鸟齐聚在岐山周祖庙的上方,西伯昌认为这是上天在指示他去夺取商纣王的王位,于是称这一年为"受命之年",自认为得天命而称王。

近代史家通过对出现"岁在鹑火"这一天文奇观进行推算,认为文王改正朔称王的时间应该是在他即位后的第四十三年。

文王"享国五十年",即他在七年后去世。

而《史记·周本记》又载:"九年,武王上祭于毕。东观兵,至于盟津。"

史家认为,如果说武王是在文王死后九年才开始着手准备伐商事宜,很说不过去。从而推想,武王为了完成父亲的夙愿,他在继位后并没有改年号,仍旧沿用父亲的纪年,所以,这里说的"九年",其实是周文王死后的第二年,这样才比较合理。

那么,《史记·周本纪》讲的武王克殷事发生于"武王十三年",其实是文王死后第六年。

克殷后,武王又坐了多少年天下呢?

前面说了,《管子·小问》载:"武王伐殷,七年而崩。"《礼记·文王世子》也载:"武王七年而崩。"换言之,武王克殷后居天子位为七年。

但《夏商周断代工程简表》把武王克殷后居天子位的年数定为四年。

第一部分 传疑时代 053

前面说了，西汉人刘歆的《世经》认为成王在位三十七年（包括周公"摄政"的七年在内）。

《夏商周断代工程简表》则把成王在位年数定为二十二年。

这么一来，姜子牙遇文王到姜子牙病逝的这段漫长的时间就大为缩水了。

我们来看一下，周文王即位后第七年遇姜子牙，过了三十六年（即周文王即位第四十三年），文王改正朔称王；过了十三年，武王克殷；过了四年，武王崩；再过二十二年，成王崩；再加上康王在位的六年，总共时间是八十一年。

假定姜子牙初遇文王时为三十岁，那么，三十加八十一等于一百一十一，换言之，姜子牙享年为一百一十一岁。这就比较可靠了。

对《史记·齐太公世家》中说的"盖太公之卒百年有余，子丁公吕伋立"，理解为"姜太公在一百多岁病逝，他的儿子丁公吕伋即位"也比较合理了。

不过，话又说回来，《夏商周断代工程简表》为什么改变古籍的年数把武王、成王的在位年数进行压缩呢？

原来，西周共和元年之后，是有明确的纪年可查的，属信史时代；西周共和元年之前，各种纪年混乱，尤其商代、夏代之前，不但模糊难考，甚至湮灭而不可考。"夏商周断代工程"的任务，就是要考证出其具体纪年。

共和元年为公元前 841 年这一条红线不可逾越，又要维护《史记》中的穆王在位五十五年、厉王在位三十七年的记载，"夏商周断代工程"在以西周积年共二百五十七年为准的情况下，只好把西周诸王的在位年数进行下调。

可惜的是，2007 年，西周青铜器尧公簋在香港地区展出，该簋上铭文有"公作妻姚簋，遘于王命易（唐）伯侯于晋，唯王廿又八祀"的字样。考古家通过考证，认为这"王命易（唐）伯侯于晋"的"王廿又八祀"指的是成王二十八年。

如果这个考证成立,那么,《夏商周断代工程简表》说的成王在位年数为二十二年就站不住脚了。

因此,姜子牙享年一百一十岁,还是有波动的。

但是,姜子牙初遇周文王,不应该是七十二岁,否则就太过离奇了。

四、穆王驭八骏游西天有史实依据吗?

周穆王是周文王灭商以后西周第五位君王,姓姬名满,世称"穆天子",是中国古代历史上最富于传奇色彩的帝王之一。

穆天子的神话传说屡见于《山海经》及六朝志怪小说。

《列子·周穆王》记:周穆王不体恤民情,不亲近臣下,沉迷于远游,命人打造八骏神车,周游海外,曾到西天瑶池作客,得到西王母的款待。当时,西王母在瑶池之上与周穆王欢宴畅饮,亲自弹奏瑶琴,周穆王引吭高歌应和,辞曲哀婉。

《太平御览》卷七四引《抱朴子》则记:"周穆王南征,一军尽化。君子为猿为鹤,小人为虫为沙。"

……

如果这些记载只是出现在《山海经》及六朝志怪小说也就算了,奇的是,众多先秦史书居然也提到了这件事。

那么,就不能单纯以神话传说来看待它了。

《国语·周语上》记载:犬戎在西周初年常向周王室进贡方物特产。周穆王时,犬戎进贡不及时,有怠慢周王室之态。周穆王遂领兵进行征伐,"获其五王,遂迁戎于太原",把部分戎人迁到太原(今甘肃省镇原市一带)。

不久,周穆王又东攻徐戎,在涂山(今安徽省怀远市东南)会合诸侯,巩固了周在东南的统治。并制定墨、劓、膑、宫、大辟五刑,其细则竟达3000条之多。

《左传·昭公十二年》又记,周穆王"欲肆其心,周行天下",立志要使天下的道路都印上自己的车辙、马迹。换言之，周穆王不但是个政治家、军事家，还是个雄心勃勃的旅行家。

《史记·秦本纪》说，造父善御，得八骏，穆王使驾而西巡狩。

《史记·赵世家》又进一步说："见西王母，乐之，忘归。"

……

可见，周穆王西游之事并非无本之木。

不过，《山海经》和六朝志怪小说以及众多先秦史书对这件事只是寥寥数语提及，并没详细记录，让人如入云雾，不得要领。

详细而完整记载周穆王西游之事的，是《穆天子传》。

西晋太康初年（280），汲郡（今河南省汲县）人不准（人名）盗发了战国时魏襄王的古墓（一说为魏安釐王墓），在墓中发现了一批封存了五六百年的竹简，有数十车之多，计十余万言。经过有识之士对其进行系统整理，写定为七十五篇，其中最有名的是《竹书纪年》《穆天子传》。

《穆天子传》是这样记述的：周穆王为房太后所生，父亲是周昭王。昭王南巡时死在途中，穆王继位时已经五十岁，在位五十四年，活了一百零四岁。

穆王年轻时向往修炼成仙的道术，想学黄帝那样乘车马游遍天下的名山大川。

周穆王两次率军西征，大败西戎各部落，凿空了前往西域的道路。

经过精心准备，周穆王于公元前964年开始了浩浩荡荡的西游之旅。他以善御者造父为车夫，驾着八匹千里马，带着七队选拔出来的勇士，携带供沿途赏赐用的大量珍宝，沿着漯水向东前进，经盟津渡过黄河。

在黄河边，穆王捕获到一只白狐狸和一只黑貉子，用它祭祀了河神。他的车驶到连羽毛都浮不起来的弱水边，河里的鱼、龟、鳄鱼就自动自觉地浮起来，为他铺路搭桥，以让车辆通过。

过了黄河，沿太行山西麓向北挺进，到达阴山脚下，转而西行，抵昆仑山，又向西走了几千里，到达了一个风光旖旎的国家，即传说中的昆仑山西王母国。

西王母梳着蓬松的发型，穿着下垂的豹尾式服装，在瑶池盛宴款待穆王。

穆王送上大批中原特产和锦绸美绢。

西王母则回赠西天各种奇珍异宝。

两人饮酒吟诗，共颂友谊。

宴罢，西王母邀请穆王游历了其国中山川名胜。

在山顶大石上，穆王刻了"西王母之国"五个大字，作为纪念。

盘桓了三个多月，该返程了。

西王母设宴送行，还在酒席上深情款款地唱起歌来："白云悠悠，道路漫长，数不尽的高山大河将我们遥相阻隔，今日一别，音信难通。但你将长生不老，日后我们还会重逢。"

穆王无限哀伤地唱："我返回神州故土，必使华夏各国都和睦相处，使万民都过上平等富足的生活，那时候，我还会再来看望你。"

然后，穆王继续西进到大旷原，猎到了许多珍禽异兽，调头返程东归，回到洛阳。

穆王此次西巡，共历时五百四十三日，行程三万五千多里，沿途所经邦国，都受热情接待。

穆王登昆仑山时，喝了蜂山石缝中的甘泉，又吃了玉树上的果实，登上了西王母居住的群玉山，得到了腾云飞升的道术，得以延年益寿。

因为《穆天子传》记述的事迹具有如此浪漫、雄奇的色彩，后人多将之归为《山海经》一类的神话小说。

清四库馆臣就认为《穆天子传》"为经典所不载"，将之列入小说类。

不过，《四库全书总目提要》在论及《穆天子传》性质时却又说："书中所记虽多夸言寡实，然所谓西王母，不过西方一国君。"认为《穆天子传》非《山海经》《淮南子》一类神怪小说可比。

近年来，越来越多严谨的治史者认为《穆天子传》是一部史学著作，著作者为周王室史官。

理由有五：

一、《穆天子传》所记周穆王北渡黄河，经今山西太行山一线，越今河北井陉山，渡滹沱河，出雁门关，进入今内蒙古阴山河套地区，然后渡河西行，经今宁夏、甘肃、青海，入今新疆，到达准噶尔盆地，即"西北大旷原"，停留达三月之久。然后东归，取道东南，经河西走廊，穿今甘肃、宁夏，复至阴山，循来路返回宗周。其所历山川、泽薮、平原、部族、邦国（特别是西域之地），大多不见于别的文献，只能是亲历者才会有这样详细的记录，而且周穆王的整个西征、东巡漫游均有具体时间、地点、起止、宿留的记录。这些只能是随行史官才可以如此清楚明确地进行记载。

二、众多先秦文献中，关于我国古代民族的资料，以《山海经》所载最为丰富。但绝大多都是神话传说，怪异荒诞不足为信。《穆天子传》所载却显得真实可信，客观而详尽描述了西周时期西北各民族居地、习俗、分布与迁徙等情况，并大多能从秦汉以后的史籍中得到印证。

三、周穆王西征、东巡沿途各国风物人情大异于中原，却又历历可考，而且其详细、完整记录的具体日期，在先秦文献中绝无仅有，接近于帝王起居注。所载礼制与历法，皆用周历，以建子之月为岁首，表明《穆天子传》成书在西周，而非已改用夏历的春秋战国之时。

四、全书文字古朴、冷僻，笔法单调、拙直，写人记事平铺直叙，不类《春秋》《左传》《国语》《国策》诸子之文，却与《尚书·周书》中与周穆王直接有关的《君牙》《冏命》《吕刑》三章的文风、词语多有相合之处。书中很多地方保留有古代特殊语法现象，则此书成书就在西周。

五、书中围绕周穆王的活动，记述了一系列与之密切相关的礼仪制度，包括宴飨之礼、祭祀之礼、献赐之礼等，这些都成为后人研究周代礼制的真实材料。

而人们对《穆天子传》的实录产生质疑，主要来自以下两方面：

一、按《穆天子传》记载，周穆王自镐京（今陕西省西安市长安区附近）至西王母之邦，行程共一万余万里。如此一来，西王母之国应在西亚或欧洲，这是难以设想的。但在 1992 年中日两国关于《穆天子传》的学术研讨会上，学者们指出，中国秦以前的里指的是短里，只有今七十七米长。因此，西王母之国应在今甘肃、新疆一带，它以西宁、兰州为前庭，以新疆为后庭，中心在敦煌、酒泉一带。这一观点与班固在《汉书·西域传》中长安至锡尔河流域的康居有一万余里的记述是一致的。

二、书中所述西王母之邦，明显接近于神话传说之邦；西王母其人接近于神话人物形象。史学家认为，这很可能是《穆天子传》在辗转传抄的过程中出现了增删、讹夺现象。其实，书中所述西王母蓬松的发型、豹尾式的服装，已经在出土的文物中得到印证。有一个在我国西北部出土的舞蹈彩盆，盆内有三组跳舞的场面，每组五人，头上都梳着蓬发，舞衣从背后下垂，像豹尾一样。因此，西王母之邦，其实就是某母系氏族制的部落。从相关史料考证，此部落春秋之后被乌孙人所逐，避入荒寒之青海高原，与其他羌人部落混合而被称为"婼羌"。后遂南下西藏，与唐古拉山之唐羌、牦牛羌等组成一大部落联盟，名曰"唐牦"。因仍行女王、女官制度，《魏书·吐浑传》及《隋书》皆载而名之曰"女国"。此女国女王诸臣，在南北朝末期支持发羌（亦西羌一支）酋长统一西藏高原，建立了吐蕃王国。

还有，20 世纪 30 年代，考古工作者在安阳发现过高加索人的头骨，在新疆一带区域曾发掘出先秦时期的古文物。1980 年，陕西扶风地区出土有西周时期的白人头像。这些发现表明，中西之间的通路早在西周的时候就已经打通了。

综上所述，《穆天子传》绝不是向壁虚构的小说，而是记载周穆王西征、东巡的实录性散文，是一部具有很高史料价值的历史文献。

第二部分

信史时代

第一章　东周列国

一、卫国曾为"诸侯之长",国内人才辈出,为何越混越不像样了呢?

《史记·管蔡世家》记载说:"武王已克殷纣,平天下,封功臣昆弟。"

换言之,周武王伐纣主天下后,就开始分封列国诸侯。

周武王之后,历代周王,包括周公旦在内,也不断分封诸侯,目的是"封建亲戚,以蕃屏周"——这就是"封建"一词的由来。

那么,有周一代,到底分封了多少个诸侯国呢?

《荀子》的说法是:"周公兼制天下,立七十一国,姬姓独居五十三人。"换言之,分封了七十一国,其中姬姓之国有五十三个。

《左传》的说法是:周分封"兄弟之国十有五人,姬姓之国者四十人",十五加四十,那是五十五。

《吕氏春秋》的说法是:"周之所封四百余,服国八百余。"

现在的史学家,一般综合以上三种说法来分析。

按照荀子的说法,西周打败敌人重新赐封所建立的国家或封国有七十一个,其中与周王同姓的姬姓封国为五十三个,三皇五帝与夏商王朝后裔以及前朝贵族和有功之臣获封的异姓之国为十八个。

周公后来加封了两个姬姓封国,即在原有的五十三个姬姓封的基础上，变成了五十五个姬姓封国。这五十五个姬姓封国里面，属于周文王姬昌及其兄弟的直系子孙封国有十五个，即《左传》所说的"兄弟之国十有五人，姬姓之国者四十人"。

另外，还有发布声明表示服从周天子、接受周天子赐封国号的方国大约三百三十多个。这三百三十多个名义封国再加上上面说的七十一个，共计有四百多个。这是《吕氏春秋》说的"周之所封四百余"的由来。

又由于在周王朝长达八百年的历史发展中，不断有来自四面八方的边远地区的部落前来朝拜臣服，因此又获得了八百多个"服国"。

因此，整个周王朝的诸侯国有一千二百多个。

河北人民出版社出版的义务教育课程标准历史实验教科书写的是："西周初年的国家有八百多个，到了春秋初年，还剩下一百七十多个，到了战国初年，就只有几十个了。"

不用说，这"一千二百多个"或"八百多个""国家"中，肯定有很多是小部族、小部落，并且倏起倏灭，在历史的长河中跳跃闪烁不停，后人根本无法统计。

所以，史学家主要还是着眼于那些比较著名的诸侯国，如秦、楚、齐、燕、晋、陈、郑、鲁、卫、中山、曹、吴、越、蔡、许、杞、庸、虢、滑、函、莒、巩、邠、褒、申、缯、焦、霍、蓟、祝、管、虞、芮、成、徐、荆、巴、蜀等。

笔者今天特别说说在春秋战国史上并不特别显眼的卫国。

这是为何？

主要是在周代上千数百诸侯国中，卫国的立国时间长达九百零七年，传四十一君，堪称生命力最强，存活时间最久的诸侯国。

卫国的"祖上也曾经阔过"，曾一度为"诸侯之长"。

话说，《逸周书·职方氏》里告诉我们："凡国公侯伯子男，以周知天下。"

也就是说，周代统治阶级内部等级森严，其中诸侯国分公、侯、伯、子、男五等爵。

现在可考的公爵诸侯国只有七个，它们分别是：宋、杞、祝、焦、蓟、陈、虢七国。

这七国都是有来头的。

其中，宋国是商汤的后裔，杞国是夏禹的后裔，祝国是尧帝的后裔，焦国是炎帝的后裔，蓟国是黄帝的后裔，陈国是舜帝的后裔，而虢国的开国君主虢仲是周文王之弟。

这七国，除了宋国在宋襄公时代颇为露脸之外，其他各国的存在感都很低。

事实上，进入东周后，这七国不仅爵位有所变化，还陆续被周边诸侯国吞并掉了。

从这里也可以看到，宋、杞、祝、焦、蓟、陈、虢这七国的立国基础是最好的，但都灭亡得很快，只能说，基础好，未必活得久。

侯爵诸侯国比较著名的有齐、晋、鲁、卫、邢、蔡等国。

侯虽然是五等爵的第二级，但它和公爵一样，封地都是方百里。

所谓亲疏有别，公爵位虽尊，却属于王室的客，不能拥有侯爵那样充当王室藩屏的资格。

而侯爵既然充当王室藩屏，承担了捍卫王室的职责，就可以组建"三师"。

侯爵国还能充当诸侯之长，称"元侯"，或"侯伯""方伯"，地位足以与公爵相等。

大家都知道，齐国出了个齐桓公，晋国出了个晋文公，齐和晋都充当过"侯伯""方伯"，入选春秋五霸之列。

但大家未必知道卫国也有过类似风光的历史。

话说，周朝刚刚取代殷商那会儿，周武王将殷商遗民交由纣王之子武庚禄父管理，并封武庚禄父为诸侯，在殷都立国，以奉其先祀。

周武王也知道殷商遗民还未能彻底归顺，于是设立三监，分别由自己的同母弟弟管叔鲜、蔡叔度、霍叔处担任三监之职，监视武庚禄父,"以和其民"。

其中,管叔鲜监管殷都以东一带,即今河南濮阳一带,称卫地;蔡叔度监管殷都以南一带,即今河南卫辉一带,称鄘地;霍叔处监管殷都以北一带,即今河南汤阴一带,称邶地。

周武王驾崩后,周成王继位。

周成王年幼,根本无法执政。

周武王的另一个同母弟周公旦只好摄政代行王权。

管叔鲜、蔡叔度、霍叔处三人眼热,他们以四哥周公旦要篡权为由,勾结武庚禄父起兵造反。

周公旦于是兴兵东征,打败了武庚禄父、管叔鲜,囚禁了蔡叔度,流放了霍叔处,重新安排人去驻守卫、鄘、邶三地。

周武王当年大封功臣昆弟时,八弟康叔封因为年幼没有得封,这一年被周公旦分封驻守卫地,成为卫国的第一代国君。

周公旦对康叔封十分关照和爱护,以纣王酗酒沉迷女色而失其国的教训殷殷告诫康叔封,并亲自写了《康诰》《酒诰》《梓材》等治国条文赠予康叔封,让他据此治国。

康叔封有才能,遵照周公旦的指导行事,治国又肯花心思,卫国发展迅速,一下子成为各诸侯国中的大国。

《汉书·地理志》说:"周公封弟康叔,号曰孟侯。"

孟,就是老大的意思。换言之,孟侯就是诸侯中的老大,为诸侯之长。

卫国不仅享有"诸侯之长"的美誉,还被人们称赞为"君子之国"。

吴王寿梦之子,孔子的老师,同时也是孔子最仰慕的圣人——"南方第一圣人"的季札,曾周游列国,他途经卫国,接触到了蘧瑗、史狗、史鰌、公子荆、公叔发、公子朝等一大批贤达之士,不由得大赞"卫多君子,其国无患"。

人们都说季札是个出色的外交家、优秀的文艺评论家,其实他也是一个非凡的政治家，政治眼光独到，政治预言很准。

他判断卫国"无患"，果然卫国在一个漫长的时期内，一直平安无事。

话说回来，康叔封治理卫国，政通人和，民心大悦，国内一派欣欣向荣的局面。

周成王成年后，开始执政，知道康叔封是个了不起的能人，就加封康叔封为司寇，并赐卫国珠宝祭器，以表彰其功德。

康叔封死后，继位的五代国君都为"伯"，即司马贞在《史记索隐》中说的"方伯之伯"，也就是诸侯国中的老大，"诸侯之长"。

他们分别是康叔封的儿子康伯，康伯的儿子考伯，考伯的儿子嗣伯，嗣伯的儿子㮛伯，㮛伯的儿子靖伯，靖伯的儿子贞伯。

看，从康叔封算起，到贞伯这一代，那是七代人。

七代均为"诸侯之长"，非常了不起。

到了贞伯的儿子顷侯这一代，由于顷侯德衰，不再监诸侯，才遵从本爵而称侯。

顷侯和他的儿子釐侯都没有什么可圈点的事迹，但釐侯的儿子共伯继位后，在历史上是做出了惊天动地的事业。

不过，在未开讲共伯事业之前，有一段历史公案必须厘清。

司马迁在《史记·卫康叔世家》中说，卫釐侯死后，太子余继位。余的弟弟之前很得釐侯的宠爱，暗中培植自己的势力，他倚仗自己的势力杀死了余，自己继承了卫国国君之位。

对于余的惨死，卫人哀之，将之葬在釐侯的墓旁，谥之曰"共伯"。

杀人凶手和即位后，即是卫武公。

卫武公是个了不起的人才，他"修康叔之政，百姓和集"。

对司马迁叙述卫武公杀兄夺位之事，司马贞在《史记索隐》中力证其非。

司马贞的证据有三。

一、《国语》里面有记载，称卫武公本身就是个大圣人，不可能做出诛兄夺位的丑事。

二、《左传》有一段"季札观周礼"的记载，说的是季札访问鲁国，请求观赏周朝的音乐和舞蹈。鲁国乐工分别为他歌唱《周南》《召南》《邶风》《庸风》和《卫风》。季札听到《卫风》，忍不住喝彩说："美哉，渊乎！"大圣人季札品行高洁，曾经三让君位，他是如此崇拜卫武公和康叔，就证明卫武公不可能做出诛兄夺位的丑事；如果做出了，就不可能得到季札的崇拜。

三、《诗经》的诗里提到过卫世子早夭的事，没有说是被杀。

另外，《史记·周本纪》记载说：周厉王暴虐侈傲，使得"国人莫敢言，道路以目"。经过三年的高压统治，国人忍无可忍，自发组织起来，袭击周厉王。周厉王被迫出奔于彘（地名，故址在今山西省霍州市东北）。之后，召公、周公二相行政，号曰"共和"。

韦昭在《史记正义》中引鲁连子所述，认为这个"共伯和"就是卫武公。

近代学者郭沫若根据元年师兑簋、三年师兑簋、师嫠簋、师毁簋等西周青铜器铭文进行考证，认定铭文中提到的师和父，金文中提到的白和父就是共伯和，即西周"共和时期"的共伯和就是卫武公。

特别要指出的是，从共和元年开始，中国才有准确的年代考察。

也就是说，共伯和的"共和执政"事件，在中国古代历史上有着非凡的历史意义。

卫武公长寿，《国语·楚语》记载说他九十五岁还克勤克俭，用心治国，并作了《懿戒》，要求臣下时时提醒和告诫自己戒骄戒躁；还作了《宾之初筵》以诫嗜酒之风。

《毛诗序》甚至说收录在《诗经》里面"投我以桃，报之以李"等诗句，出自卫武公之手。

另外，《史记·卫康叔世家》也记载说，犬戎作乱，入寇镐京，诛杀周幽王那会儿，卫武公亲自将兵往佐，助周平戎。

也正是这样，卫武公被周平王赏赐为"公"。

卫国臣民感恩卫武公的德治，作诗《淇澳》歌颂："有匪君子，如切如磋，如琢如磨！"

卫武公死后，他的儿子卫庄公继位。

从康叔到卫庄公，卫国在诸侯国中的地位一直都很高。

卫庄公继位后五年，到了成亲的年纪。

以卫庄公的身份论，诸侯国中，除了姬姓国，能被他看在眼里的，主要是齐国。

他娶了齐国女子为夫人。

可惜的是，齐女不孕不育。

卫庄公于是又娶陈国女子为夫人。

这个陈国女子倒是生了一个儿子，但这个儿子命薄，不久就死了。

卫庄公于是又娶了陈国夫人的妹妹。

司马贞经过一番考证，认为这个陈国夫人的妹妹就是《诗经》里面"燕燕于飞"所咏的戴妫。

戴妫生下一个儿子，名叫完。

卫庄公让齐国夫人负责抚养完，并立完为太子。

卫庄公有一个爱妾也生有儿子，名叫州吁。

完和州吁渐渐长大了。

两人的性格迥乎不同。

完性情文静；州吁却活泼好动，喜欢舞枪弄棍，爱好军事。

卫庄公很支持州吁，积极发展其兴趣，把军队交给他，让他带兵。

卫上卿石碏越看越不对劲，觉得州吁以后会不服完，悄悄劝谏卫庄公。

卫庄公不以为然，没有理会。

这样，祸患就埋下了。

大概在四十岁左右，卫庄公死了。

太子完立，是为卫桓公。

卫桓公登位的时候，正是春秋第一位霸主郑庄公与弟弟共叔段同室操戈，刀兵相见之时。

州吁引共叔段为自己的知己，"求与之友"。

共叔段很不幸，他的哥哥郑庄公是一代枭雄，他最终落了个"多行不义必自毙"的下场。

州吁自幼好武弄兵，在军事、权谋诸方面都要高出哥哥卫桓公一头。他在父亲卫庄公死后的第十六个年头，成功袭杀卫桓公，自立为卫君。

州吁还很讲义气地想帮共叔段攻打郑庄公，还派人外出联络宋国、陈国、蔡国，让他们与他一起行动。老臣石碏还在，他不忍心卫国被州吁这样一个小人搞坏搞垮，决定拔出正义之剑将之除掉。

前面说了，卫桓公的母亲是戴妫。

卫桓公遇害后，戴妫哭哭啼啼地返回了陈国。

石碏通过戴妫和陈侯搭上了线，商定了共同对付州吁的策略。

当州吁来联络陈国跟随他一起伐郑时，陈侯爽快地表示同意合作。

州吁不知其中有诈，高高兴兴地与陈侯携手攻郑。

在濮上（今河南省兰考县）这个地方，陈侯派右宰丑刺杀了州吁。

这样，石碏兴匆匆地前往邢国，迎回桓公的弟弟晋，拥他登位，是为卫宣公。

卫宣公的时代，是周礼全盘崩坏的时代，臣弑君之事频现于世。

卫宣公七年（前712），鲁国人杀害了他们的国君隐公；卫宣公九年（前710），宋国华夫督杀害了他的国君殇公和大夫孔父；卫宣公十年（前709），晋国曲沃庄伯杀害了他的国君哀侯……

虽说石碏花大力气扶卫宣公登位，但卫宣公并不是什么好人。

按照《左传·桓公十六年》里面的记载：卫宣公烝于夷姜，生下急子。

这个"烝"字可不是好字眼。

为《左传》作注的晋人杜预作注云："上淫曰烝。"

如果还不明白"上淫曰烝"是啥意思，再来看看民国学者姚灵犀

《思无邪小记》里面关于"上淫曰烝""下淫上曰报"等的解释。

姚灵犀专门举了《左传·桓公十六年》中"卫宣公烝于夷姜"为例，说这是"子淫父妾也"；而举了《左传·宣公三年》"郑文公报郑子之妃曰陈妫"为例，说"汉律，淫季父之妻曰报"。

也就是说，卫宣公是和父亲卫庄公的小妾夷姜发生了乱伦，并生下了儿子急。

急在《史记·卫康叔世家》被写成了伋，本文从《史记·卫康叔世家》。

卫宣公早早地就册立伋为太子，让右公子泄负责教导他。

伋到了男大当婚的年纪，右公子泄给伋物色了一门亲事，女方为齐僖公的女儿。

这位齐女刚嫁过来，尚未来得及与伋入洞房，就被卫宣公看中了。

卫宣公视之如天人，一见倾心。

卫宣公横刀夺爱，把这个美丽的齐国女子收归己用，而让伋另娶他女。

人世间有一大仇、一大恨，即杀父之仇、夺妻之恨。

但对伋而言，自己的父亲夺了自己的妻子，这仇和恨又该从何谈起呢？

伋的心情糟糕透了。

但这仅仅只是开始，更大的麻烦、更虐心的事还在后头。

卫宣公得了齐女，恩恩爱爱，如胶似漆，如蜜如糖，接连生下儿子寿和朔。

顺便在这里补充一下，齐女姓姜，因为嫁给了卫宣公，因此《左传·桓公十六年》将她称为"宣姜"。

卫宣公爱屋及乌，对宣姜生的寿和朔这两个幼子也是爱得很，让左公子职负责教导他们哥俩。

《左传·桓公十六年》记：伋的母亲夷姜受不了家里的乌烟瘴气，"缢"，自缢而死。

卫宣公于是立宣姜为正夫人。

宣姜为了能让自己的儿子朔将来继承卫国君位，不断向宣公吹枕头风，说太子伋的坏话。

卫宣公呢，也觉得自己夺了太子伋的妻子已经被伋恨上了，早就想废黜掉这个"孽子"了。听了正夫人的话，他怒从心头起，恶向胆边生，设下了一条毒计：派太子伋出使齐国，让杀手埋伏在卫国边界上将之干掉。

宣姜的儿子朔是个坏心肠的野心家，另一个儿子寿却是个宽厚仁爱的温润君子。

寿从朔的口中知道了父亲的毒计，不忍心伋遇害，便赶在伋动身前把父亲的毒计告诉了伋。

太子伋听了，一股寒意从脚底涌上，瞬间遍布全身，整个人像被冻僵掉，作声不得。

但寿的话还是让伋感觉到了温暖，让伋在寒冷中苏醒。

伋幽幽地叹了口气说："逆父命求生，不可。"仍手持白色旄节，悲壮赴死。

寿看着伋的背影，悲痛不已。

为了减轻父亲、母亲和弟弟的罪行，寿决定舍己救人，用自己一命来救伋的一命。

他偷偷跟着伋上路，在伋晚上休息时偷走伋的白色旄节，抢先奔赴国界。

等候多时的杀手看到手持白色旄节的人到了，认定他是伋，一拥而上，将其杀害。

就在杀手们准备散去时，伋悲呼着赶来了。

伋发现白色旄节不见了，便料定是寿拿去冒充自己了。他紧赶慢赶，还是来迟了一步。看见杀手残杀了弟弟，他心痛如绞，也不想再活了，冲杀手们大吼道："所当杀乃我也。"

杀手们一听，愣了好一会儿，才嘻嘻哈哈地冲过来，把伋也杀掉了。

宣公不以寿被杀为悲，只以伋被杀为喜，高高兴兴地立朔为太子。

朔在卫宣公死后继位，是为卫惠公。

之前负责教导伋的右公子、负责教导寿的左公子都悲愤于伋和寿的被害，他们恨透了卫惠公，在卫惠公登位后的第四年发动宫廷政变，拥立太子伋的弟弟黔牟为君，史称卫君黔牟。

卫惠公在混乱中逃到齐国，请齐襄公主持公道，出兵帮自己平乱。

不管怎么说，卫惠公是卫宣公亲自册立的太子，是通过正常渠道，走正常程序登位的，左、右公子的政变无疑是"大逆不道"的。

最主要的是，卫惠公也是齐襄公的外孙，而齐襄公又一心想称霸。

齐襄公抓住这个机会，率诸侯奉王命伐卫，诛杀了左、右公子。

卫君黔牟逃入周境。

卫惠公复立，气焰复炽，不可一世，恰逢周王室五大夫作乱，卫惠公怨恨周室收容了黔牟，趁机联络南燕国，举兵伐周。

这下，是卫惠公在行"大逆不道"之事了。

但是，老天似乎是站在了卫惠公这一边，周的军队战败，周惠王狼狈不堪地逃往温邑（今河南省焦作市温县）。

卫惠公和燕侯将"大逆不道"之事进行到底，宣布废黜周惠王，另立周惠王的弟弟颓为周王，史称子颓之乱。

这一次，是郑国主持了公道，将周惠王护送回京城复国。

不过，从卫惠公驱逐周惠王的事可以看出，这时的卫国，实力还是很强大的。

真正把卫国搞垮的人不是卫惠公，而是卫惠公的儿子卫懿公。

卫懿公有一个奇怪的癖好——喜欢养鹤。

宋代诗人林逋视梅花为妻，视鹤为子，自称"梅妻鹤子"，但也只是在口头上说说，心里想想而已。

卫懿公对鹤的喜欢简直到了癫狂的地步，他给自己所养的鹤封官赐爵，让它们乘车坐轿，对它们的爱，超越过任何人。

卫懿公即位后第九年，狄国入侵，卫懿公欲发兵抵抗，但众人都不肯出战，都说："使鹤，鹤实有禄位，余焉能战！"

卫懿公在城破之后身亡，卫人失国，仅剩的五千遗民在宋国、郑国等国的资助下寄居于曹国。

最后，在齐桓公的大力资助下，卫国才重新建国，建都于楚丘（今河南省安阳市滑县）。

卫懿公死后，卫国人本来是想立前太子伋的儿子为君的，但伋的儿子已经死了。

卫国人又想立代替伋赴难的寿的儿子，但一查，寿竟然没有儿子。

于是，他们又想立太子伋的同母弟黔牟，但黔牟被卫惠公驱逐，已在颠波流离中死去。

太子伋还有一个同母弟名叫顽，但顽也已经死了。

大家选来选去，最后选中了顽的儿子申。

再特别补充一下，当年宣姜的哥哥齐襄公帮助卫惠公复国后，感觉到卫君黔牟以及右公子职和左公子泄的党羽势力仍然很强，为了安抚卫国国人和两公子的势力，就把宣姜改嫁给公子伋的弟弟顽。

宣姜一共给顽生下三子二女。

两个女儿后来都很有名，一个嫁给了宋桓公，史称宋桓夫人；另一个嫁给了许穆公，史称许穆夫人。

三个儿子中的齐子早逝，另外两个一个叫申，另一个叫毁。

申继位后，是为卫戴公。

卫戴公身体很差，不久就病死了。

卫国人只好立卫戴公的弟弟毁为国君，是为卫文公。

卫文公是个仁君，他"轻赋平罪，身自劳，与百姓同苦"，把卫国治理得井井有条。

按说，卫文公之世，是实现了卫国的"中兴"。

但是，卫文公即位后第十六年，晋公子重耳逃难到卫国时，卫文公没有给予他应有的礼遇，让重耳遭受到冷落。

谁能想到？这个重耳后来不但成了晋国国君，还成了"诸侯之长"和"春秋五霸"之一。

后来发生了"晋文公重耳伐卫，分其地予宋"之事，卫文公的儿子卫成公吃尽了苦头。

卫成公在都城被攻破后，先是逃亡到陈国，后来入洛邑请求周天子当说客，替自己向晋文公求情。

晋文公同意和卫成公相见，却暗中让人在卫成公的酒水中下了毒。

卫成公明知晋文公不怀好意，会在酒中下毒，却不敢不喝，他只能通过周天子贿赂下毒药的，稍微减轻药量，只毒个半死而不至于暴死。

卫成公沦落到这个地步，可谓卑微至极。

晋文公是在六十一岁才登上晋国国君之位的，在位时间不长，六十八岁便寿终正寝，卫成公的日子才好过了一点点。但他也不得不朝拜晋文公的儿子晋襄公，依附晋国。

从卫成公这一代算起，卫国彻底沦落为二三流小国，在春秋战国的大舞台上只充当打酱油的小角色。

但是，卫国的国力虽然不行，但其人杰地灵，人才辈出，像端木赐、李悝、鬼谷子、荀变、聂政、荆轲、吴起、商鞅、吕不韦等这一大帮名人都出自卫国。

卫国自卫成公之后，其历代国君基本上都是与世无争，不轻易招惹其他强国，在诸侯争雄的夹缝中顽强地生存了下来。当秦国吞并六国之相毕现时，卫国早已乖巧地成为秦国的附庸。因此，卫国一直存活到公元前209年。

公元前209年，卫君角被秦二世废为庶人，卫国彻底灭亡。

二、强大的晋国为何最终惨遭"三家分晋"?

说晋国是春秋时期最为强大的国家,应该不存在太大的争议。

战国末期赵国思想家荀况提出了"春秋五霸"之说,世间从此兴起关于"春秋五霸"的各种排法。

按照荀子的说法,这"五霸"分属齐桓公、晋文公、楚庄王、吴王阖闾、越王勾践。

西汉辞赋家王褒则提出齐桓公、晋文公、秦穆公、楚庄王、越王勾践的排法。

到了班固那儿,排法又变为齐桓公、晋文公、秦穆公、宋襄公、吴王夫差。

当然,影响最大的还是唐朝人司马贞在其所著的《史记索隐》的排法,其将"五霸"说成:齐桓公、晋文公、秦穆公、楚庄王、宋襄公。

……

不论哪种排法,齐桓公、晋文公的地位都不可动摇。

剩下的三个席位,却是众说纷纭。

在清朝人全祖望看来,秦穆公只是独霸西戎,吴王阖闾仅纵横江淮,越王勾践不过称雄于东南一隅。

吴王夫差虽然与晋争霸获胜,但转眼就国亡被擒,霸业成空。

至于宋襄公,不过是一个沽名钓誉之徒。其好虚名而不务实,不自量力,最终落下了兵败身死而为后人笑的下场。

全祖望在《鲒埼亭集》中列出了自己对"春秋五霸"的定位,这"五霸"分别是:齐桓公、晋文公、晋襄公、晋景公、晋悼公。

也就是说,除了齐桓公外,其余四"霸"都是晋国国君。

虽说这种排法只是全祖望的一家之言,但也从一个侧面反映了晋国的强大。

要笔者说,齐桓公九合诸侯,一匡天下,固然是一时无两之霸主,但他毕竟没有得到周天子的任命和册封。

相比之下，晋文公践土会盟（今河南省境内），是亲受周天子册封为"侯伯"的。

晋文公的儿子晋襄公在崤（崤山，位于今河南省西部）之战中大败秦军，举贤任能，为政宽仁，垂拱而治。

晋景公在伐蔡攻楚破沈之战中终结楚国霸业，在晋齐鞌之战中降服齐国，续霸中原。

晋悼公尊天子而制诸侯、和戎狄以征四方，"霸主"之称，当仁不让。

纵观春秋时期诸侯国出现过的霸主，如郑庄公、秦穆公、楚庄王、吴王阖闾、越王勾践等，都是昙花一现，逝如流星。晋国出现了四位有实力称霸的霸主，即其为春秋时期第一强国实在是名副其实。

但又说回来，如此强国，为何落了个"三家分晋"的悲惨下场呢？

一切得从西周末期的"文侯勤王"说起。

关于晋国的立国，《史记》里面讲了两个离奇的传说。

传说之一，说：武王在和一个妃子相会时，做了一个梦，梦见天帝对他说："我让这个女人给你生一个儿子，名叫虞，以后管理唐地。"这个妃子后来果然产下了一个儿子，而且这个儿子的掌心上纹着一个字"虞"。于是，武王给这个儿子起名字为"虞"。

关于这个妃子，《左传》说她是姜太公吕尚的女儿邑姜。

传说之二：武王崩，成王立，唐有乱，周公诛灭唐。年幼的成王与更加年幼的叔虞在宫中玩耍、做游戏。成王随手捡起了一片落在地上的桐叶，将之剪成玉圭形，递给叔虞，一本正经地说："这个玉圭是封给你做诸侯的。"旁边的史官听了，立马请求成王选择一个好日子封叔虞为诸侯。成王分辩说："我只不过跟他说的一句戏言罢了。"史官正色说："天子无戏言。天子发了话，做史官的就要把它记载下来，礼成之，乐歌之。"成王吓傻了，没想到随口说的一句玩笑话会带来这么严重的后果，但也只好按照史官的吩咐去做，选择了一个好日子，隆重地封叔虞为诸侯，封地就是周公刚刚打下的唐地。

成王不知道，他这么做，正应了当年上天给武王托梦时说的话。

司马迁的意思是，尘世中的一切前因，一切后果，都在冥冥之中自有天数。

不管怎么样，叔虞是得到了唐地为封国。

叔虞是姬姓，"虞"是他的名，他还有一个字，为"子于"，因为他成为唐地的诸侯，史家喜欢称他为"唐叔虞"。

唐叔虞死后，他的儿子燮父逐晋水而居，改名为晋。

西周历史上的晋国出现了。

由于西周的史事太过久远，在漫长的两百多年的历史中，晋国都经历了哪些风侵雨蚀，已经漫渺不可考究。

让我们按下快进键，把时间跳到周宣王年间。

这个时候，晋国当政的是晋穆侯。

晋穆侯在即位后的第四年，迎娶了齐女姜氏为夫人。

过了三年，他领兵征伐邻国，可能是失利了，听说齐姜生下一子，就给这个儿子命名为"仇"，以表达"此仇不报非君子"之意。

又过了三年，好战的晋穆侯领兵征伐千亩（今山西省安泽县北）部族，大获全胜。凯旋之日，齐姜又生下一子。晋穆侯双喜临门，心情大畅，给这个儿子命名为"成师"，以表达"成功师还"之意。

笔者在这里提醒一下，齐姜给晋穆侯连生两子之事，绝非闲笔。

因为，这个仇和成师，后来搞出了大事。

大家也看到了，仇和成师都是晋穆侯的正妻所生，属于嫡生子。

但仇是兄长，被册封为太子，成师只能靠边站。

对晋穆公给这两个儿子的命名，官员和民间是有非议的。

晋国大夫师服说："异哉，国君给孩子起名字，把太子叫作'仇'，'仇'可不就是'仇敌'的意思吗？又给小儿子起名'成师'，'成师'可是个大名号，是成全他的意思。名字是可以自己起的，事件的发展规律却是有定数的。现在给这两个孩子起的名字这么古怪，难保以后晋国不出大乱子。"

不得不说，师服还是很有远见的。

晋穆侯死后，晋国出现了一场大乱子——晋穆侯的弟弟殇叔篡位自立，迫得太子仇出逃，流落在国外长达四年多。

不过还好，四年之后，太子仇依仗国内外的势力，成功复辟，干掉了殇叔，继承了父亲的君位，是为晋文侯。

晋文侯接下来干了一件在史书上非常露脸的事儿。

周宣王是西周末期一位有作为的天子，他吸取了厉王施暴政而被逐的教训，克勤克俭，重修"文、武、成、康"之制，还利于民，平定四方，收服诸侯，让西周出现了中兴之象。

但是，周宣王死，他的儿子周幽王继位——这个周幽王是个败家子，一下子就把中兴之火掐灭了，甚至把强盛的西周王朝给败坏了。

《吕氏春秋》一书里有一则虚构的"周幽王击鼓戏诸侯"的寓言故事，司马迁后来著作《史记》，对这则寓言故事进行了修补，写成了"周幽王烽火戏诸侯"。

但是，经过史学家考证，"周幽王击鼓戏诸侯"的事是没有的，"周幽王烽火戏诸侯"更是无从谈起。

从《史记·周本纪》里面的记载来看，周幽王的最大罪过，就是他不应该违背西周建立的宗法制度，废世子宜臼而改立褒姒的儿子伯服。

在封建制度中，最重要的问题是权力的继承。

周王朝对这个问题的解决方法是宗法制度。宗法制度的最重要一项是"嫡子继承制度"，即只有嫡长子才是唯一有权继承国王或爵位的人。

前面说的晋文侯能继承晋穆侯的君位，完全因为他是晋穆侯的嫡长子。

褒姒的儿子伯服名字中有"伯"字，很可能他是周幽王的长子。

但褒姒只是周幽王的一个妃子，不是正妻，她生的儿子只能是庶子。在正妻生有儿子的前提下，庶子是没有王位继承权的。

周幽王的正妻是申国申侯的女儿，生子宜臼。

因此，宜臼被立为太子。

偏偏，周幽王专宠褒姒。他废掉申王后和太子宜臼，立褒姒为后、立伯服为太子。

周幽王的举动遭到申后之父申侯的反对。

申侯联络鄫侯及犬戎入侵，犬戎杀了周幽王。诸侯共同拥立宜臼，是为周平王。

但是，宜臼已经被周幽王废黜，从法理上说，他已经丧失了继承王位的资格。

再者，宜臼并不是在周国由周室臣民拥立，而是在申国、由申国国君扶上王位的，来路不正。

最糟糕的是，扶立宜臼的申侯，是联合鄫国及犬戎进攻镐京、杀死周幽王、劫掠和火烧镐京的周室罪人。即申国和申侯，属于周室的敌国和敌人。

因此，周平王的王位，明显属于僭越。

换言之，周平王是一个得位不正的伪主。

为了匡扶周室，周室的近亲之国虢国的虢公翰也在携地（今陕西省渭南市）拥立周幽王之弟余臣为周王，是为周携王。

周携王与周平王"二王并立"的局面维持了二十一年。

在这二十一年的时间里，各地诸侯，纷纷站队。晋文侯昏头昏脑地站在了周平王这一边，并亲自杀了周携王。

这就为晋国接下来的内乱埋下了伏笔——晋文侯自己是依据周礼登上君位的，他却支持勾结犬戎杀害父兄的乱臣贼子周平王，这不能不让他的弟弟成师有所触动。

话说回来，晋文侯杀掉周携王后，得到了周平王的赏赐。

周平王还作了一篇《文侯之命》来答谢晋文侯，准许他在汾水流

第二部分　信史时代　079

域扩张。

这件事,史称"文侯勤王"。

晋文侯死后,他儿子姬伯继位,是为晋昭侯。

也不知晋昭侯怎么想的,他竟然封叔叔成师于曲沃(今山西省临汾市曲沃县)。

成师也因此有了"曲沃桓叔"的称呼。

曲沃的城池比国都翼城(今山西省临汾市翼城县)还要大,这就更加助长了曲沃桓叔的野心。

曲沃桓叔勾结晋昭侯的重臣,里应外合,杀了昭侯,霸占了翼城。

不过,周礼中"立子以嫡、立子以长"的思想深植民心,并且根深蒂固。

跟上一次殇叔篡位败亡一样,曲沃桓叔也得不到晋国军民的拥护。

不过,他的命好,没有像殇叔那样被杀,仅仅是被驱赶出了翼城。

晋国军民拥立晋昭侯的儿子平为君,是为晋孝侯。

曲沃桓叔这次尝试虽然失败,但已经充分证明曲沃有能力取代翼城。

曲沃桓叔仅比晋文侯小三岁,从翼城败归,他已是古稀老人,没有太多精力折腾了,就把这一重任交给了儿子庄伯鳝。他则带着遗憾走完了他的人生。

曲沃庄伯鳝继承父业后,在晋孝侯十五年(前725)攻入翼城,杀掉了晋孝侯。

情况和上一次相同,庄伯鳝遭到晋国军民的反攻,无法在翼城立足,只好撤回曲沃。

晋国军民拥立了晋孝侯的儿子郤为君,是为晋鄂侯。

晋鄂侯是个短命鬼,在位仅六年就病死了。

庄伯鳝趁着翼城权力出现真空之机,发兵夺位。

周礼讲究"国丧不伐",即一个国家的国君死了,即使是敌国,也不应该在其丧礼期间发动战争。

庄伯鳝这个做法，实在太过分了。

周平王也感念晋文侯当年对自己的好，便指使虢公统兵讨伐庄伯鳝。

这样一来，庄伯鳝在政治、道义和军事上都处于被动地位，只好仓皇逃回曲沃。

晋国军民于是拥立晋鄂侯的儿子光为君，是为晋哀侯。

和曲沃桓叔一样，庄伯鳝也满怀遗憾地走完了他的人生。

庄伯鳝的儿子继承父业，史称"曲沃武公"。

曲沃武公比他的父亲、爷爷更加凶悍，他出动军队杀入翼城，成功地掳走了晋哀侯。

晋国军民于是拥立晋哀侯的儿子为君，是为小子侯。

小子侯在位只有四年，又被曲沃武公擒杀。

虢公受周釐王指使，讨伐曲沃，拥立晋哀侯的弟弟缗为晋侯。

但那时的翼城已经很衰弱，已经无力和曲沃抗衡。

曲沃武公不像他的父亲、爷爷那样脑袋一根筋，他灵活变通，在以迅雷不及掩耳之势攻灭了晋侯缗后，尽以其宝器赂献于周釐王。

周釐王一来贪财，二来也觉得自己无力改变曲沃欺压翼城的命运，就坦然笑纳，封曲沃武公为晋君，列为诸侯，是为晋武公。

至此，晋武公尽并晋地而有之，史称"曲沃代翼"。

但晋武公的晋君之位是通过武力夺取来的，破坏了周礼，是一次小宗取代大宗的内乱，在伦理上站不住脚。

作贼心虚的晋武公生怕晋国国内其他大支的公族势力效仿自己，于是磨刀霍霍，大肆屠杀血亲公族。

晋武公死后，他的儿子诡诸继位，是为晋献公。

晋献公有雄才大略，他四面扩张，先后伐灭霍、魏、耿、虢、虞等诸侯国，晋国空前强大。

在对待国内的血亲公族的问题上，他的手段比父亲晋武公更残忍，不赶尽杀绝不善罢干休。

他采纳了大臣士蒍的建议：命令所有公室成员移居到同一座城居住，然后聚而诛之，并将该城命名为绛，晋国都城也从翼城迁到了绛城（今山西省临汾市附近）。

晋献公溺爱骊姬，为了让骊姬的儿子奚齐顺利继位，他杀害了太子申生，还将另外两个儿子夷吾和重耳驱逐出境。

不得不说，晋献公对公室的提防与戒备已经到了一种连亲儿子也信不过的程度。

晋献公死后，骊姬的儿子奚齐继位。

奚齐却被申生的忠实追随者里克杀掉了。

晋国的另一个大臣荀息于是改立晋献公的弟弟悼子为君。

里克又杀掉悼子和荀息，邀请逃亡到翟国的重耳回国继位。

重耳不知里克的葫芦里卖的是什么药，不敢自投罗网，婉然拒绝。

里克于是向躲在梁国的夷吾发出了邀请。

夷吾不甘错失良机，寻求到秦国秦穆公的帮助后，回国继承了晋国国君之位，是为晋惠公。

晋惠公即位后，继承了爷爷、父亲屠灭公族的做法，派宦官履鞮带领一批杀手潜入翟国追杀哥哥重耳。

重耳只好逃往齐国。

晋惠公回头又诛杀了"弑二君杀一大夫"的里克，此外，还诛杀了邳郑、七舆大夫等晋国大臣，还反噬帮助过自己的秦国——他在秦国遭遇到饥荒的情况下，发兵进犯秦国。

晋惠公并非秦穆公的对手，兵败被俘。

不过，秦穆公的夫人是晋惠公的姐姐，秦穆公经不住夫人的哭诉，放了晋惠公。

重获自由的晋惠公也不能没有点表示，他让太子圉到秦国当人质。

不过，经历这番变故，晋惠公患上了重病，不久就咽气了。

太子圉瞒着秦穆公，偷偷溜回国，继承了君位，是为晋怀公。

秦穆公恨晋怀公不辞而别，找到重耳，拥他为晋君，发兵攻入晋国，杀了晋怀公。

重耳当国，是为晋文公。

前面说了，晋文公和齐桓公是春秋乱世公认的霸主，晋文公甚至被周襄王正式封为"侯伯"。

这是因为他听从了赵衰"求霸莫如入王尊周"的意见，在周襄王被胞弟王子带驱逐时，仗义出手，杀了王子带，迎回了周襄王。后来又在周顷王亡故、周王室公卿争权之际，派赵盾出车八百乘平周乱而立周顷王之子班，是为周匡王。

强大如晋文公，对国内公族的提防也犹如防洪水猛兽。

他立下法令，除了国君嫡传，其他晋国公子必须送到国外。

如此一来，出现了"晋无公族"的局面。

公族是没有了，但执政工作还是需要人干的。

晋文公没有三头六臂，他就把原本地位低于公族的异姓卿、大夫提上来，创立了"三军六卿"制度，让韩氏、赵氏、魏氏、智氏、范氏、中行氏等家族替代公族管理朝政。

晋文公没有想到，他这么做，防得了家贼防不了外贼。

卿大夫执掌了晋国军政大权，势力不断坐大，渐渐架空了晋国国君，成为了晋国的实际统治者。

六卿互不服对方，互相攻伐，最后"三家分晋"，终结了晋国的历史。

三、"三家分晋"后，魏国其实是沿用了"晋"的国号，但很多人不知道

春秋四大国之一的晋国，在春秋末期，它的领土控天下之脊，依山带河，面积囊括河东之地、河西之地、上洛之地、太原之地、三川地区和代地等，地跨今天的山西、河北大部和陕西东部，疆域广大。

赵、魏、韩三家合力击败智伯瑶，瓜分完智氏的领土后，基本掌

握了晋国的全部土地。

到此，"三家分晋"的局面已经完成。

不过，三家的封地犬牙交错，你中有我，我中有你，很乱。

为了方便管理，他们不断交换土地，尽量让各自的领土连成一片。

经过长达半个多世纪的资源整合，最终形成三个诸侯国。

魏国占据了全部河东之地、半个河西之地，以及上洛之地、东郡一部。

赵国则占据了太原之地、代地及邯郸附近。

韩国只占有三川之地以及上党地区。

原本，晋国的核心区域在河东郡。

河东郡归属魏国，即魏国占据了主要产粮区和拥有了广大人口，与赵、韩两家相比，它的实力最强。

说好了三家一起分晋，而且赵、韩两家也都不是傻子，怎么能甘心让魏氏一家吃大头呢？

这里面的渊源其实并不复杂。

首先，韩氏的出身没法和魏、赵两家相比。

魏氏的第一代卿士魏犨和赵氏的第一代卿士赵衰，都是晋文公的功臣，跟随晋文公流亡，风霜江湖，吃尽了苦头。

他们两个，陪伴了晋文公一生。

韩氏的第一代卿士韩厥，却是赵氏第二代卿士赵盾的一个家臣。

赵盾是晋文公以来，晋国的第一个权臣。

他是晋国的实际主事人，曾经以卿士的身份与诸侯会盟，也曾经以卿士的身份安排六卿，他的家臣韩厥、臾骈就被他擢拔入卿士的行列。

老实说，赵盾在世时，赵氏家族权势张天，以实力论，赵盾如果要取晋君之位而代之，那是轻而易举的事。

只不过，在春秋时期的大环境下，谁也不敢这么做，赵盾自然也不敢造次。

要不然，春秋与战国的分水岭就不是"三家分晋"，而是"赵氏代晋"了。

话说回来，赵衰、赵盾父子两代人虽然嚣张跋扈，赵盾之子赵朔死后，却出现了所谓的"赵氏孤儿"惨案，赵氏家族几乎遭受了灭顶之灾。

另外，"三家分晋"前夕，赵氏拒不肯交纳土地，遭到了智、魏、韩三家围攻，实力被严重削弱。

赵氏在最危险的时候，只剩下晋阳一座孤城苦苦支撑，最终依靠魏、韩的反水才死里逃生，活了过来。

但是，智伯瑶死后，按照以前晋文公定下的正卿轮流做的原则，先是赵家的当家人赵襄子赵无恤做，当了中军将，成了正卿。赵襄子赵无恤借这个机会斩获大部分土地，达到了自己的预期值。

赵襄子赵无恤之后，轮到了魏氏的当家人魏斯当正卿。

魏斯此人性情豪放，做事大开大合。

他毫不客气地占领了晋国核心的位置河东地区，使得魏国的人口和面积都在赵、韩之上。

当然了，韩氏也不是傻乎乎地等待别人分配，他们也充分利用自己的聪明才智，占据了三川郡和上党郡，把领土连成一片，北有太行，南有黄河，面积虽小，却也依山带河，尽得晋国地缘精髓，最像一个国家，它的开局也很好。

但是，话又说回来。

魏斯机关算尽，虽然谋划到了河东地区，占据了远大于另外两家的领土面积，其领土却被太行山切分为两块。

西边的一块与秦国交织在一起，在将来的发展中不可避免地要与秦国展开拉锯式的争夺战。

其国都安邑（今山西省运城市夏县）在西部，即政治和经济的重心在西部。

这么一来，对东部地区的管理未免有些力不从心。

而东部地区与西部地区相比，其地处中原，可以南攻楚国，东略齐国，发展前景要好得多。

似乎，赵国所面临的困境与魏国相似。

赵国也被太行山分割为东西两块。但是，赵国东部的领土面积比较大，而且它的国土与秦国并不接壤，只要其下定决心将国都东迁，形势就会大为改观。

实际上，赵国后来就抱定放弃太行山以西地区的决心，迁都到了中牟（今河南省鹤壁市山城区一带）和邯郸，不断向东发展，成为强国。

魏国呢，后来也迁都到了东部的大梁（今河南省开封市西北），但东部领土偏小，兵员不足，既然难于向东、向南发展，又难于兼顾对西边秦国的防御，情形相当窘迫。

不管如何，魏斯作为魏国的开国君主，他所能做的，就是困则思变，变则图强，先把国家的基础做强做大，打破封锁，一代人办一代人的事，以后的事，交给后人去办。

他先是巩固好自己在东面的几块飞地，然后重用李悝实行变法，改革弊政；起用吴起为将，攻掠秦国的西河防区。

要笔者说，魏斯这两件事都干得非常漂亮。

李悝实行变法，使魏国的经济实力大增，国富民强。

吴起攻秦，使魏国完全占据了西河地区。

魏斯也因此在西河地区设置了上郡（今陕西省榆林市绥德县），将秦国压迫在洛水以西，牢牢控制住秦国同中原的交流，自己独享关东之利。

韩、赵、魏三家正式被周威烈王承认为诸侯的时间是周威烈王二十三年，也就是公元前403年。

这时候的魏斯，俨然已是中原的一代霸主。

有一个问题值得我们注意的是，晋国虽然已经被瓜分，但晋国的宗室还居住在绛都（今山西省运城市绛县）、晋国的宗庙还设在曲沃，而这两个地方都在魏国的河东郡。

这样，魏国在立国之初，魏斯所定的国号并不是"魏"，而是"晋"。

只不过，由于魏国的发迹地在魏邑（今山西省运城市芮城县），人们都称之为"魏"；后来又因其迁都大梁，改称其为"梁"。

这情形，有点像刘备明明取国号"汉"却被人们称呼为"蜀"有些类似。

《韩非子·说林上》中有一条记载，说的是：鲁季孙刚刚弑杀鲁国国君，吴起就到他的手下做官。有识之士秘密劝告他说："一个人被杀将要死了，是先流血；血流完了，肌肉就会萎缩；肌肉萎缩了，就会慢慢化为灰；灰以后会化为土；人既然已经化为土，就没有什么作为了。现在的季孙已经开始流血，他的结果你应该知道。"吴起听了，转往晋国去了。

吴起所去的晋国并不是真的晋国，而是魏斯的魏国。

一句话，魏国的国号，其实是"晋"。

四、鲁国在立国之初就不被看好，却存活了将近八百年

鲁国是一个非常有意思的诸侯国。

它是周武王的弟弟——大名鼎鼎的周公旦的封国。

世传周文王一共有一百个儿子，但这其实是人们对《诗经·大雅·思齐》里的诗句"太姒嗣徽音，则百斯男"的曲解。

周文王有史可查的儿子，实际只有十七个。

而根据《史记·管蔡世家》可知，周文王和正妃太姒所生的儿子，只有十个，即长子伯邑考，次子武王发，三子管叔鲜，四子周公旦，五子蔡叔度，六子曹叔振铎，七子成叔武，八子霍叔处，九子康叔封，十子冉季载。

在周文王的众多儿子中，以周武王和周公旦最贤。

现在陕西省岐山县、河南省洛阳市和山东省曲阜市都有周公庙，并称为海内三大周公庙，也称元圣庙，庙中所祭祀的都是周公旦。

周公旦曾先后辅助周武王灭商、周成王治国，《尚书大传》是这样颂称他的功绩的："一年救乱，二年克殷，三年践奄，四年建侯卫，五年营成周，六年制礼作乐，七年致政成王。"

不得不说，周公旦是中国历史上的一个重要人物。

他不但在周朝初年清除了海内的所有动乱，巩固了周王室的统治地位，还扩大了周王室的势力。更重要的是，他制礼作乐，制定和完善宗法制、分封制等各种制度，使得"天下大服"，为周朝八百年的统治奠定了基础。

汉初大思想家贾谊这样称赞周公旦，说："孔子之前，黄帝之后，于中国有大关系者，周公一人而已。"

实际上，周公旦也是孔子最崇敬的古圣之一。

周公旦因此被尊为儒学奠基人，被后世历代统治者和学者奉为圣人。

周文王还在世时，周公旦就忠厚仁爱，在诸子中非常突出。周武王继位后，非常器重这个四弟，把他和姜子牙视为自己的左右手，封周公旦为辅相，封姜子牙为国师，共商伐纣大业。

周武王伐纣成功之日，向上天和殷民宣布纣王罪状，在万众的瞻仰中践天子位。

其时，周公旦持大钺，召公奭持小钺，分立武王左右。

周公旦所持的大钺是权力的象征，意味着周公旦的地位仅次于武王。

当时，周公旦的三哥管叔鲜非常不服气。

不过，有周武王压阵，管叔鲜表面不敢流露出任何不满。

周武王崩，周公旦摄政，管叔鲜就和两个弟弟蔡叔度、霍叔处联合起纣王之子武庚禄父发起了"三监之乱"，起兵反对周公旦。

周公旦发表了《大诰》，举兵东征，不但讨平了"三监之乱"，还继续向东进军，灭掉了包括奄在内的五十多个国家，把殷商的残余势力来了个总清除，将周王室的势力延伸到海边。

随后，周公旦又亲自主持，把国都迁到成周洛邑，即现在的洛阳，以加强对东方的控制，并分封诸侯，"立七十一国"，"封建亲戚以藩屏周"。

姜太公被封为齐侯，建都于营丘（今山东省淄博市临淄区）；召公奭被封到燕地，建都于蓟城（今北京市宣武门至和平门一带）。

周公旦也给自己封了领地，即刚刚被灭掉的奄国的土地。

这个奄国就在现在的山东省曲阜市，周公旦最初的封号为"鲁"，所以他的封国就称"鲁国"。

一开始，鲁国的规模很小，"封土不过百里"。

周公旦本人要留在洛邑辅佐周成王，只好派长子伯禽作为鲁国的第一任国君前去就国。

伯禽出发前，周公旦正色告诫他说："你做了国君，务必戒骄戒躁。"

伯禽谨记乃父之言，到达封国之后，循规蹈矩，依照周国的制度、习俗来治理国家，谦恭下士，不敢稍有轻慢之心。

年轻的伯禽前前后后花费了三年工夫才清除了当地的旧习俗，施行周朝的新制度。

他回洛邑向周公旦报告政绩，周公旦诧异无比，责怪他说："何迟也？"

周公旦之所以责怪伯禽，是因为鲁的邻国齐仅仅只用了五个月就完成了整个革旧布新的过程。

面对父亲的责问，伯禽老老实实地答："变其俗，革其礼，丧三年然后除之，故迟。"

周公旦沉默了好一会儿，悠悠长叹道："呜呼，鲁后世其北面事齐矣！"

也就是说，鲁国在立国之初，就不被看好。

但是，伯禽命长，在位四十余年，而且坚持自己的治国原则，坚持用周礼治理鲁国，使得鲁国在立国之初就奠定了丰厚的周文化基础。

周公旦薨，诵已成年，是为周成王，周成王感激周公旦辅政之大功德，赋予了鲁国"郊祭文王""奏天子礼乐"的资格。

这么一来，鲁国成为周礼典型的保存者和实施者。

世人因此称"周礼尽在鲁矣"。

鲁国历代国君坚持以周礼治国，国力蒸蒸日上，地盘得到一定的拓宽，在国家权力的交接上，也有条不紊。

国君之位先从伯禽那儿传给了他的儿子考公酋；考公酋无子，死后由其弟熙继位，是为炀公；炀公死后，其子幽公宰继位；幽公无道，被其弟费取而代之，是为魏公；魏公死后，其子擢继位，是为厉公；厉公死后，鲁国人立其弟具为君，是为献公；献公死后，其子濞继位，是为真公；真公死后，其弟敖继位，是为武公。

到了武公这儿，出事了。

鲁国是姬姓"宗邦"，诸侯"望国"，后世称"周之最亲莫如鲁，而鲁所宜翼戴者莫如周"。换言之，鲁国是众多邦国中最亲近和最尊崇周王室的。

到了鲁武公这里，也不例外。

鲁武公在即位后的第九年春天，携带长子括、少子戏一同西行朝见周宣王。

周宣王为人原本不错，但他父亲和他儿子都不行。

周宣王的父亲就是那个钳制万民之口的周厉王。

周厉王止谤，防民之口，甚于防川，施行暴政，最终遭到国人的驱逐，逃到彘地，死于彘国。

周宣王在穆公、周定公以及诸侯的拥立下继位，励精图治，实现了"宣王中兴"。

周宣王的儿子就是后来因宠幸褒姒而失国亡身的周幽王。

可以说，周厉王和周幽王两位，是周朝最昏乱的君主。

司马迁在《史记·周本纪》中对周厉王和周幽王大加鞭挞说："幽厉昏乱，既丧酆镐。"

墨翟则在《墨子》一书中把周厉王和周幽王与桀、纣相提并论，说："暴王桀、纣、幽、厉，兼恶天下之百姓。"

周宣王呢，虽然在统治前期实现了中兴，但后期怠政，又任性不听劝，独断专行、听不进忠言、滥杀大臣，奇葩事层出不穷，导致中兴局面昙花一现。

后世史家不无遗憾地评论他说"中兴之美未尽焉"。

周宣王在鲁武公父子来朝时导演了一出奇葩大戏。

鲁武公的长子公子括沉默寡言，不爱说话；少子公子戏乖巧，讨人喜欢。

周宣王一眼就爱上了公子戏。

要说，您爱上就爱上吧，这也没什么。

但周宣王突发奇想，要立公子戏为鲁国太子。

这可不就是干涉鲁国内政吗？

本来嘛，周王室之于天下诸侯，也是家长式的封建管理制度，如果诸侯中谁的言论、行事不符合周朝礼制，周天子是可以出面干预的。

但问题是，人家鲁武公"立子以长，立子以嫡"，就是遵守周朝的礼制办事，你周宣王犯不着横插一杠子。

周宣王的做法，又是与周朝礼制相反的，根本说不过去。

周宣王的大夫樊仲山甫劝谏说："废长立少，不顺。"

但周宣王有权任性，不听，坚持在朝堂上册立戏为鲁太子。

鲁武公闷闷不乐，回国后不久就死了。

戏高高兴兴地继位，是为鲁懿公。

鲁懿公是讨好周宣王而上位的，他的兄弟，包括侄子们都愤愤不平。

在鲁懿公登位后的第九年，鲁懿公的兄长括的儿子伯御率先发难，

第二部分　信史时代

发起宫廷政变，弑杀鲁懿公，自立为鲁君。

周宣王知晓此事后，认为伯御是在挑战自己的权威，不把自己放在眼里，发兵讨伐鲁国，杀死了伯御，另立鲁懿公的弟弟，是为鲁孝公。

不用说，周宣王这件事做得很不地道，这之后，"诸侯多畔王命"（"畔"通"叛"）。

鲁孝公在位共二十七年，死的时候，正是周平王与周携王"二王相争"的时候，他的儿子弗湟继位，是为鲁惠公。

鲁惠公在位四十六年，死的时候，晋国的"曲沃代翼"血腥大剧正徐徐展开，晋昭侯和他的儿子晋孝侯相继被杀。

鲁惠公死后，由他的庶出长子息代理国政，执行君权，是为鲁隐公。

为什么是庶出长子鲁隐公代理国政呢？

原来，鲁惠公的嫡夫人没生育儿子，而侍妾声子生育了一个儿子，即鲁隐公。

鲁隐公长大成人，鲁惠公给他撮合了一桩亲事，女方是宋国人。

但是，这个宋国女子到了鲁国，因为长得很美，被鲁惠公看中了，儿媳变夫人，成了鲁惠公的夫人。

宋国女子很争气，稍沾雨露，就给鲁惠公生育下了儿子允。

允作为嫡子，被鲁惠公册封为太子。

鲁惠公死时，允年龄太小，还是个嗷嗷待哺的婴儿，理不了事，只能由鲁隐公出面代理。

代理人鲁隐公有没有打算转正成为正式君主呢？

应该没有。

因为，在他代理国事十多年后，他的一个名叫挥的兄弟试探过他。

但鲁隐公明确表态自己只是代为摄政，等允年纪大了，自己就会还政。

不得不说，鲁隐公很有他的老祖宗周公旦的风范。

但他没有老祖宗周公旦的才能。

因为挥在鲁隐公这儿投机失败,便改投太子允,弑杀了鲁隐公,立太子允为鲁君,是为鲁桓公。

鲁桓公当政时,鲁国的势力得到了一定程度的扩张,因为鲁桓公算得上是有为君主。他运用外交手段,与郑、宋、齐、曹各国交好,通过对周边其他小国进行吞并,开疆辟土,提升了鲁国的国力。

不过,鲁桓公的命运很悲催。

他的夫人文姜是个行为不检点的人——文姜在待字闺中时,就和哥哥齐襄公私通了。

齐襄公还有一个妹妹,史称宣姜。

宣姜原先是准备嫁卫宣公的儿子伋的。

但卫宣公和鲁惠公是同一类人,卫宣公在宣姜过门时发现了宣姜的美,横刀夺爱,把儿媳变为夫人。

卫宣公死后,卫宣公和宣姜的儿子卫惠公遭到卫国左、右公子的驱逐,卫惠公只好逃到齐国找舅父寻求帮助。

卫惠公的舅父齐襄公决定帮外甥一把,他约鲁桓公前来结盟,共同商量对付卫国,并特别叮嘱鲁桓公务必带夫人文姜回来一趟。

鲁桓公不知道齐襄公和文姜早年的丑事,带着文姜来了。

文姜和齐襄公久别重逢,旧情复炽,轰轰烈烈,不顾一切。

鲁桓公有所觉察,不免妒意大发,怨意难平。

齐襄公恼羞成怒,指使公子彭生勒死了鲁桓公,回头又杀死公子彭生向鲁国谢罪。

鲁国人只好立鲁桓公和文姜所生的太子同为君,是为鲁庄公。

文姜没有颜面回去面对自己的儿子鲁庄公,从此留居齐国,再不返鲁。

齐襄公的丑行让齐国人脸上无光。

齐襄公的堂弟公孙无知利用这一点,勾结起大臣连称、管至父等人,杀害了齐襄公,引发齐国国内大乱。

齐襄公的两个弟弟公子纠和公子小白,一个逃亡到鲁国,另一个奔亡到莒国。

鲁庄公想通过扶纠当上齐国国君来达到控制齐国的目的。

但是,公子小白在老师鲍叔牙的鼎力相助下,抢先一步回国继承了君位,是为齐桓公。

齐桓公为了消除纠对自己国位构成的威胁,发兵攻打鲁国。

鲁国不想惹火烧身,就杀死了公子纠,向齐桓公交纳"投名状"。

但是,齐桓公并未满足。

因为齐桓公从鲍叔牙口中知道,公子纠的老师管仲是个治国之奇才,不世之能臣,他三番五次地向鲁庄公索要管仲。

鲁国大臣施伯密谏鲁庄公,说管仲是个祸患,早杀早干净。

鲁庄公宅心仁厚,慈悲为怀,不忍动刀见血,让人把管仲打入囚车,遣送入齐。

齐桓公得到管仲,犹如鱼儿得水。他起用管仲为相,对齐国进行全面改革,只几年的工夫,就把齐国搞得风生水起、国富民强,齐桓公也因此成为春秋第一霸主。

齐桓公在周僖王元年(前681)率军攻灭了鲁国的附庸遂国,并乘势攻陷了鲁国大片土地。

面对齐国的强大攻势,鲁庄公哭丧着脸,发书请求与齐桓公会盟于柯邑,自愿签订丧权辱国的协议。

齐桓公以胜利者的姿态来了,趾高气扬地登上了高坛。

鲁庄公旁边的鲁国大将曹沫是齐桓公手下的败军之将,他越看齐桓公越窝火,忍无可忍,拔剑而起,劫持了齐桓公,要齐桓公归还齐国攻占的鲁国土地。

好汉不吃眼前亏,齐桓公乖乖答应了曹沫提出的要求。

会盟结束后,齐国人建议齐桓公背弃和曹沫制订的盟誓,再次兴兵攻鲁国。

管仲却力排众议,他说如果真这么干,就会失信于天下了。

齐桓公接受了管仲的建议,遵守和曹沫订下的约定,大大方方地归还了鲁地。

这么一来,天下诸侯,翕然而归,把齐桓公的霸业又推上了一个新的高度。

当然,曹沫也在历史上混上了个"国士"之名。

这里补充一下,由于周公旦与周天子的关系,鲁国是周王室的亲亲之国,周天子嫁女,基本上都是由鲁国国君来说媒主婚的。

换句话说,也只有鲁国国君才有给周王室说媒主婚的资格。

鲁庄公为了和齐桓公搞好关系,说媒主婚,让齐桓公娶了周天子庄王的女儿王姬。

《诗经·召南·何彼秾矣》所咏叹的就是齐桓公迎娶王姬之事。

齐、鲁两国的关系因此进入了蜜月期。

鲁庄公后来也迎娶了齐国女子哀姜为妻。

哀姜没生儿子,但她陪嫁过来的妹妹叔姜生了一个儿子,名叫启。

这里补充一下,司马迁著作《史记》时,为了避汉景帝讳,把"启"改成了"开"。

鲁庄公不喜欢开,而喜欢僖氏家的孟女给自己生下的儿子斑。他想立斑为太子,在晚年病重时,找三个弟弟庆父、叔牙、季友前来相商。

庆父和鲁庄公的夫人哀姜有一腿,想立哀姜之妹叔姜的儿子开为鲁君,但当着鲁庄公的面,他没有说什么。

叔牙则认为鲁庄公既然没有嫡子,那么,国君之位就应该由庆父接任。

季友却秉承鲁庄公的意思,力主立斑。

鲁庄公点了点头,把后事托付给季友;回头命令不和自己同一条心的叔牙喝鸩酒。

没办法,叔牙只好饮鸩而死。

鲁庄公死后,季友果然信守之前和鲁庄公说过的话,立斑为鲁国国君。

但庆父为了讨好哀姜，派人暗杀了斑，驱逐了季友，改立开为鲁国国君，是为鲁湣公（又作鲁闵公）。

哀姜很感激庆父为自己做的一切，两人私通的关系越来越公开化。

鲁湣公看在眼里，怒在心上，从不给这对男女一点好脸色。

哀姜于是与庆父谋划杀死湣公而立庆父为君。

庆父是个暗杀大王，之前已有杀斑的经验，杀鲁湣公自然是驾轻就熟，几乎不费什么功夫就干掉了鲁湣公。

远在陈国避难的季友闻知国内有变，就与鲁湣公的弟弟申从陈国到邾国，秘密联合鲁国国内的公室势力，准备拥申为国君。

申得了广大鲁国人的拥护，庆父深感在国内难以立足，投奔莒国去了。

哀姜则另投邾国去了。

季友趾高气扬地拥戴申回鲁国，申被立为鲁国国君，是为鲁釐公。

紧接着，季友派人去莒国引渡庆父回国，迫令他自杀。

庆父自知难逃一死，长叹一声，自杀了。

齐桓公听说哀姜与庆父淫乱而危害鲁国，便表现出一个盟主该有的风范，大义灭亲，命人到邾国召回哀姜，将其处死，再把她的尸体送归鲁国，陈尸示众。

季友为鲁相，他的后代为季氏，和庆父的后代孟氏、叔牙的后代叔孙氏并称为"鲁国三桓"。

鲁釐公在位三十三年。他死后，他的儿子兴继位，是为鲁文公。

鲁文公有两个妃子：长妃是齐国之女，生有儿子恶和视；次妃敬嬴，深得鲁文公宠爱，生下儿子俀。

鲁文公在位十八年，没立太子。

鲁文公死后，俀私下结交襄仲，想让襄仲立自己为君。

襄仲满口答应，他的弟弟叔仲却说不行。

襄仲没有理会弟弟，转往齐国寻求齐惠公的支持。

齐惠公刚即位，也想与鲁国搞好关系，满口答应。

这年冬十月，襄仲杀死恶和视，拥立俀为鲁国国君，是为鲁宣公。

恶和视的母亲哀哀切切地返还齐国，沿路大哭："天乎！襄仲为不道，杀嫡立庶！"

因为哭声太过哀切，集市上的人都称她为"哀姜"。

经过这场变乱，鲁国的公室遭到很大程度的削弱，"三桓"之族强盛起来。

鲁宣公在位十八年，死于周定王十六年，鲁宣公十八年（前591），他儿子黑肱继位，是为鲁成公。

鲁宣公在死前，看着"三桓"强大，曾暗中联络晋国谋攻"三桓"。不过，没等他开展行动，他就死了。

鲁宣公虽死，晋国和鲁国结下的友谊却还保存着。

鲁成公即位后的第二年，齐国攻占了鲁国的隆邑①。

鲁成公得到了晋国郤克的帮助，与晋国联手在鞌地（今山东省济南市附近）大败齐顷公，夺回了丢失的鲁国领土。

然而，鲁成公到晋国去拜会晋景公时，没有得到晋景公应有的尊重。

鲁成公一怒之下，曾想和晋国撕破脸面而与楚国结盟，但在臣下的劝阻下悻悻作罢。

鲁成公继位后的第十年，又一次访问晋国，恰巧碰上晋景公死，被晋国人强留下来，替晋景公送葬。

鲁成公视之为平生大辱。

鲁国人也讳言此事。

鲁成公死于鲁成公十八年（前573），他儿子午继位，是为鲁襄公。

鲁襄公继位时只有三岁，国家大权由"三桓"之族分掌。

大圣人孔子出生于鲁襄公二十二年（前551）。

鲁襄公是碌碌无为之君，在位二十九年，一事无成，坐视"三桓"

---

① 一说在今山东省德州市临邑县，还有说在山东省泰安市西南一带。

把持朝政。

鲁襄公死后，他生前所立的太子也死了，他的另一个儿子公子裯继位，是为鲁昭公。

鲁昭公继位这一年，已经十九岁，年龄不算小了，却"犹有童心"，无成人之志。

有识之士都说他不宜为君。

但在季氏家族的季武子的支持下，鲁昭公还是当上了国君。

鲁昭公在登位后的第二十五年发兵攻伐季氏，结果遭到了季氏、叔孙氏和孟氏的联手合击，大败，被迫出逃齐国。

鲁昭公在齐国、晋国等国辗转流亡，漂泊不定，苦苦寻求帮助，想借助齐国或晋国的力量回国，但终不能如愿，于鲁昭公三十二年（前510）死于乾侯（今河北省邯郸市成安县东南）。

鲁国人于是立鲁昭公的弟弟宋为国君，是为鲁定公。

鲁定公之世，鲁国国内内乱不息，阳虎与"三桓"互相攻杀，最终以阳虎败亡而终。

鲁定公在位十五年，死后，其子将继位，是为鲁哀公。

鲁哀公之世，外忧不断。

先是吴国崛起，吴王夫差于鲁哀公八年（前487）为攻取邹国而攻伐鲁国，逼鲁国订立城下之盟而离去。

接着齐国攻伐鲁国，夺取三座城邑。

此后的接连几年，鲁国与齐国相攻伐，双方互有胜负。

夫差二十三年（前473），越王勾践消灭吴王夫差，成为新的一代霸主。

鲁哀公想和越国交好，以借助越国的力量攻伐"三桓"。

"三桓"于是起兵攻伐鲁哀公，鲁哀公抵挡不住，先投奔卫国，又离开卫国到邹国，再从邹国逃往越国，最终在悲愤中死去。

鲁哀公死后，他儿子宁继位，是为鲁悼公。

鲁悼公时代，"三桓"强盛，"鲁如小侯，卑于'三桓'之家"。

鲁悼公登位后的第十三年，晋国韩、赵、魏三家消灭智伯，分晋地为三家所有。

鲁悼公死于登位后的第三十七年，其子嘉继位，是为鲁元公。

鲁元公在位二十一年，死后，其子显继位，是为鲁穆公。

鲁穆公在位三十三年，死后，其子奋继位，是为鲁共公。

鲁共公在位二十二年，死后，其子屯继位，是为鲁康公。

鲁康公在位九年，死后，其子继位，是为鲁景公。

鲁景公在位二十九年，死后，其子叔继位，是为鲁平公。

鲁平公之世，秦、齐、楚、韩、魏、燕、赵诸国均已称王。

鲁平公在位二十年，死后，其子贾继位，是为鲁文公。

鲁文公在位二十三年，死后，其子雠继位，是为鲁顷公。

鲁顷公继位后的第十九年，鲁国遭到了楚国攻伐，五年之后，鲁顷公逃亡到卞邑，沦为平民，鲁国的祭祀断绝。

鲁顷公最后病死于柯邑（今山东省聊城市阳谷县）。

鲁国起自周公终于顷公，凡三十四世。

五、吕氏的齐国原本是春秋四大国之一，后来怎么被田氏取代了？

关于春秋诸侯国国名的由来，很多人会搞错。

搞错的原因，主要是太过"想当然"了。

比如说，你问他，秦国的国号为什么是"秦"？

他们会想当然地说：因为秦国在秦地立国，所以其国号就叫"秦"啊。

其实，秦国之所以以"秦"为国号，并非是因为它的封国是在秦地的缘故，事实恰好相反。

现在陕西关中以及甘肃天水、平凉、庆阳、陇南和宁夏南部均为秦国故地，皆可以称为秦地。

秦地之名，是因为它们作为秦国崛起之地而得名。

那么，秦国这个国号"秦"是怎么来的呢？

原来，在甲骨文里，"秦"字就像两只手拿杵捣下面的两棵稻谷。

这是因为给舜帝养马而被赐封土地，并获赐姓"嬴"的秦人先人伯益最早懂得了把谷穗放在石臼里舂捣取谷。

因此，他的族群就称为"秦人"。

据此可知，也不能简单地认为郑国是因为在郑地立国，所以其国号为"郑"；晋国在晋地立国，所以其国号为"晋"；楚国在楚地立国，所以其国号为"楚"；宋国在宋地立国，所以其国号为"宋"……

实际上，郑国的"郑"，指的是"祭祀"的意思，即郑是祭祀之城国。

晋国本来的国号为"唐"，沿用古代唐国的国号，后改为"晋"，意指其为弯弓射日之国。

楚国指的是"丛林之国"；宋国指的是"安定之国"；吴国的本名为"句吴"，意指"大声说话之国"；越国的本名为"於越"，意指"渡过中原之国"；蜀国指的是"善于养蚕之国"；鲁国指的是"日出地之鱼国"；卫国指的是"拱卫周室之国"。

那么，有没有国号是因地名而来的呢？

也有。

比如燕国。

换言之，燕国就是因为在燕山山脉一带立国，所以定国号为"燕"。

除了燕国之外，《左传·襄公二十七年》、《国语·郑语》和《史记·十二诸侯年表》共同评价为春秋四大国之一的齐国，它的国号"齐"，也是根据地名而来的。

对于"齐"字，有三种不同的解释：

第一种解释是："齐"字与"脐"字通假。《史记·封禅书》里面说："齐之所以为齐，以天齐也。……天齐渊水，居临淄南郊山下者。"这里说的是，临淄因为其南郊山下有水名叫"天齐渊"，所以被称为

"齐"。"天齐渊"指的是天的肚脐眼；临淄被称为"齐"，意指其被认为是"天的中心"。

第二种解释是："齐"是会意字，因其形如禾麦吐穗，所以被引申为"盛产禾麦"，即"齐地"指的就是禾麦种植区。

第三种解释是："齐"字是象形字，像三枚箭头。因为齐人也被称为东夷人。而东夷人这个"夷"字，是人背大弓。那么，齐地指的应该是"崇尚弓箭的东夷人所居之地"。

周武王灭商建周，在当时交通各方面都比较落后的情况下，为了对天下实施有效的管理，他必须对开国元勋和宗室进行分封，让他们建立自己的领地，以拱卫王室。

他把齐地封给了第一功臣姜子牙。

姜子牙就国后，煮盐垦田，通商工之业，便鱼盐之利，富甲一方，齐国很快就成为一个经济大国。

武王崩，年幼的成王继位，管蔡作乱，淮夷叛周。

说起来，商纣的灭亡，正始于东夷之乱。

殷鉴未远，摄政的周公旦不敢怠慢，赶紧授予姜子牙专征讨伐之权力。

齐国的建军规模因此远超其他诸侯国，一跃而成军事大国。

姜子牙死时约有一百多岁，他的儿子丁公伋继位。

因西周前期的历史漫灭难考，司马迁在编著《史记》时，只知道丁公死后，由其子乙公继位；乙公死后，由其子癸公继位；癸公死后，由其子哀公继位。对在这段漫长的时间里都发生过什么事件，一无所知。

倒是哀公在位时发生的一件人间大惨剧流传了下来：

纪侯向周夷王进谗言，致使周夷王煮杀了哀公，另指定由哀公的弟弟静继位，是为胡公。

本来齐国的君位传承次第有序，周夷王插了这一杠子，风波顿起。

哀公的同母少弟山不服胡公，带领自己的党徒发起政变，袭杀了胡公而自立为齐君,是为献公。

献公上位之后,为了斩草除根,把胡公的儿子尽数驱逐出境,并把首都迁到临淄。

献公死后,其子武公寿继位。

武公在位期间,周王室出现了大乱子——周厉王无道,遭到国人驱逐,流亡到彘地,周王室进入"共和"时期。

齐国人不满齐厉公之暴虐,迎胡公之子回齐国,拥护他攻杀厉公,准备立他为齐国国君。

但是,厉公和胡公之子的最终结局却是鱼死网破,同归于尽。

齐国人只好立厉公之子赤为齐君,是为文公。

文公是个狠角色,他实施残酷的政治清算,诛灭七十个参与攻杀厉公的人,快意恩仇,笑傲朝堂。

之后,齐国国君之位从文公传到成公;又从成公传到庄公;再从庄公传到僖公,传了四代,时间进入东周。

齐僖公在位时,多次主持多国会盟,平息宋国与卫国之间的争端;讨伐了对周天子无礼的宋国、郕国;平定许国、宋国内乱;与郑国击败狄戎,隐然有小霸气象,因此与郑庄公、楚武王被并称为"春秋三小霸"。

齐僖公在位时间比较长,有三十三年。晚年时,他头脑有些昏愦。

事情是这样的:齐僖公的同母弟夷仲年先于齐僖公早死,齐僖公就把夷仲年的儿子公孙无知当成亲儿子养,溺爱得不行,甚至让他的俸禄服饰生活待遇和太子同等。

这就为日后的大乱埋下了祸患。

转年,齐僖公死了,太子诸儿继位,是为齐襄公。

齐襄公是个有故事的人。

齐襄公继位之初,卫国出现了内乱——齐襄公的妹妹宣姜之子卫惠公遭到卫国的左、右公子的驱逐,卫惠公不得已逃到齐国找舅父寻求帮助。

舅父齐襄公于是约鲁桓公前来结盟，共同商量对付卫国。

齐襄公为什么要约鲁桓公呢？

齐襄公还有个异母妹妹，叫文姜，嫁给了鲁桓公，是鲁桓公的夫人。

换句话说，鲁桓公是齐襄公的妹夫，即齐、鲁是亲戚之国。

不用说，齐、鲁联手，定能帮助卫惠公顺利复位。

虽然齐襄公派兵与鲁、宋、陈、蔡四国联合攻打卫国，顺利帮助卫惠公复位，但是，齐襄公和文姜的不雅事及后来的所作所为受到了国人的非议。

那个深受齐襄公的父亲齐僖公宠信的公孙无知，勾结大臣连称、管至父等人发动政变，将齐襄公杀害，自立为国君，史称"齐前废公"。

齐襄公被杀，他的两个弟弟公子纠和公子小白一个奔鲁，一个奔莒，逃亡在外。

公孙无知没有与大夫雍廪搞好关系，结果，在雍林游玩时被雍廪袭杀。

公子小白回国继位，是为齐桓公。

齐桓公任用管仲进行改革，齐国国力蒸蒸日上，国富民强。

齐桓公后来以"尊王攘夷"为号召，"九合诸侯"，联合中原诸夏，讨伐戎、狄、徐、楚，安定周室，成为当之无愧的一代霸主。

但齐桓公晚年昏庸，重用佞臣公子开方、易牙、竖刁等人，贤臣管仲、隰朋及鲍叔牙等相继去世后，齐国国势渐颓。

齐桓公四十二年（前643），齐桓公病重，五公子争位，互相攻杀，致使齐桓公饿死无人理，他的尸体在床上躺了六十七天，尸虫都从窗子里爬了出来，大家也装作没看见。

可怜齐桓公雄霸半生，临终和身后竟然落得如此下场，让人唏嘘慨叹。

齐桓公早先在葵丘之盟时，曾向他看好的后生小辈宋襄公托付过公子昭，公子昭因此得到宋襄公的鼎力相助，最终继承了君位，是为齐孝公。

从齐桓公的五子争位开始，齐国在接下来很长一段时间里陷入争位夺位的血腥怪圈里，齐桓公的霸业尽化为灰。

先是齐孝公死后，他弟弟公子潘因公子开方杀死了齐孝公之子而登位，是为齐昭公。

齐昭公死后，他儿子舍在位仅五个月，就被齐昭公的弟弟杀而代之，是为齐懿公。

齐懿公为人残暴，偏偏智商又欠缺，让人替他着急。

比如说，他有个车夫名叫丙戎，丙戎的父亲曾因一点小事冒犯了他，被他斩断了双脚。也就是说，齐懿公和丙戎一家已经结下了仇恨，但齐懿公依然留丙戎为自己驾车。

还有，齐懿公的亲随庸职娶了个非常漂亮的妻子，齐懿公无意中窥见，横刀夺爱，把庸职的妻子纳入宫中，却仍让庸职继续担任自己的贴身护卫。

丙戎和庸职这两个遭受齐懿公欺负和凌辱的人联合起来，在齐懿公某次外出游玩时，痛下杀手，将齐懿公杀死，携手远走他方去了。

齐国人没有让齐懿公的儿子继位，而是去卫国迎立了公子元，是为齐惠公。

从齐孝公到齐昭公、再到齐懿公、齐惠公，这四人都是齐桓公的儿子。

齐惠公在位时间不长，共十年；他死后，由他的儿子无野继位，是为齐顷公。

齐顷公在位时间不短，共十七年，但他的智商比他的伯伯齐懿公似乎更低。

怎么说呢？

齐桓公称霸的时代过去后，出现了楚、晋两家独大，互争短长的局面。

也就是说，楚、晋两家是当时的超级大国，是不能随便招惹的。

但是，齐顷公六年（前593）春，晋国大臣郤克前来访问齐国，齐顷公听说郤克是个跛足者，走路时一脚高一脚低，姿态很滑稽。为此，他在家里大肆宣扬，吊足了家里的夫人、侍妾及奴婢的胃口。这帮女人叽叽喳喳，争论不休，个个充满好奇心，想一看究竟。

齐顷公不但不阻止，还安排她们藏在帷中观看。

结果，当郤克跛而登阶，藏在帷中等着看"好戏"的这些妇女，看到郤克滑稽的步姿，忍俊不禁，全都"咯咯咯咯"地开怀大笑起来。

郤克受此奇耻大辱，含恨而去。回国后，他咬牙切齿地说："不报此仇，誓不为人！"

就这样，郤克和齐国的怨仇结下了。

郤克先是在河内捕杀了齐国四位使者，后来又发兵攻伐齐国，逼迫齐顷公送公子强到晋国做人质，事情才告一段落。

齐顷公十年（前589），齐国与鲁国、卫国发生了争端，三方拉开架势准备开打。郤克担任晋国的中军主将，率领战车八百辆，另由士燮率领上军，栾书率领下军，前来帮助鲁国、卫国。

当日，晋军与齐军在靡笄山（今千佛山）下展开了一场大战。

齐军大败，齐顷公由车右逢丑父充当替身，自己在乱军中狼狈不堪地逃脱了。

郤克以为抓到了齐顷公，一看是逢丑父，非常恼怒，想举刀杀了逢丑父。

逢丑父挺胸领死，闭着眼睛，说了句意味深长的话："您决意要杀掉一个忠心代替君主去死的人，您的手下恐怕就不会忠心侍奉您了。"

郤克听了这句话，心有所动，缓缓放下刀，命人松绑，放了他，让他返回齐军营地。

接下来，战争还在继续，晋军追逐齐军，一直追到马陵。

齐顷公彻底怕了郤克，请求献纳玉器谢罪。

郤克不答应，扬言要严惩齐顷公的母亲萧桐叔子，说自己当日在齐国宫中，亲耳听到，嘲笑自己声音最大的就是萧桐叔子。

齐国使者慌了，回答说："萧桐叔子是齐国国君之母，齐国国君之母就像是晋国国君之母，您打算怎么处置她？况且，您是举着仁义大旗兴兵的，怎么能够以残暴的方式来结束这场战争呢？"

不得不说，郤克所接触到的齐国人全都是能言善辩之徒。

这位齐国使者的话一下子让郤克陷入沉思。

最终，郤克同意不再追究萧桐叔子之罪，表示接受了齐顷公的谢罪，但他勒令齐顷公必须归还侵占的鲁国、卫国的领土。

经过这次伤筋动骨的教训，齐顷公从此低调做人，对内减轻赋敛，赈济孤寡；对外厚礼相待各国诸侯。

齐国得以过上一段安宁的岁月。

齐顷公十七年（前582），齐顷公死了，他的儿子环继位，是为齐灵公。

齐灵公的"灵"是恶谥，后世总结的谥法里说"任本性，不见贤思齐。死而志成曰灵"。

换言之，凡任性、荒唐胡闹、胡作非为的君主，其谥号往往为"灵"。

比如说晋灵公、郑灵公、卫灵公、陈灵公、楚灵王、赵武灵王以及汉朝的汉灵帝等。

齐灵公的确任性，在位期间，招惹出很多事端，幸好他有名相晏弱、晏婴父子相继辅政，才没有产生太大恶果。

比如说，齐灵公有一个癖好——喜欢看女扮男装。

因为这，宫中女子和民间女子都穿起了男装，国内阴阳不调，风气大坏。

晏婴挺身而出，帮齐灵公端正了思想，这才扭转了风气。

齐灵公志大才疏，想和晋国争霸，他在四年的时间内兴师五次伐鲁，因而招致晋国领鲁、宋、卫、郑、曹、莒、邾、滕、薛、杞、小邾共十二家诸侯联兵伐齐。

齐军在平阴（今山东省济南市平阴县）遭遇大败，国力大损。

本来，齐灵公在平阴御敌时，平阴城南一个名叫"防"的地构筑有深沟壁垒，只要据险而守，可立于不败之地。

但是，齐灵公胆小如鼠，在晋军虚张声势的恫吓下，竟然弃平阴城而逃。

晏婴大失所望，叹息说："君固无勇，而又闻是，弗能久矣！"

齐灵公为人既如此平庸无能，他身边又多刁钻小人，齐国宫廷内乱七八糟的烂事就特别多。

他母亲声孟子是个荡妇，和大夫庆克私通。

补充一下，这个庆克可不是外人，他是齐桓公的孙子，论辈份，是齐灵公的叔叔。

有一次，庆克男扮女装混入宫中，被大夫鲍牵发现。

鲍牵是一代贤臣鲍叔牙的后人，是个眼中不能容沙子的正直君子，他把这件丑事告诉了国佐。

国佐出自齐太姜支子，是齐国的公族。国佐比鲍牵更加正直，眼睛更加不能容砂子，他把庆克狠狠地克了一顿。

庆克羞惭无比，回家面壁思过，再不出门。

声孟子长久等不到庆克前来相会，派人去查，知道是国佐和鲍牵坏了自己的"好事"，于是向齐灵公大讲国佐与鲍牵等人的坏话，从而引出齐灵公引兵与国佐相厮杀的内乱。

齐灵公的夫人是鲁国女子颜姬，颜姬没生育儿子，但颜姬陪嫁的侍女声姬给齐灵公生了公子光，光被立为太子。

齐灵公后来又迎娶了出身于宋国公族的两姐妹仲姬、戎姬。齐灵公特别喜爱妹妹戎姬，戎姬也没生儿子，仲姬就把自己生的儿子子牙过继给戎姬抚养。齐灵公爱屋及乌，非常疼爱子牙，想改立子牙为太子。仲姬明事达理，知道这么做会引起祸乱，极力谏阻。齐灵公却不以为然，说："在我而已！"他大大咧咧地废黜了太子光，改立公子子牙为太子，另封高厚为太傅。

这件事，齐灵公等于自己给自己挖下了坟墓。

齐灵公二十七年（前554），齐灵公患病。齐国大夫崔杼与高厚争权，复立光为太子，杀了戎姬。

病床上的齐灵公被吓得魂飞魄散，急火攻心，吐血数升而死。

崔杼拥立光为君，是为齐庄公。

齐庄公和齐顷公、齐灵公比较起来，可以用一句成语来形容，叫"一蟹不如一蟹"。

可不是吗？

他是人家崔杼扶立起来的，按理说，他应该好好珍惜崔杼、重用崔杼，一起振兴齐国。

细论起来，崔杼也不是外人。

崔杼和齐庄公一样，都是姜子牙的后人。

姜子牙死后，传位给儿子丁公姜伋，丁公姜伋的嫡长子季子风格很高，将太子之位让给弟弟叔乙，自己食采于崔邑，子孙即以邑为氏。崔杼就是季子的后人。

齐庄公却是狼心狗肺，看中了崔杼新娶的老婆棠姜，趁崔杼不在家，闯入崔杼家里将棠姜逼奸于床，并通过利诱、恐吓外加爱抚等手段将棠姜发展成了自己的情妇。

崔杼知道齐庄公给自己戴了绿帽子，恨得牙咬碎，但鉴于对方是国君，他暂时还想不出该如何处置对方，便隐忍不发。

齐庄公错以为崔杼拿自己没办法，越发无法无天，越发不把崔杼放在眼里，越发变本加厉，他公开出入崔家，把崔杼视同透明人，和棠姜肆无忌惮地鬼混。

他还把崔杼的衣帽带出来赏赐给别人。

不得不说，齐庄公这不是傻，这是在找死。

崔杼忍无可忍，终于爆发。

那一天，莒国国君来齐国访问，齐庄公要求文武官员都随自己到都城的北郭举行招待宴会。

崔杼坚拒不去，他说自己有病，要在家养病。

崔杼是齐国的第二号人物，他不去，有伤国体，说不过去。

齐庄公不知死之将至，鬼头鬼脑地到崔府探病。

可笑的是，齐庄公来后，色心大起，没有直接去崔杼的房间，而是偷偷摸摸地摸到了棠姜的房间。

实际上，崔杼已在府中埋伏下甲兵，棠姜紧闭房门，没有理会齐庄公。

齐庄公有些失落，就对着房内的棠姜唱起了伤心的情歌。

真是是可忍，孰不可忍。

崔杼气得直瞪胡子，一挥手，伏兵四出，一通乱砍，齐庄公瞬间横尸院门，一双牛眼瞪得大大的，死不瞑目。

崔杼杀了齐庄公，和庆克的儿子庆封一起拥立齐庄公的异母兄弟杵臼为国君，是为齐景公。

庆克就是前面提到的与齐灵公母亲通奸的"历史名人"，庆封作为这样一个"历史名人"之后，也不是一盏省油的灯。

本来，崔杼为右相，庆封为左相，两人应该分摊权力，相互形成制约。

但是，崔杼专权，大小权力一手抓，根本不顾庆封的感受。

庆封因此对崔杼极其不满，他在等待时机，要对崔杼发起致命一击。

仅仅一年，他就等到了机会。

崔杼和前妻生有儿子成和强，他在前妻死后，又续弦娶了东郭氏之女，并和东郭氏之女生下了儿子明。

这个东郭氏之女原本是个死了丈夫的寡妇，她和前夫生有儿子棠无咎。

另外，东郭氏之女来嫁，还带来了一件特别的陪嫁品——她的弟弟东郭偃。

这么一来，崔家的人员组成就非常复杂了。

崔杼的这些儿子为了争权夺利，明枪暗箭，争斗得非常激烈。

庆封从旁煽风点火，诱引崔氏子弟自相残杀，他负责提供精甲兵器。

崔家因此每天死人不断，流血恐怖事件层出不穷。

崔杼不知是庆封在暗中捣鬼，傻乎乎地请庆封带兵来帮忙收拾残局，结果被庆封逼迫自杀。

崔杼死后，庆封独揽朝政，嚣张跋扈，不可一世。

说起来，庆封也是个"齐庄公式"人物。

他到家臣卢蒲嫳家里宴饮，对卢蒲嫳的妻子一见钟情，把手中的权力交付给儿子庆舍，自己带领妻妾财币，搬到卢蒲嫳的家里，天天寻欢作乐，通宵达旦，不知今夕何夕。

田氏、鲍氏、高氏、栾氏四大家族一看有机可乘，就联合攻打庆氏，杀了庆舍，驱逐了庆封。

在这里说一下田氏、鲍氏、高氏、栾氏这四大家族的来历。

本来，齐国公族吕氏依靠的力量主要是国氏、高氏两家。

前面说了，国、高两家与吕氏同出于姜姓，皆为齐太公之后，吕氏旁支。

按照秦嘉谟《世本辑补》里面的记载，国氏出自齐太姜支子，齐僖公时有国共伯，国共伯之曾孙为国懿仲。

而据《广韵》所载，齐太公六世孙齐文公的次子受封于高邑，称为公子高。公子高有一个孙子，名叫高傒。

国懿仲和高傒是把齐桓公从莒国迎回并立之为新君的大功臣；他们后来和管仲、鲍叔牙、隰朋等人共修国政，帮助齐桓公创建了春秋首霸的伟大功业。

在齐国漫长的发展过程中，高氏、国氏世代由天子任命为齐国上卿，和吕氏三家共保姜姓社稷。

鲍氏家族来自鲍叔牙。

栾氏家族则来自齐国大夫栾灶——栾灶曾把持齐国大权数十年之

久。栾灶死后由其子栾施嗣为大夫。

这里重点说一下田氏家族。

话说，在齐桓公称霸的时代，陈国发生了内乱，陈厉公、陈庄公、陈宣公三兄弟相继登位。陈宣公登位后，杀死了太子御寇。陈厉公之子完和御寇交好，唯恐灾祸牵连到自己，逃奔入齐，以田为氏，成为齐国田氏的始祖。

田完在齐国得到齐桓公的重用，被封为管理百工的工正。

此外，他还得到了国懿仲的青睐，成为国懿仲的乘龙快婿。

田完去世之后，谥号敬仲，田氏世袭其工正之职。

联合鲍氏、高氏、栾氏这三大家族一起攻打庆氏的是田完的曾孙田桓子田无宇。

田桓子多谋善断，他在涉政之初，就准确捕捉到了有利战机，力排众议，取得了伐卫、伐晋的胜利，从而得到了齐庄公的器重。齐庄公在开心之余，将自己的女儿孟姜嫁给了他。

这次，田桓子联合鲍氏、高氏、栾氏三大家族攻打庆氏获得了胜利，又力主由上大夫晏婴主政。

齐国在晏婴的治理下，国力一度上升。

不过，晏婴在出使晋国时，曾在私下里对晋国贤臣叔向说："齐政卒归田氏。田氏虽无大德，以公权私，有德于民，民爱之。"

是的，田桓子很有政治手段，他对齐国公族"凡公子、公孙之无禄者，私分之邑"，对国人"之贫穷孤寡者，私与之粟"，在齐国获得了很高的声望，史载"齐之民归之如流水"，"公弃其民，而归于田氏"。

齐景公五十七年（前489），齐景公死，齐国的两大公族国、高二氏的代表人物国惠子和高昭子拥立公子荼继位，是为齐晏孺子。

田桓子之子田釐子田乞驱逐国惠子和高昭子，另立公子阳生，自立为相。

从此齐国国政操于田氏之手。

公子阳生即为齐悼公，田釐子死于齐悼公四年（前485）。他的儿子田成子田恒继承了他的职位。

司马迁在著作《史记》时，为了避汉文帝刘恒之讳，将田恒改写为田常。

田釐子去世后不久，齐悼公因与大臣鲍牧起争执，被鲍牧弑杀。

齐国人共同拥立齐悼公之子吕壬继位，是为齐简公。

从齐悼公被鲍牧所杀可知，这时齐国的政权主要由权臣所把持，国君能否自保已经成为问题。

事实也是如此，齐简公登位后不过四年，就被田常杀掉了。

田常随后拥立齐简公之弟骜继位，是为齐平公。

田常视齐平公如手中傀儡，大行诛杀之事，把鲍氏、晏氏及公族中较强盛的家族全部诛杀，自领齐国从安平以东到琅邪的土地，作为自己的封地。

这么一来，田常的封地比齐平公享有的领地还要大。

田常还非常懂得优生优育，他挑选身高七尺以上的齐国女子做姬妾，姬妾达一百多人，生养下七十多个儿子。

田常死后，他的儿子田襄子田盘继任他的职位，担任齐国国相。

很多人以为，在"田氏代齐"的过程中，田襄子只是个过渡人物，无足轻重。

其实大谬不然。

田襄子担任齐相期间，先后辅佐齐平公、齐宣公两任君主。

齐宣公三年（前453），晋国的韩、赵、魏三家杀死智伯瑶，灭掉智氏，瓜分了智氏的土地，吸引了天下人的目光。

田襄子趁机派自己的七十多个兄弟到齐国的各个城邑担任大夫，使田氏得以彻底掌控齐国，为日后田氏取代姜姓吕氏奠定了坚实的基础。

田襄子死后，他的儿子田庄子田白进一步巩固了田氏在齐国的既得成果，为儿子田和代齐铺平道路。

从田桓子算起，经过田釐子，田成子、田襄子、田庄子五代人努力,到了田和这儿,"田氏代齐",已经水到渠成。

齐宣公死后,其子康公贷立,田和以其"荒淫嗜酒"、"不勤于政"为由,将康公放逐于海上小岛,自立为齐君,是为齐太公。

齐太公田和为了取得自己君位的合法性,兴师伐魏,迫使魏文侯为他向周天子求封诸侯。

在魏文侯等的请求下,周安王于周安王十六年(前386)正式册封田和为齐侯。

周安王二十年(前382),齐康公死,姜姓齐国绝祀。姜齐自太公望立国至康公失国,凡二十世,三十二位国君,享国六百六十五年。

六、燕国在春秋时期的存在感为何这么低?

燕国在战国时期位居"七雄"之列,但它在春秋时期的存在感是很低的,吕思勉在《先秦史》里说:"燕,春秋时无所表见。"认为它在春秋时期的表现不值一提。

的确,查现在的所有史书,关于燕国的记载非常少。

至于燕国在春秋时期的表现,《左传》《史记》所记载的,只有屈指可数的几条,其中还有一些是对姞姓南燕的混记。

《史记·燕召公世家》开篇说:"周武王之灭纣,封召公于北燕。"

为什么要在"燕"之前加一"北"字?

是因为在周武王封召公时,已有一个"南燕",故加一"北"字以区别"北燕"与"南燕"。

唐代著名古籍专家、学者孔颖达称:"南燕国,姞姓,黄帝之后也。始祖为伯儵。小国无世家,不知其君号也。"也就是说,《史记》没有开专门的篇章对"南燕"进行记述。据后世史学家考证,这个姞姓南燕的兴亡是这样的:黄帝之后吉光的后裔姞伯儵在商代中期迁至光城(今河南省商丘市睢阳区西南),建立了姞姓光国。周武王灭商后,将光国移迁至光山(今河南省光山县),另将胙城的东北之地(今河南省延津县东北四十五里处）赐封给姞伯儵的部族立国，称燕国。燕国在春秋中后期被戎狄所灭，其地后归属姬姓卫国。

《左传》一书中出现过好几处关于这个姞姓燕国的记载：

比如说，《左传·隐公五年》记载"卫人以燕师伐郑"，说卫国人动用了燕国的军队去攻打郑国，这里的"燕师"，说的就是姞姓南燕国的军队。

又如：《左传·桓公十二年》记载"公会宋公、燕人盟于谷丘"，即与鲁桓公在谷丘会盟的，也是姞姓燕国的国君。

再如：《左传·桓公十三年》记载"公会纪侯、郑伯与齐侯、宋公、卫侯、燕人战"，即在鲁桓公十三年（前698）参与鲁、纪、郑、齐、宋、卫等中原诸侯大混战的也是姞姓南燕国。

还有：《左传·桓公十八年》记载"王子克奔燕"，这是一个恶性事件，说的是周公黑肩欲弑杀周庄王改立周庄王之弟王子克为天子，事泄，周公黑肩被杀，王子克逃入燕国——这燕国，也是姞姓南燕国。

再有：《左传·桓公十九年》记载"卫师、燕师伐周"，讲的是卫国和燕国拥护周惠王的叔叔王子穨一起讨伐周惠王，驱逐走了周惠王后，拥立王子穨为周王。这个与卫国结盟伐周的燕国，还是姞姓南燕国。

又有：《左传·桓公二十年》记载"郑伯执燕伯仲文，以其伐周之故"，说的是逃亡在外的周惠王得到了郑国的援助，郑厉公后来率军擒获了燕国的国君燕伯仲文——这燕伯仲文，是姞姓南燕国国君。

不难看出，因为姞姓南燕国地处中原，其在春秋时期的表现比姬姓北燕国活跃得多。

姬姓北燕国地处边远的北方，长时间默默无闻。

《世本·王侯谱》就没有完整的燕国世系，对燕侯的早期世系，只说"燕，召公奭初封，周同姓"，"九世至惠公"。

《史记·燕召公世家》也说"自召公已下九世至惠侯"。

也就是说，除了召公和惠公，史籍有关第一至第八代燕侯的名号和世序全都失载。

究其原因，据说是秦始皇怒燕太子丹派荆轲刺秦之故，在灭燕之后，悉焚其国资料文献。

但话又说回来，传世《国语》没有专门的《燕语》，其他诸"国语"中偶有提及燕国者，又少得可怜；西周、春秋典籍关于燕国史事的记载也寥寥无几。出现这种现象的原因，主要在于燕国自身国力弱小、乏善可陈。

司马迁因此在《史记·燕召公世家》中慨叹燕因外受蛮貉的欺凌，内受齐晋等大国的挤压，"最为弱小，几灭者数矣"。

可喜的是，近代出土了不少燕国的青铜器物，让现代学者对燕国的历史又有了不少新的认识。

比如说，《史记正义》引徐才宗《国都城记》称"周武王封召公于燕。地在燕山之野，故国取名焉"。

但是，出土的燕国青铜器物铭文上所表达的燕国或燕王，从不写"燕"字，都是"匽"或"郾"。

郭沫若在《两周金文辞大系图录考释·匽侯旨鼎》一文中就无比诧异地说："凡北燕'燕'，金文作'匽'若'郾'，无作'燕'者。"

是不是这个"匽"和"郾"与姬姓北燕国无关呢？

并不是。

因为这些显示为匽国和郾国的青铜器物，它们上面铭文所提到的历史人物和历史事件，都和史书上记载的西周至战国时期的重要封国燕国的人物和事件对应得上。

比如，《史记·周本纪》里面记周武王在克殷平天下后：周武王封姜太公在营丘，国号齐；封弟弟周公旦在曲阜，国号鲁；"封召公奭于燕"，封召公在燕国。

《史记·燕召公世家》也有互补呼应说："周武王之灭纣，封召公于北燕。"

另外，《史记·周本纪》里面记载：成王把殷商的遗民迁到洛邑后，周公把成王的命令向殷商遗民宣告，作《多士》《无佚》。成王任命召公为太保，周公为太师，向东攻伐淮夷，歼灭奄国，把它的国君迁到薄姑。

太保是西周三公之一的重臣，召公奭并不能亲自到燕地当燕侯，只能让长子到燕国就封，他本人和太师周公一起在成王身边辅政。

太师周公的情况也一样，他被封于鲁，因为要留在周公身边辅政，只能让其长子伯禽到鲁地就封。

1986年，发掘北京市房山区琉璃河镇西周墓地时，出土了一大批西周早期的高等级墓葬。

其中一件被命名为"克盉"的盉器上有铭文：周成王大加赞扬了召公奭的英明，然后"令克侯于匽"，即派召公奭的长子克做匽地的诸侯，代替他的父亲到匽地就封，监察叡（斡）、狸、雩、驭、微等六族氏。

另外，那件被命名为"堇鼎"的青铜器上的铭文写的是：燕侯让堇到宗周送甜品给太保，庚申日，太保赏赐给堇贝币，堇花费了这些贝币来铸造这件青铜器。

另一尊被命名为"匽侯旨鼎"上的铭文记载的是：匽侯旨初次进京觐见周王，得到周王赏赐贝币，从而以贝币铸造了宝鼎。

可见，召公奭在周王室辅佐成王，他儿子克和旨到燕地相继为侯，是历史事实。

1967年在辽宁省北票市东官营镇发现的燕王职戈上的铭文写的是"郾王职作御司马"。

这里的"郾王职"，就是《史记·赵世家》中记载的"王召公子职于韩，立以为燕王"，即被赵武灵王立为燕王的"公子职"。

1966年出土有"郾王喜铜矛"。关于这件兵器上刻的"郾王喜"，杨树达在《积微居金文说·郾侯库彝跋》中断言："兵器有郾王喜矛，即燕王喜也。"

这个"郾王喜"，就是燕国最后的一个国君燕王喜。

"匽"字为什么被改成"郾"字？

原来，汉字中，左"阝"是"阜"字的简略写法，右"阝"是"邑"字的简略写法。

把国名"匽"改为"郾"，是在"匽"字右边加了个"邑"字旁，加强了国土的概念。

这个不难理解。

但为何几乎所有的史书都把"匽"或"郾"写成"燕"呢？

陈梦家曾对这一问题进行过探究，他根据清代文字学家朱骏声在《说文通训定声》中提到的"匽嬴一声之转"的说法，提出了自己的观点："匽之改燕当在秦灭燕以后，以匽为秦姓，所以改去之。"

燕国早期的历史虽然漫渺难考，但对开国君主召公的记载，却有多处。

关于召公的身份，《世本·王侯谱》说："燕，召公奭初封，周同姓。"同书卷四《世家》说："燕，姬姓，伯爵。"《史记·燕召公世家》也说："召公奭，与周同姓，姓姬氏。"

由此可见，召公，名奭，姬姓。

另外，《史记·燕召公世家》集解说：召公之所以被称为"召公"，是因为他的封邑在召地（今陕西省岐山县西南）。

不过，从谯周所说的"周之支族"一语可知，召公并非周文王正夫人太姒所生的嫡子，而是周文王的姬妾所生的"庶子"。

根据《史记·管蔡世家》里面的记载可知，"武王同母兄弟十人"，而这十人中没有召公的名字。

《论衡·气寿》又明确记载说："邵公，周公之兄也。"

可知，召公是"庶出"无疑。

这一点，从秦嘉谟《世本辑补》中"召氏，周文王子召公奭支庶"，《古史考》中"召公周之支族"，《史记·燕召公世家》集解引《帝王世纪》"邵公，为文王之庶子"等所说可得印证。

召公虽然是周文王的庶子，却得到了周文王和周武王的重用。

《册府元龟》卷三一〇中说，文王、武王受天命而兴之时，召公为"桢干之臣，以正天下"。

《逸周书·和寤解》记载，召公和毕公都是周文王伐商的谋略功臣。

《史记·周本纪》记载：周武王即位后，召公、毕公一左一右辅佐他"师修文王绪业"。

周武王灭纣入商宫之时，《史记·鲁周公世家》又记载：召公奭和周公旦手持大钺、小钺，左右夹辅周武王举行祭社大礼。

"自召公已下九世至惠侯"，即燕国的早期世系，除了根据出土铭文复原的第一代燕侯克、第二代燕侯旨外，其他燕侯尚无处可考。

《史记·周本纪》里面记载：共和之时，燕国是燕惠侯当政。

要知道，这"共和之时"就是中国的信史开端。

但是，即使进入信史时代，燕国的历史仍是一片空白，《史记·燕召公世家》只是简单地交代了其世系传承，即燕惠侯—燕釐侯—燕顷侯—燕哀侯—燕郑侯—燕缪侯—燕宣侯—燕桓侯—燕庄公。

在燕庄公这儿，司马迁就把"与宋、卫共伐周惠王""郑执燕仲父""齐桓公救燕"这三件事都安到了燕庄公的头上。

关于"与宋、卫共伐周惠王""郑执燕仲父"这两件事，裴骃在《史记集解》中作了说明："乃南燕姞姓也。《世家》以为北燕，失之。"其依据，主要是从地理方位上说，北燕与宋、卫等国，势不相及。所以，与《左传·隐公五年》所载"卫人以燕师伐郑"、《左传·桓公十二年》所载"公会宋公、燕人盟于谷丘"里面所提到的燕国一样，指的都是南燕。

另外，吕思勉在《先秦史》里说："侵燕而齐桓伐之者，亦不得在蓟、易。"

换言之，吕思勉认为，齐桓公所救之燕，不应该是北燕——如果是北燕的话，就说明"二燕初本相去不远，北燕后乃逐渐北徙，至易、至蓟也"。

但是，综合各类文献记载，成王时期，尚未封燕之前，蓟、易之地已有国（部族）如下：古燕国、古亳国、蓟国、无终国、孤竹部族、韩部族、令支部族等。

而齐桓公北伐山戎以救燕是春秋时期的一件大事，先秦史籍多有记载，其中的《管子·小问》记载说：齐桓公北伐山戎，行程千里，孤军深入不毛之地，备尝艰辛，行至卑耳之溪时，还一度迷路，幸得老马识途，才走出迷谷。

《国语·齐语》还提到：齐桓公击败山戎之后，又灭了令支、孤竹这两个部落，才班师南归，使得"海滨诸侯莫敢不来服"。

《史记·封禅书》也记载说：齐桓公既霸，会诸侯于葵丘，而欲封禅。他曾夸功称耀说自己"北伐山戎，过孤竹；西伐大夏，上卑耳之山"。

另外，《史记·齐太公世家》记载说：燕庄公为了答谢齐桓公的仗义相救之恩，殷勤陪送齐桓公南下归国，送了一程又一程，不知不觉之间，已经出了燕境而进入了齐地。齐桓公严格遵守周礼，对燕庄公说："非天子，诸侯相送不出境。"下令割燕庄公所至之地与燕国，并惇惇叮嘱燕庄公"复修召公之政"。

《史记·燕召公世家》正义引《括地志》注明："燕留故城在沧州长芦县东北十七里，即齐桓公分沟割燕君所至地与燕，因筑此城，故名燕留。"

《太平寰宇记》卷六十五又记："《郡国志》云：'长芦县有盟亭，即燕、齐之界。'"

由此可知，齐桓公所救之燕，乃是姬姓北燕无疑。

燕庄公之后，国君之位按照燕襄公—燕桓公—燕宣公—燕昭公—燕武公—燕文公—燕懿公—燕惠公的次序传递。

《史记·燕召公世家》记载说：在燕惠公即位后第六年，出现了这样一件事——燕惠公多宠姬，他想除掉诸大夫而立"宠姬宋"。但大夫有所觉察，"共诛姬宋"。燕惠公震惧之下，狼狈不堪地逃入齐国。时间过了四年，齐国大夫高偃通过出使晋国，与晋平公达成协议：发兵攻打燕国，帮助燕惠公复位。燕惠公却在返回燕国路上病死了。

这件事，《春秋》里面也有记载的，但非常简略："冬，大雨雹，北燕伯款出奔齐。"

《左传·昭公三年》的记载倒是详细，却把事件的主角说成为燕简公。

这件事的主角到底是燕惠公还是燕简公？

《史记·燕召公世家》里面对燕惠公死后燕国国君的传承关系的记载是：燕惠公—燕悼公—燕共公—燕平公—燕简公，即燕惠公和燕简公的辈份实在差太远了，《史记索隐》认为："简公去惠公已五代，则与春秋经传不相协，未可强言也。"

燕简公之后，国君之位先后传给燕献公、燕孝公、燕成公、燕湣公、燕釐公。

到了燕釐公这儿，"是岁，三晋列为诸侯"，进入战国时代。

不得不说，燕国在春秋时期的存在感太低了。

七、《吕氏春秋》里的寓言故事为什么喜欢拿宋国人开涮？

战国末期的秦国相国吕不韦好名。为了让自己的名字垂范千古，他想了个绝妙的点子：著书立说。

但是，吕不韦只是商人出身，著书并非他所长。

怎么办？

好办。

他手里有钱，可以通过花钱来完成这事儿。

他狠狠地花钱，雇用一大批精通文墨的门客来帮自己完成这件事。三年后，一部煌煌大著《吕氏春秋》横空出世。

吕不韦担心这部书的质量不够硬，继续花钱，让门客反复修改。

自认为此书已经达到"一字不能增、一字不能删、一字不能易"的境界后,他让人把书悬挂在咸阳城门,颁发通告:有能改动一字者,赏千金。

咸阳是一座开放的城市,每天过客熙熙攘攘、川流不息,而且这些过客来自天南海北,不分国别。

吕不韦这一招,成功地引起全天下人的注意。

《吕氏春秋》被人们翻来复去地翻看、讨论、研究。

吕不韦不但赢得大名,《吕氏春秋》也因此成为名副其实的"悬诸日月不刊之书"。

当然,要笔者说,《吕氏春秋》也并非真正达到"一字不能增、一字不能删、一字不能易"的地步,举个例说,您要把书中出现的"云"字改为"曰"字,是完全可以的。但这样的改动,根本没必要。

因此,《吕氏春秋》的文字表达,是非常精准的,的确是一部非常考究的上乘之作。

现在,我们读《吕氏春秋》,会发现,为了轻松、直接而又不失深刻地表达自己的论点,书中总是信手拈来地讲一些寓言故事,既生动又有趣,让人会心一笑,又发人深省。

但随着书里的寓言故事越来越多,你会发现,很多寓言里的主角都是宋国人,而且这些宋国人还专干傻事。

其实,宋国人并不傻,不但不傻,还相当聪明,人才济济,出了不少大贤先哲,如孔子、庄子、墨子、惠子等,都出自宋国。

宋国人脑筋活,善于经商,国内商业文化繁荣昌盛,经济发达,城市发展走在各诸侯国的前面,其都城商丘、济水北岸的陶丘,获水和泗水交汇处的彭城,都是春秋战国时期的著名商业都会。

只能说,是著书立说的人在有意无意地埋汰宋国人。

再次补充说明,《吕氏春秋》并非某一人在某一时的作品,而是汇聚了大批来自各诸侯国的精英人士的集体之作,是集体智慧的结晶。

这个现象说明,这些来自各诸侯国的精英人士都对宋国有某种先入为主的偏见。

宋国有什么特殊之处呢？

它为什么会引起他国人士对它产生这种偏见呢？

这得从宋国的立国、宋国的来历、宋国的渊源说起。

古代交通落后，路况极差。武王灭商主天下，在难以实施中央集权的情况下，采取了分封列国诸侯的方式管理，目的是"封建亲戚，以藩屏周"。

得到赐封建国的对象主要有三类人：一、周室的姬姓兄弟；二、三皇五帝与夏商王朝后裔以及前朝贵族；三、参与伐纣的有功之臣。

周王所封之国有多少呢？

《吕氏春秋》的说法是："周之所封四百余，服国八百余。"

通过《逸周书·职方氏》里面的记载，我们知道，周代统治阶级内部等级森严，诸侯国共分有公、侯、伯、子、男五等爵。

现在可考的公爵诸侯国有七个，它们分别是：宋、杞、祝、焦、蓟、陈、虢七国。

这七国都属于上面提到的获封的第二类。

其中，宋国是商汤的后裔，这么一来，宋国人在春秋战国之世屡遭世人讥讽和嘲弄的原因就很清楚了——他们是被周室打败的殷商的后裔。

你既然是失败者，那不讥讽你讥讽谁？不嘲弄你嘲弄谁？

当然了，宋国人之所以会遭到这么多讥讽和嘲弄，也有很大一部分是他们自找的。

他们中大多数人自始至终都游离于姬周主流文化之外，以商人自居，好占卜、信鬼神，在生活起居和生活习性上保留了大量殷商礼仪，显得和其他诸侯国格格不入。

宋国既然这样另类，那就别怪别人对其讥讽和嘲弄了。

当然了，宋国人也并不把这些讥讽和嘲弄放在心上，依然我行我素，继续保持着自己的文化特色，在两周诸夏文明的发展中，共传三十五君，享国七百五十五年，堪称奇迹。

下面，我们细说一下宋国在春秋时期到底是一种什么样的存在。

话说，周武王灭了殷商，杀了纣王，却本着"兴灭继绝"的原则，分封诸侯时，封纣王的儿子武庚禄父在商殷的故都，统治殷的遗民，以奉其宗祀。

"三监之乱"爆发，周公旦反应快速，亲自东征，干掉了武庚禄父、管叔鲜，囚禁了蔡叔度，流放了霍叔处，重新安排人去驻守卫、鄘、邶三地，并遵行"灭国不绝祀"的传统，另外封商纣王的兄长微子启建国，特准其用天子礼乐奉商朝宗祀，与周为客，是为宋国。

商纣王在位时，沉溺于酒色，荒废朝政。微子启为此没少劝商纣王，但没有效果，他大感失望，一度退隐。

周公旦杀了武庚禄父，另立微子启。

微子启得到殷商遗民的热爱。

前面说了，宋国在先秦诸侯国中是很另类的，其另类的集中表现，就是遵行殷商旧礼。

在国君继承制度上，周礼遵行的是严格的"父终子及"；而殷商旧礼在遵行"父终子及"的同时，也遵行"兄终弟及"。

比如说，成汤之子帝外丙子胜死后，在伊尹的主持下，帝位传给了他的弟弟帝中壬子庸；帝沃丁子绚死后，帝位传给了他的弟弟帝太庚子辩；帝小甲子高死后，帝位传给了他的弟弟帝雍己子密等。

宋国在一开始，就遵行"兄终弟及"的制度——微子启去世后，继位的是他的弟弟微仲衍。

老实说，这种传位制度是比较容易引起混乱的。

还好，微仲衍死后，他儿子宋公稽继位；宋公稽死后，由他的儿子丁公申继位；丁公申死后，由他的儿子湣公继位。

君位一连传了四代人，没出什么乱子。

但到湣公死了，也不知怎的，"兄终弟及"那一套又被重新抬了出来，继位的是他的弟弟炀公熙。

潜公的儿子鲋祀感到不爽,在炀公登位后三年,突然发难,干掉了宋炀公。

不过,鲋祀没有直接登上君位,而是假惺惺地推举兄长太子弗父何上台。

有炀公熙被杀的教训在前,弗父何哪敢自寻死路?他一口回绝。

公子鲋祀因此大大方方地自立为国君,是为宋厉公。

宋厉公之后,宋国的君位传承制度又回归正轨;宋厉公死后,他儿子釐公举继位;宋釐公死后,他儿子惠公覸继位;宋惠公死后,他儿子哀公继位;宋哀公死后,他儿子戴公继位;宋戴公死后,他儿子武公司空继位;宋武公死后,他儿子宣公力继位。

就这样,宋厉公之后,宋国的国君之位一连传了五代人,也没出什么乱子。

但到了宋宣公这儿,又出问题了。

宋宣公做了十九年国君后,得病了,快要死了,他脑袋或许是被烧昏了,明明册立了太子与夷,却在临终前宣布把君位传给弟弟和,还装出很清醒的样子说:"父死子继,兄终弟及,天下通义也。我其立和。"

公子和生怕哥哥这是在试探自己有无政治野心,赶紧表态,再三谦让不受。

宋宣公不由分说,坚持要他接受。

这样,宋宣公咽气后,公子和继承了君位,是为宋穆公。

宋穆公只当了九年国君,也得病了,生命垂危,眼看走到了人生的尽头。

他感念哥哥宋宣公对自己的好,郑重地向自己的重臣孔父嘉嘱托后事,说:"先君宣公舍太子与夷而立我,我不敢忘。我死,必立与夷也。"

笔者在前面说了,孔子和庄子等人都出自宋国,估计有读者心里会犯嘀咕,孔子不是鲁国人吗?怎么又成了宋国人了?

在这里，可以告诉大家了，孔父嘉，就是孔子的六世祖。

孔子本人也承认过自己是宋国人。他曾说："丘，殷人也。"

孔子的六世祖孔父嘉听了宋穆公的话，担心宋穆公如此不按常理出牌会引起混乱，便好心劝告说："群臣皆愿立公子冯。"

宋穆公却坚持说："毋立冯，吾不可以负宣公。"

不过呢，孔父嘉的话也提醒了宋穆公。宋穆公生怕公子冯会阻碍与夷继位，强打起精神，打发公子冯出使郑国。

这样，宋穆公撒手归西后，公子与夷顺利继位，是为宋殇公。

这里得说明一下，宋穆公和卫桓公是同一时代人。

在宋穆公撒手归西后不到一年，卫桓公也离开了人世。

前文已述卫桓公被弟弟州吁杀死后、州吁勾结宋殇公一起打郑国的事情。

州吁弑君自立，在卫国国内很不得人心。老臣石碏密结陈国的陈侯，共谋除掉州吁。

在濮上这个地方，陈侯派右宰丑刺杀了州吁。

宋国这边，宋殇公已发兵攻打郑国，攻到郑国的都城东门，突然听说盟友州吁已经被人杀了，很郁闷，悻悻罢兵而还。

但是，宋殇公捅下了这么大的娄子，宋国难有安宁之日了。

因为一代枭雄郑庄公很快就剪除了那个"多行不义必自毙"的弟弟共叔段，成为春秋初期的小霸。

这位春秋小霸牢记宋国兵临城下、攻打到自己都城的东门之耻，隔三岔五便发兵伐宋，给宋殇公找不痛快。

宋殇公被打得只有招架之功，而无还手之力。

宋国国力锐减，成了一只人人可捏的软柿子。

既然是软柿子，不捏白不捏。

其他诸侯国"数来侵伐"，都以欺负宋国为乐事。

宋殇公在位时间共十年，他面临的处境却是"十年十一战"，苦不堪言。

宋殇公继位后的第九年,宋国的太宰华督偶然窥视到大司马孔父嘉的妻子,惊为天人,就想夺归己有,他让人四处散布谣言,说:"殇公即位十年耳,而十一战,民苦不堪,皆孔父为之,我必杀孔父以平民愤。"

在宋殇公继位后的第十年,华督果然攻杀了孔父,豪夺其妻。

华督这种目无君父的做法激怒了宋殇公。

不过,还没等宋殇公怎么着,华督就先下手为强,把宋殇公杀了。

接着,华督派人前往郑国迎接长期避难在外的公子冯回国,拥立他为国君,是为宋庄公。

这样,"夺人妻""杀己君"的华督便成为除旧迎新的大功臣,成为宋国国相。

同一年,鲁国也出现了弑君之事——鲁桓公把鲁隐公给杀了。

可以说,天下礼乐崩坏,中原诸侯国的弑君现象时有发生。

宋庄公安安稳稳地当了十九年国君,他死后,他儿子闵公捷继位。

宋闵公的时代,宋国出了一个有名的大力士,名叫南宫长万。

宋闵公非常器重南宫长万,在继位后的第十年夏天,让南宫长万挂帅攻打鲁国。

可惜,南宫长万有勇无谋,在乘丘(今山东省济宁市兖州区)之战中打了败仗,做了鲁国人的俘虏。

宋闵公为此心疼得不行,不惜动用重金,赎回了南宫长万。

次年秋天,宋闵公携南宫长万出猎,由于南宫长万太急于表现自己,竟然在追逐猎物的时候不懂得礼让宋闵公,让宋闵公很生气。

宋闵公破口大骂南宫长万,说:"我一向宠爱你,你却这样无视我,如果不是我,你如今还是个'鲁虏'呢。"

俗话说,士可杀而不可辱。

宋闵公话里的"鲁虏"二字深深地伤害了南宫长万。

南宫长万凶性大发,先杀了宋闵公,又杀了宋闵公的得力助手太宰华督,改立公子游为君。

这么一来，宋国国内大乱，群公子逃到了萧地。

该年冬，萧地及宋国国内的诸公子里应外合，杀了宋新君游而另立宋闵公的弟弟御说，是为宋桓公。

南宫长万在混乱中逃了出来，跑到了陈国。

宋桓公派人贿赂陈国人，让陈国人帮自己除掉南宫长万。

陈国人用了一个"美人计"，让美女把南宫长万灌醉，捆绑好，交给了宋桓公。

南宫长万最终被愤怒的宋国人剁成了肉酱。

宋桓公在位期间正是齐桓公成就霸业、呼风唤雨的时期。

宋桓公和齐桓公的交情不错，他在位三十年，宋国国内安定平和，没什么大事。

宋桓公不但娶了一个好夫人，而且生有两个好儿子。

一个是他和宋桓夫人生的儿子兹甫，被立为太子。

另一个是他和小妾生的儿子目夷。

这两个儿子相亲相爱。

宋桓公年老患重病，自知时日无多，赶紧交代后事，明确指定太子兹甫继位。

太子兹甫宅心仁厚，又饱读诗书，一生追求仁义。他极力推让，真诚拥护庶兄目夷继位。

宋桓公因此更加喜爱兹甫，更加坚定执着地要兹甫继位。

这样，太子兹甫在宋桓公死后继位。他，就是历史上大名鼎鼎的宋襄公。

宋襄公对哥哥目夷是真的好，他起用哥哥目夷为国相，哥俩一起治理宋国。

一代霸主齐桓公非常欣赏宋襄公。举办"葵丘会盟"时，他拉着这个年轻人的手，作了一番亲切的交谈，并把太子昭郑重地托付给了他。

齐桓公的晚年是很不堪的，他宠幸易牙、竖刁等小人，最后在外

第二部分 信史时代 127

忧内患中悲惨饿死。

齐国国内大乱，齐桓公的几个儿子为了争夺君位闹得不可开交。

太子昭无法在国内立足，只好逃到宋国求助宋襄公。

宋襄公不想辜负齐桓公之托，强行出头，于是卷入春秋争霸的行列之中。

楚成王是宋襄公争霸之路的强硬对手。

楚、宋两国在泓水展开决战，宋襄公战败，损失惨重，最终悲愤离世。

宋襄公的儿子成公王臣继承了君位。

恰巧，宋成公继位的这一年，晋公子重耳也回国即位了，是为晋文公。

晋公子重耳在逃难的时候，曾经经过宋国，得到过宋襄公的款待；他在离开宋国时，还得到了宋襄公资助的马车二十乘。

也就是说，宋国是有恩于晋文公的。

那么，宋成公与晋文公结盟抗楚就是很自然的事了。

于是，春秋的大舞台上连续上演了"楚成王伐宋""晋文公救宋"等一系列剧目。

宋国在两个大国的争霸中保持着一种平衡，日子过得还算可以。

宋成公做了十七年国君，他死后，他弟弟御杀掉太子及大司马公孙固，自立为君。

宋国人看不惯御的做法，群起而攻之，将他杀了，另立宋成公的少子杵臼登位，是为宋昭公。

宋昭公的治国能力有问题，《史记·宋微子世家》称"昭公无道，国人不附"。

而宋昭公的弟弟鲍革却能礼贤下士。

在宋襄公夫人的助力下，宋昭公在继位后的第九个年头被杀，鲍革登位，是为宋文公。

宋文公统治下的宋国，也是多灾多难。

灾难主要还是楚晋争霸的延续。

在宋文公即位后的第四年,楚国命令自己的盟国郑国伐宋。

宋国的大将华元很能打。但他出战前,大肆杀羊犒劳士兵,偏偏忘了给自己的车夫留一碗羊肉羹。这个车夫心生怨恨,在战斗中载着华元一头扎入郑军阵中,让华元做了郑军的俘虏。

宋军也因此战败。

宋文公为了赎回华元,同意给郑国"兵车百乘、文马四百匹"。

不过,这些赎物尚未完全送出,华元已凭借着自己的聪明才智逃回了宋国。

在宋文公即位后的第十六年,楚庄王大举伐宋,一直攻到宋国的都城,围城长达五个月。

"宋城中急,无食",眼看宋国就要灭国了。

华元豁了出去,在半夜时分私自出城,求见楚将子反,把城中的真情实况全部告诉了子反,请求楚国退兵,放宋国一马。

子反据实向楚庄王作了报告。

楚庄王问:"城中何如?"

子反转述华元的原话,说:"析骨而炊,易子而食。"

楚庄王感慨说:"诚哉言!我军亦有二日粮。"

他认为宋国是个诚信之国,不忍再战,主动罢兵。

宋国因此躲过一劫。

华元也因此成为宋国之大功臣。

五年之后,宋文公卒,他的儿子共公瑕继位。

由于华元和楚将子重(楚穆王之子,楚庄王之弟)交好,又和晋将栾书交好,因此宋国和楚、晋两国都结成盟国,国内迎来了和平发展的大好时机。

但是,宋共公短命,在位十三年就死了。

论理,应该由太子肥继位,但司马荡泽作乱,太子肥被杀。

华元时为右师,一度想逃奔晋国,但被左师鱼石劝住了。

宋国的军事力量，其实主要就掌握在左右二师和司马手中，他俩联手，很快就杀了荡泽，拥立共公的少子成继位，是为宋平公。

这个鱼石，是前面提到的宋襄公的哥哥目夷的曾孙，是个很有政治野心的人，他和华元联手杀掉荡泽，却不能与华元友好相处，在与华元争权失利后投奔了楚国。

在宋平公继位后的第三年，楚共王发兵攻打宋国，夺取了宋国的彭城，将之封赏给鱼石。

诸侯不满楚共王的强权行为，于次年共诛鱼石，将彭城归还了宋。

之后，楚国陷入内乱，再也无暇插手宋国之事。

宋平公则参与了弭兵大会，宋国又得到了一段难得的和平岁月。

可惜的是，宋国并未利用这段宝贵的时间加紧改革弊政，国势并未得到提升。

宋平公在位时间长达四十四年，他死后，他的儿子元公佐继位。

宋元公时期，国内的华氏、向氏势力呈尾大不掉之态，宋元公甚至得向他们互换人质。

宋元公在继位后的第十年，设计诈杀诸公子，引发国内大乱。

当时，楚平王的太子建从楚国前来宋国避难，看见宋国诸华氏相攻乱，唯恐大火烧身，赶紧逃往郑国。

宋元公继位后的第十五年，鲁国的鲁昭公避季氏之祸流亡在外，宋元公打抱不平，仗义要送鲁昭公回国，但行至半道，竟然暴病身亡。他儿子栾继承了宋国国君之位，是为景公。

宋景公的当政时间很长，共六十四年，曾发兵伐曹，杀死曹国末代国君伯阳，灭掉了曹国，颇有些作为。

但他没有儿子，被迫立弟弟公子揣秦的孙子启为太子。

宋景公死后，宋公子得攻杀太子而自立，是为宋后昭公。

宋后昭公在位四十七年卒，由儿子悼公购由继位。

宋悼公继位之年，时间已经是战国乱世。

战国时期，卿大夫夺权、国君之位由旁支取代之事在诸侯国中屡屡发生，比较著名的有三家分晋、田氏代齐等。

宋国也发生了戴氏取宋之事，即宋桓公的君位被宋戴公后裔宋剔成君取代。

宋国亡于宋剔成君之弟宋康王。

宋康王在宋剔成君即位后的第二十七年发动政变，以武力取得宋国的君主之位，将宋剔成君驱逐往齐国。

宋康王在位时，实行政治改革，使宋国一度强盛。他在即位后的第十一年自立为王。但他好兵黩武，曾东伐齐、南败楚、西败魏、灭掉滕国，招致齐、楚、魏三国的忌恨，国土最终被这三国瓜分，宋康王本人国灭身死。

宋康王也成为了宋国八百年历史上唯一的一个"王"。

宋国的乱，是春秋战国乱世的一个缩影。

八、吴国的两次让国，温情脉脉，感人无数

西周所分封的诸侯国中，无论是按辈分排，还是按立国时间的先后排，吴国都当仁不让地排在第一位。

司马迁编写西周诸侯世家，就把《吴太伯世家第一》排在了最前面。

吴国的得来，来自于一个温情脉脉的让位。

话说，周文王的爷爷周太王有三个儿子，长子为太伯、次子为仲雍、幼子为季历。

这哥仨的名字有些古怪。

有人认为，"伯""仲""季"并非名字的一部分，而是指老大、老二和老三的意思。

但也有人不同意此说，说"太伯"的"太"字本身就是"大"的意思，如果把"伯"也理解为"老大"，那么"太伯"就是"大大"了，不合适。

有人因此认为,"太伯"不应该是名字,"太伯"这一称呼的得来,与周武王后来的追封有关!即周武王伐纣成功后,追封自己的大伯爷为"吴伯",旁人便尊称这位吴伯为"太伯"。

当然,也有人认为,周朝分公、侯、伯、子、男五种爵位,周武王追封的"吴伯"这个"伯",并不是意指"伯爷",而是伯爵。

……

争论很多,但不管怎么说,太伯和仲雍的确是周武王的伯爷,假不了。

太伯、仲雍和季历这三兄弟都很贤德。

但这三兄弟的贤德都比不上季历的儿子昌。

周太王超级喜欢昌,想把王位传给昌。

但是,按照周王室自己的礼制,王位是不能隔代相传的,即不能由爷爷跨过儿子辈,直接传给孙子;必须是爷爷传给儿子,再由儿子传给孙子。

除此之外,爷爷传给儿子时,又得遵守"传嫡不传庶,传长不传幼"的制度。

因此,周太王的王位,在周太王咽气之后,应该传给嫡长子太伯;而太伯在若干年后,又传给他自己的儿子。

这么一来,聪明伶俐、有贤又有德的昌是与王位无缘的。

怎么办啊?

周太王愁死了,茶不思,饭不想,每天垂头丧气、失魂落魄。

孝顺的太伯,一眼就窥穿了老爷子的心事。他决定离家出走,让位,不让老爷子为难。

但是,光他自己走是不行的,因为光他自己走,王位还得传给仲雍,事情还没解决。

于是,太伯拉上了二弟仲雍一同出走,走到了荆蛮之地,自号"句吴",开始了新生活。

为了表达出决不回归的决心,他们"文身断发",接受当地习俗,主动融入当地社会。

顺带补充一下,《史记·吴太伯世家》把太伯、仲雍开始新生活的地方称为"荆蛮",即现在的太湖流域。其中的"蛮"字,意指该地是尚未开化的蛮荒之地。吕思勉先生不同意此说,他在《先秦史》中说:"古代开化,实始东南。"

事实是:太伯、仲雍哥俩把中原先进的农耕技术带到东南,获得东南数以千百计的部族的尊崇和膜拜,成为当地的部落盟主。

太伯离家出走时,走得比较匆忙,没有带上家眷。虽说他到了吴地也娶了妻子,但毕竟他的年纪太大了,没有和新妻子生下儿子。那么,他死后,部落盟主的位子便传给了二弟仲雍。

仲雍后来把位子又传给了儿子季简,季简后来传给了儿子叔达,叔达后来传给了儿子周章。

花开两朵,各表一枝。

太伯、仲雍当年出走后,周太王虽有失落,但心结总算解开了,吃嘛嘛香,身体倍棒。

他死了之后,王位如愿传给了幼子季历,再由季历传给了昌。

这个昌,就是历史上赫赫有名的周文王。

周文王和儿子周武王父子两代人伐殷,终于干掉纣王,开创了大周王朝。

周武王感念太伯、仲雍这两位伯爷的好,派人寻找他们的后代,找啊找,很快就找到了周章。

周章这时候已经是吴国的国君。

当然,吴国还没有经过周天子册封,还不算合法的国家。

周武王就补上了这最重要、也是最后一道法律程度,正式册封周章为吴国国君,宣布吴国为合法国家。

单单这么做,周武王还觉得不足以报答太伯、仲雍这两位伯爷当年让位的大恩大德,又把周章之弟虞仲封在周北边的夏都故址。

虞仲因此成为虞国的始祖。

第二部分 信史时代

周章死后，吴国的国君之位在其子孙中逐次传递，为：熊遂—柯相—强鸠夷—余桥疑吾—柯卢—周繇—屈羽—夷吾—禽处—转—颇高—句卑—去齐—寿梦，一共传了十四代，最后传到了寿梦这儿。

话说，自春秋第一霸主齐桓公死后，晋、楚两国陷入了你死我活的激烈争霸之中。此后，晋楚之争的时间长达两百多年。

在这两百多年里，晋国略胜楚国一筹。

但是，一代强主楚庄王眼光独到，善于捕捉战机。他发现秦晋出现了交恶迹象后，马上发起邲之战，一举获胜，称霸天下。非但如此，他还在楚庄王七年（前606），趁着讨伐蛮戎的时机，一直打到洛水边，"观兵于周疆"，向前来劳师的王孙满问"鼎之大小轻重"，大有取周而代之的气势。

晋国的开国之君唐叔虞是周武王之子，晋国和周王室同根同源同宗，是周王室的有力拱卫者，实在不能忍受楚庄王如此放肆，为了压制楚国，晋景公想到了吴国——和晋国一样，吴国和周王室也是同根同源同宗。于是，晋景公派遣由楚国叛逃到晋国的大夫巫臣出使吴国，实施联吴制楚的大战略，派出成建制的晋军到吴国，拉拢和扶植吴国，让其从侧后方骚扰侵袭楚国，让楚国处于两线作战的不利局面。

吴国在晋国的扶植下，崛起得很快，寿梦自称为王。

吴王寿梦有四个儿子：长子叫诸樊，次子叫余祭，三子叫余昧，四子叫季札。

这四子皆贤，其中又以幼子季札为最。

寿梦生前曾想过让季札继位。

但季札身为世之大贤，断然拒绝。

寿梦死后，由于季札避不肯继位，国不可一日无主，诸樊暂时代理执掌国政，总理诸种事务。

等服丧期满，诸樊想遵从父意，要把君位让于季札。

季札坚决拒绝，他甚至抛弃家室财产跑去当农民。

没办法，诸樊只好放弃这个打算。

时间过了十三年，诸樊患重病即将辞世，他留下遗命，说要把君位传给二弟余祭，目的是想按次序以兄传弟，一定要把君位传至季札为止，从而"称先王寿梦之意""嘉季札之义"。

季札无心从政，他周游列国，提倡礼乐，宣扬儒家思想，在鲁国、齐国、郑国、卫国、晋国留下了很高的声誉，还成为孔子崇拜和仰慕的对象。

先不说季札周游列国，再说回他的二哥余祭这儿。

余祭在位十一年，死了，王位由三弟余眛继承。

余眛继承王位时，年纪已经很大，他在位时间只有四年，临终前，一再叮嘱要把王位传给四弟季札。

但季札一如既往地避让，像当年吴太伯一样，离家出走，逃到国外去了。

吴国人民都说："先王有命，兄卒弟代立，必致季子。季子今逃位，其子当代。"

大家兴高采烈地拥立季札的儿子僚为吴王。

诸樊的儿子光却严重不服。他认为："吾父兄弟四人，当传至季子。季子既不受国，即不传季子，光当立。"

他阴纳贤士，想伺机袭击吴王僚。

光结交了从楚国逃到吴国的伍子胥，通过伍子胥，又结识了刺客专诸。

王僚十三年、周敬王六年（前514），也就是王僚当政后的第十三年，专诸用鱼肠剑刺杀了王僚，公子光代立为吴王，是为吴王阖闾。

吴王阖闾重用伍子胥数次对楚国用兵，终于在吴王阖闾九年、周敬王十四年（前506），也就是刺王僚之后的第八年，一举攻入楚国郢都（今湖北省荆州市北的纪南城）。

伍子胥从墓中挖出楚平王的尸体加以鞭打，快意恩仇。

先前，楚国为了反制吴国，也学习晋国的作法，实施联越制吴的大战略，扶植越国，用越国来威胁吴国，以减轻自己的压力。

越王允常在吴师入郢的时候，准确地判断出吴国后方空虚，果断出兵袭击吴国。

又由于楚君蚡冒的后裔申包胥向西赴秦国求救，"哭秦庭七日，救昭王返楚"。

这就使得吴军在两条战线上都打了败仗。

阖闾的心情糟糕透了。

他的弟弟夫概还在这个时候给他添乱，在后方自立为吴王。

阖闾回师攻打夫概，平定了内乱；又转身伐楚，攻取番邑（今江西省鄱阳县），逼迫得楚王把国都从郢迁到鄀（今湖北省钟祥市北丰乐镇）。

改年，吴王阖闾又兴兵伐越。

偷袭吴国得胜的越王允常患病辞世了，越国当国的是允常的儿子勾践。

勾践率军奋起猛击，在樵李（今浙江省嘉兴县西）之战中大败吴军。

阖闾败退时中箭，伤重不治，临死前宣布立太子夫差为王。

他拉着夫差的手对他说："你千万不要忘了勾践的杀父之仇。"

夫差流着眼泪回答说："不敢！"

夫差说到做到。

即位后，他励精图治，勤练兵马，于周敬王二十六年，吴王夫差二年，越王勾践三年（前494）发起夫椒①之战，大败越国，攻破越都，迫使越国屈服。

此后，又在艾陵（今山东省莱芜市钢城区艾山）之战一举打败齐国，尽歼十万齐军。

吴国的名望，如日中天，威服天下。

这样，夫差在周敬王三十八年，吴王夫差十四年，越王勾践十五

---

① 一说今江苏省无锡市马迹山，一说今江苏省苏州市洞庭西山，一说在今浙江省绍兴市北。

年（前482）于黄池（今河南省封丘县南）之会与中原诸侯歃血为盟，成为新一代霸主。

不过，他这个霸主并没能当多久。

他因为一时的妇人之仁，没有在会稽之战中一举干掉勾践，留下了后患。

勾践是个狠忍之徒，不但对别人狠，对自己也狠，他卧薪尝胆，忍辱负重，恢复了国力，趁夫差举全国之师赴黄池之会之际，率军乘虚而入，直捣吴国后方，杀死吴太子，并在随后与夫差的决战中大获全胜，俘虏了夫差。

越王勾践倒也有恻隐之心，他念及夫差曾对自己有不杀之恩，也想饶夫差一命，将之流放于甬东，由百户人家供养。

夫差表现得非常有骨气，慨然说道："吾悔不用子胥之言，自令陷此。"

吴起自太伯至夫差，凡三十四世，绝祀。

九、春秋争霸行列中最神秘的一个国家——越国

越王勾践并非越国第一任国君，也不是越国最后一任国君，司马迁要叙述越国的历史，却只能从他这儿叙述起。

由此可见，越国的历史是很神秘的。

春秋中期以前的文献对越国的记载十分稀少，现在我们对越王勾践之前的越国历史基本一无所知。

司马迁的《史记·越王勾践世家》开篇第一句就说："越王勾践，其先祖为禹帝之后裔，夏后帝少康之庶子也。封于会稽，以奉守禹帝之祀。"

从上述记载我们可以得知，越国的来历与齐、鲁、晋、楚、秦等国不同，不是周王室分封的，而是夏后帝少康为了奉守祖先大禹王之

祀而特别建立的。

当然了，从上述记载我们也可以得知，越王勾践是夏后帝少康的后裔，也是大禹王的后裔。

东汉人赵晔编撰的《吴越春秋》在上述记载所描述的基础上，充分发挥联想和想象作了补充，说大禹治水成功后，得到大舜禅让首领之位，"周行天下，还归大越"，登上茅山朝见四方诸侯，封有功，爵有德，死后就葬在这里。大禹没有在生前沿用禅让的制度把首领之位传给曾被他看好的伯益，首领之位就由他的儿子夏启继承，夏朝时代遂告开启。夏朝的帝位传到帝少康时，帝少康是个有良心的人，他念及禹王陵无人守护和祭祀，于心不忍，就封其庶子于越地，号曰"无余"。

《吴越春秋》的说法头头是道，从表面上看，合情合理。

但张守节在《史记正义》中引贺循《会稽记》对《史记·越王勾践世家》作了修正，说：越国第一任国君的号不是"无余"，而是"于越"——就因为他的号为"于越"，他的封国才叫越国。

换句话说，"禹周行天下，还归大越"这句话的表述是有问题的，因为大禹生活的时代，会稽山一带还不叫"大越"。

"大越"和"越地"之类的称呼，是在越国第一任国君于越立国后才有的。

《史记·越王勾践世家》接着说：越国第一任国君于越立国后，国君之位传了"二十余世，至于允常"。

张守节在《史记正义》中引《舆地志》又作了补充，说：越国国君到了允常当国时，已经是周敬王时代。允常开疆拓土，越国开始强盛，他本人公开称王。

《越绝书》和《吴越春秋》倒是列出了从于越到允常之间的部分越王世系，但只有名号而无事迹，不足为训。

《史记·越王勾践世家》紧接着说："允常之时，与吴王阖闾战而相怨伐。"

实际上，允常与吴王阖闾战而相怨伐是有历史背景的。

春秋乱世，晋楚争霸的时间长达两百多年，虽说晋国在大多数时间和大多数事情上都要压楚国一头。但是，一代强主楚庄王趁秦晋交恶开战时发起了邲之战，并且一举获胜，从而称霸天下。

晋国的开国之君唐叔虞是周武王之子，也就是说，晋国和周王室同根同源同宗，是周王室的有力拱卫者，岂容楚庄王问鼎中原？为了压制楚国，晋景公实施联吴制楚的大战略，派遣由楚国叛逃到晋国的大夫巫臣出使吴国，并派出成建制的晋军到吴国，拉拢和扶植吴国，让其从侧后方骚扰侵袭楚国，让楚国处于两线作战的不利局面。

吴国在晋国的扶植下，崛起得很快，严重地威胁到楚国的生存，成为楚国的肘腋之患。

楚国为了反制吴国，就学习晋国的作法，实施联越制吴的大战略，扶植越国，用越国威胁吴国，以减轻自己的压力。

这一来，吴、越加入到晋、楚的争霸阵列中，局面越来越混乱。

吴王阖闾即位后，打败越国，夺取了太湖平原，将都城由镇江迁到姑苏城，渐成霸主之气象。

周敬王十四年（前506），吴王阖闾在伍子胥的协助下在柏举[①]之战中一举打败楚军，大军长驱直入，攻入楚国都城。

越王允常看准吴国后方空虚，乘机出兵袭击吴国，迫使吴军退兵回救。

越王允常这种乘隙而入的作法，大大地激怒了吴王阖闾。

不过，越王允常年老，很快就走到了生命的尽头，他带着胜利，含笑告别了这个世界。

越王允常的儿子继位，是为勾践。

吴王阖闾趁越国举行国丧之际，兴兵伐越。

吴军攻势如潮，很猛，势如破竹。

越军一败再败，形势越来越危急。

---

① 一说今湖北省麻城，一说湖北省汉川。

刚即君位的越王勾践被逼得实在没有办法了,便祭出一种血腥并充满邪气的打法:"使死士挑战,三行,至吴阵,呼而自刭。"

让死士排成阵列,向吴军挑战,但到了吴军阵前,不用吴军动手,异口同声地发出撕心裂肺的声音,齐齐挥刀自杀。

吴军被越军这种诡谲而又不失壮烈的死法震撼了,久久回不过神来。

哪知越王勾践早已设好伏兵,在这当口,山呼海啸地杀出,吴军被杀得大乱,溃不成军。

吴王阖闾在混乱中被射伤,退到檇李,伤势沉重,自知不久于人世,握着儿子夫差的手说:"必毋忘越。"

吴王夫差与越王勾践的血海深仇已经结下。

吴王夫差日夜练兵,以报大仇。

三年之后,吴王夫差击败勾践于夫椒,并把他围困在会稽山上。

勾践远眺山下吴军旌旗招展,耳闻吴军钲鼓之声,怆然而泪下,喟然长叹说:"吾终于此乎?"

大夫文种激励他说:"成汤被系于夏台,文王被囚禁于羑里,重耳逃难于翟国,齐小白逃难于莒国,最后都称王称霸。你这个算得了什么?"

勾践壮其言,派遣他下山贿赂吴国太宰伯嚭,向吴国求和。

吴王夫差的脑袋也不知是缺少了哪根弦,竟然同意了越王勾践的求和,免越王勾践一死。

越王勾践大难不死,卧薪尝胆,委曲求全,礼贤下士,重用文种和范蠡。

范蠡声称:"兵甲之事,种不如蠡;填抚国家,亲附百姓,蠡不如种。"

勾践于是把国家政事全部交给文种打理,而使范蠡持纵横之术煽动吴国向中原争霸,为自己争取发展的时间和空间。

十年之后,越王勾践趁吴王夫差北上争霸会盟之际,大举伐吴。

这时候，吴国精兵尽从吴王夫差北上，"惟独老弱与太子留守"，哪里抵挡得住来势凶猛的越兵？吴国太子友被斩杀。

吴王夫差在黄池会盟中争夺霸主成功，闻听国内败讯，既无力回师去救，又担心这个败讯被中原诸侯得知，大堕自己的威风，只好咬碎牙齿和血吞，派遣使者携重礼与越国媾和。

越王勾践也觉得自己现有的能力未必能打败吴王夫差的主力，同意了吴国的求和。

时间又过了四年，越王勾践再度引军攻打吴国。

吴国士民罢弊，其精锐之师尽死于与齐、晋争霸的战争中，抵挡不住越军的猛攻，在笠泽遭遇大败。

吴王派大夫公孙雄肉袒膝行前来谢罪，口口声声称"孤臣惟命是听"，哀求越王勾践"赦孤臣之罪"。

勾践不忍，准备答应他的请求。

范蠡慨然道："如今上天把吴地赏赐给越王，越王其可逆天行事乎？夫天与弗取，反受其咎。"

随后，范蠡鼓而进兵，吴王夫差蔽其面自杀。

勾践平定吴国后，举兵北渡淮河，在徐州与齐、晋诸侯会合，向周王室进献贡品。

周元王派人赏赐祭祀肉给勾践，称他为"伯"。

越王勾践因此成为一代霸主。

当霸主就要有霸主的样。

勾践果然豪爽霸气，把淮河流域送给楚国，把吴国侵占宋国的土地归还给宋国，把泗水以东方圆百里的土地给了鲁国，因此赢得了喝彩和拥护声。

当是时也，越军横行于长江、淮河以东，畅行无阻，"诸侯毕贺，号称霸王"。

越王勾践称霸之时，已是春秋末世，越王勾践在位的第二十九年，鲁哀公为"三桓"所逼，去国离乡，得到越国的收留，在越国度过了他的余生。

越王勾践在即位后的第三十二年去世,越国的霸业转眼成空,可叹战国诸侯称雄,越国竟未能入"七雄"之列。

第二章　春秋争霸

一、周幽王烽火戏诸侯？

大家都知道，周平王东迁后，周王室迅速衰败。

为什么衰败？

这原因说起来也比较好懂。

当年武王建立周王朝后，为了对国家进行有效管理，利用宗法上尊祖敬宗的观念和血缘亲戚的关系进行分封。

毫无疑问，他会划出一块最广大的土地归自己管理，称之为"王畿"。

由于周王室兴起于西岐，因此，王畿就定在渭水下游和黄河中游，以首都镐京（今陕西省西安市长安区）为中心。

王畿以外的土地被分割成大大小小好几十块，分封给了众诸侯国，让他们像众星捧月一样拱卫着王畿。

周王成为宗法上的天下之大宗、政治上天下之共主，即称"周天子"。

周平王东迁，多少有点背井离乡的味道，境况凄凉，权威大丧。

初到中原，他就遭到中原诸侯的轻视和欺负。

因此，周平王东迁，成为西周与东周的分界点，也是春秋时代的开始。

后果既然这么严重，周平王为什么要东迁呢？

《史记》的解释是"辟戎寇"，即逃避犬戎的侵扰。

史学家钱穆认为这个理由非常牵强。他指出：《史记》不知其间曲折，谓"平王避犬戎东迁"，但是，犬戎曾经帮助周平王杀父，是周平王的盟友，没有必要避。

钱穆老先生为什么这么说呢？

还是详细来看一下周平王东迁的起因和发展吧。

按照《史记》的记载，周平王的父亲周幽王是一个昏君。

周幽王昏乱到什么地步呢？

《诗经》里有很多关于周幽王不恤政务、宠幸褒姒的诗句。

如《小雅·正月》中说："赫赫宗周，褒姒灭之！"

《瞻卬》中说："乱匪降自天，生自妇人。"

类似的诗句还出现在《节南山》《正月》《十月之交》中。

另外，《国语·周语》和《国语·郑语》里面，也借太史伯阳之口提到过周幽王重用虢公石父和宠幸褒姒，为了册立伯服为太子而欲杀宜臼，导致申侯与缯国、犬戎勾结等事件。

司马迁著《史记·周本纪》就根据这些零碎信息把周幽王定义为昏君。

但他要成功树立周幽王的昏君形象，单靠这些零碎信息是不够的。

为此，他借鉴《吕氏春秋》里面的一则"周幽王击鼓戏诸侯"的寓言故事，绘声绘色地虚构了一个"周幽王烽火戏诸侯"的"历史事件"。

我们知道，《吕氏春秋》的成就之一，就是创造了许多寓言故事。

我们熟知的刻舟求剑、循表夜涉、引婴投江、掩耳盗铃等，都出自它。

但刻舟求剑、循表夜涉、引婴投江、掩耳盗铃这些寓言故事里的人和事，一眼而知不是真人真事，只能是著书者信手拈来的故事，通俗易懂，却发人深省，意义深刻。

"周幽王击鼓戏诸侯"这一寓言故事，也不可能是真事。

这个故事的原文是："戎寇当至，幽王击鼓，诸侯之兵皆至，褒姒大说，喜之。幽王欲褒姒之笑也，因数击鼓，诸侯之兵数至而无寇。至于后戎寇真至，幽王击鼓，诸侯兵不至，幽王之身乃死于骊山之下，为天下笑。"

这个故事里面出现了周幽王、褒姒这两个历史人物，司马迁出于自己写史的需要，就把这个故事改编成为一则"历史事件"。

他是这样改编的：周幽王专宠褒姒。褒姒生有一子名伯服。周幽王打算废黜太子。太子的母亲是申国申侯之女，为王后。周幽王自从得到褒姒，对她宠爱有加，打算废黜申王后，并除去太子宜臼，改立褒姒为王后，册封伯服为太子。褒姒不爱笑，幽王为取悦她，便大举烽火召集诸侯。诸侯全都赶来了，却发现并无寇匪侵犯，只好狼狈退走。褒姒哈哈大笑。之后，周幽王为了取悦她，多次举烽火戏弄诸侯，最终透支了自己的信用度。周幽王又宠信佞臣虢石父，废掉了申王后和太子宜臼。申后之父申侯大怒，联络鄫侯及犬戎入侵。周幽王举烽火示警，诸侯都不来救应。致使幽王被弑于骊山脚下，褒姒亦被劫掳。

其实，无论是《吕氏春秋》里说的"击鼓"，还是《史记·周本纪》里说的"举烽火"，只能应用于城市之间近距离的示警，不能应用于远距离传递信息。

退一万步说，就算能应用于远距离传递信息，那些诸侯国征发士兵、集结士兵、准备粮秣、整训、出发也是需要时间的，短则半个月，长则三五个月，也不可能出现那种"召之即来，挥之即去"的喜剧效果。

各地诸侯远近有别，他们的军队只能陆续抵达，分批次而至，怎么会出现司马迁说的"诸侯悉至"的理想状态呢？

实际上，现代学者通过考证，没有任何证据能证明西汉以前存在"烽火"。换言之，"烽火"这一报警系统应该是西汉为防御匈奴人而在长城一带设计的。

史学大家钱穆因此在《国史大纲》笑批:"此委巷小人之谈。诸侯并不能见烽同至,至而闻无寇,亦必休兵信宿而去,此有何可笑?举烽传警,乃汉人备匈奴事耳。骊山一役,由幽王举兵讨申,更无需举烽。"

因此,"周幽王烽火戏诸侯"的事儿应该是不存在的。

二、周平王东迁的最大原因,原来是他得位不正

上一节我们说了,"周幽王烽火戏诸侯"的事儿应该是不存在的。

但周幽王废世子宜臼而改立伯服应是历史事实。

宜臼是周幽王的正妻申王后所生,而申王后是申国申侯的女儿。

伯服是褒姒所生,而从伯服名字中这个"伯"字来看,他很可能是周幽王的长子。

周幽王废掉申王后和太子宜臼,激怒了申后之父申侯。

申侯联络鄫侯及犬戎入侵,杀掉周幽王,劫掳了褒姒。

至此,《史记·周本纪》称:申侯"立故幽王太子宜臼,是为平王"。

但是,《竹书纪年》对周幽王废世子宜臼而改立伯服一事的记载耐人寻味。

按照《史记·周本纪》的描述,周幽王废世子宜臼改立伯服是连接紧凑,一气呵成的。

但是,《竹书纪年》的记载不是这样,原文写:三年,王嬖褒姒;五年,王世子宜臼出奔申;八年,王立褒姒之子曰伯服,为太子。

也就是说,周幽王专宠褒姒是在周幽王三年;王世子宜臼逃亡到申国是在周幽王五年;周幽王立褒姒之子伯服为太子是在周幽王八年,这个事件的前后延续了五年。

王世子宜臼为什么要逃亡到申国,有可能是遭到了褒姒的迫害,也有可能是他自己做下了罪不容赦的事。原文没说,咱也不好妄下

结论。

但有一点几乎可以肯定，宜臼不是因为周幽王要立伯服为太子而逃到申国的。

原因明摆着：在他离开了三年以后，周幽王才立伯服为太子。

关于申侯联络鄫侯及犬戎弑杀周幽王的情节，《竹书纪年》是这样记述的：宜臼逃亡到申国后的第六年，申国与鄫国、犬戎联军攻杀到镐京，在镐京城里弑杀了周幽王、郑桓公和太子伯服。当申侯、鲁侯、许男、郑子在申国立宜臼为周王时，周王室的近亲之国虢国的虢公翰也在携地（今陕西省渭南市）拥立周幽王之弟余臣为周王，是为周携王。

虢公翰拥立周携王这个历史事实清楚地提醒世人：周平王宜臼是个僭越之主，他不是在周国由周室臣民拥立，而是在申国、由申国国君扶上王位的，属于非法即位。

的确，我们细看《史记·周本纪》和《竹书纪年》，周平王宜臼原是被周幽王废黜了的，从法理上说，他已经丧失继承王位的资格。当然了，最糟糕的是，扶立宜臼的申侯，是联合鄫国及犬戎进攻镐京、杀死周幽王、劫掠和火烧镐京的周室罪人。换言之，申国和申侯，属于周室的敌国和敌人。

这么一来，我们就不难理解，周平王在与周携王斗争胜利后，为什么在镐京无法立足，为什么要东迁雒邑了。

周平王作为一个勾结犬戎杀害父兄的乱臣贼子、僭越伪主，他是如何战胜由周地百姓及周室王公贵族拥立的正统之主周携王的呢？

《竹书纪年》记："二十一年，携王为晋文公（笔者注：此处当作文侯）所杀。"

也就是说，周携王是在周平王二十一年被晋文侯杀掉的。

不用说，在"二王并立"的二十一年时间里，各地诸侯，纷纷站队，其中晋文侯站在了周平王这一边。

结合各方面的史实推断，周平王是在外祖父申侯积极的出谋划策下，甘愿丧权卖国，通过各种收买手段，拉拢到了晋文侯。

《史记·晋世家》就收录了周平王作的一篇《文侯之命》，通篇溢美之辞，准许晋文侯在汾水流域扩张。

而从《史记·秦本纪》里也可以查得到周平王为了拉拢秦国的秦襄公又是许以爵位，又是盟约起誓，说："戎无道，侵夺我岐、丰之地，秦能攻逐戎，即有其地。"

秦襄公因此得以建立诸侯国，成为秦国开国之君。

周平王的王位来路不正，这才是他在镐京待不下去的真正原因。

我们甚至有理由怀疑，当年，周幽王废黜了他的太子之位，并不一定是他受到了谁的迫害，而是他本人品行不正。

根据史料记载，周平王后来东迁到了洛邑，天下诸侯在长达九年的时间里不肯入朝觐见。

这就足以充分说明，周平王从一开始就得不到绝大多数诸侯的承认。

周平王东迁，等于主动放弃关中，使得周王室失去了一半王畿领地，实力大减，从此失去了统领诸侯的能力。

而周平王向秦襄公许以关中西部的地方，鼓励晋文侯沿汾水流域扩张等做法，等于是支持诸侯国互相兼并，允许诸侯国自行扩张，明显是对周王国秩序的破坏。

由此，大混乱开始，孔子所哀叹的"礼乐崩坏"的时代来临，诸侯国家的力量日益强盛，郑、齐、宋、晋、秦、楚、吴、越等诸侯国相继称霸于中原。其中，秦国笑到了最后。

也许，周平王把周王朝的龙兴之地岐、丰让给秦襄公时，秦襄公就有了秦国由此兴起，最后统一天下的畅想。

司马迁在《史记·六国年表》就说："周东徙洛邑，秦襄公始封为诸侯，作西畤用事上帝，僭端见矣。"

三、郑庄公身为一代雄主，却被孔子他们"玩坏了"

与齐、晋、燕、楚等老牌诸侯国相比，郑国的诞生时间晚得多。

周宣王二十二年（前806），周宣王把郑地封给了弟弟友，郑国这才正式建国。

友，成为郑国的第一任国君——史称"郑桓公"。

这里特别说明一下，郑桓公的"桓"是他死后获得的谥号，是个美谥；郑桓公的"公"，是他生前的爵位。

根据《左传·昭公十三年》中"子产曰：'郑，伯男也'"的说法，郑国的本爵其实是"伯男"。

之所以称郑桓公为"公"，按照陈恩林先生所著《先秦两汉文献中所见周代诸侯五等爵》中的解释，是"畿内伯……入为天子三公王朝卿士的，就称'公'"。

换言之，郑桓公属于"天子三公"的"公"。

他这样的公爵只限于一身一世，他的后世子孙必须恢复本爵。

当然了，陈恩林先生在《先秦两汉文献中所见周代诸侯五等爵》里面也提到了，"公"虽然是一种爵位，但在诸侯国内，国君无论是什么爵位，都是可以被尊称为公，那是一种尊称。

不过，郑桓公的儿子郑武公、孙子郑庄公的"公"可不是尊称，他俩也都是"天子三公王朝卿士"。

史家因此称郑桓公、郑武公、郑庄公这爷孙仨为"郑氏三公"。

既然郑庄公的生前爵位也是"公"，为何《左传》总是左一句"郑伯"、右一句"郑伯"地称呼他？

这是故意的。

把郑庄公的爵位从"公"降为"伯"，不过是要表达出对他的谴责和批判。

《左传》记录的第一件大事"郑伯克段于鄢"里，就明白无误地解释了这六字的别有用心。

原文为:"段不弟,故不言弟;如二君,故曰克;称郑伯,讥失教也。"

意思是说,"段"虽然是郑庄公的亲兄弟,但他的行为不配称弟,所以无须标明他是郑庄公的兄弟;对郑庄公不称"公"而称"郑伯",是讥讽他对弟弟失教;"克"字本是指两敌对势力之间的相生相杀,不应该用在兄弟之间,但他们兄弟犹如仇敌,所以用了"克"字。

"郑伯克段于鄢"这六个字的考究和安排,并不是《左传》的独创,更不是《左传》的首创,而是源自《春秋》。

《左传》和《公羊传》《穀梁传》都是为《春秋》作注的史书,称"春秋三传"。

据传,《春秋》为孔子所作,所谓"孔子成《春秋》,而乱臣贼子惧"也。

其寓褒贬于直叙之中,一字之褒,荣于华衮;一字之贬,严于斧钺。

故有"春秋笔法"之"微言大义,一字褒贬"之说。

"郑伯克段于鄢"整件事在《春秋》中仅以"夏五月,郑伯克段于鄢"一句话带过。

《左传》则为我们详细记述了事件的本末。

话说,郑伯是郑武公夫人武姜所生的嫡长子,取名"寤生";段是武姜生的嫡次子,又名"共叔段"。

武姜喜共叔段而恶寤生,多次劝郑武公立共叔段为太子。

郑武公没有理会,而按照周礼的"嫡长继承制",坚持立寤生为太子。

郑武公死,十四岁的太子寤生继承君位,是为郑庄公。

武姜要求郑庄公把制邑(今河南省荥阳市汜水镇)封给自己心爱的幼子共叔段。

郑庄公考虑到制邑地势险要,生怕共叔段守不住,让母亲另行挑选。

武姜于是另选了京邑（今河南省郑州市荥阳东南）。

郑庄公于是把京邑封给了共叔段。

大夫祭仲觉得京邑比都城还要大，不合礼制，强烈反对。

郑庄公无奈地说："这是母亲武姜的要求，我不敢反对啊。"

祭仲说："你把这么大的封邑给了共叔段，一旦他的势力滋长蔓延，就难以控制了。"

郑庄公安慰他说："多行不义，必自毙，子姑待之。"

共叔段的势力果然增长得很快，郑国西边和北边的边邑都倒向了他。

公子吕向郑庄公报告说："共叔段的势力快要赶上国君了，一个国家不能有两个国君，您快想办法除掉他。"

郑庄公黯然回答说："不用除掉他，他会自己灭亡的。"

但共叔段并没有自己灭亡，势力继续膨胀，一直延伸到廪延（今河南省延津县北）。

公子封担心得不行，说："快点动手吧，不然局面会难以收拾。"

郑庄公摇头说："他对君主不义，对兄长不亲，一定会灭亡的。"

然而，共叔段整顿好兵马，密约母亲武姜为内应，悍然起兵了。

郑庄公侦知共叔段起兵的日期，先下手为强，发兵讨伐共叔段。

共叔段大败，逃回京邑。

郑庄公乘胜进攻京邑。

共叔段守不住，逃往鄢邑（今河南省许昌市鄢陵县北）。

郑庄公继续攻打鄢邑。

共叔段再败，逃亡到了共国（今河南省辉县）。

这样，共叔段之乱被平定了。

郑庄公恼怒于母亲武姜的偏心眼，命人把她安置到城颍（在今河南省临颍县西北），对天发誓说："不到黄泉不相见。"

但是，他很快就反悔了。

第二部分　信史时代　　151

一年之后，在颍考叔的建议下，郑庄公"掘地见母"，和母亲和好如初。

事件就是这么一个事件。

《公羊传》把《春秋》这一"克段"之隐义阐发得更加明显，说这是"大郑伯之恶也"。

《穀梁传》也说郑庄公除共叔段是"处心积虑"。

其实，不独《左传》《公羊传》《穀梁传》这"春秋三传"把郑庄公说成是阴狠毒辣的野心家，在孔子的引导下，后世几乎一致把郑庄公认定为阴险狠毒、奸诈虚伪、睚眦必报之徒。

东汉大儒杨震大加指责郑庄公，说他"从母氏之欲，恣骄弟之情，几至危国，然后加讨"。

南宋人吕祖谦在《春秋左氏传说》骂郑庄公是"古今大恶"，说他对共叔段采用了"钓鱼执法"的手段，强词夺理地说什么"钓者负鱼，鱼何负于钓？"一直把郑庄公骂得狗头喷血。

清人吴楚材、吴调侯沿袭前人之说，骂郑庄公"以兵机施于骨肉，真残忍之尤"。

蔡冀的话尤其恶毒，说："忍哉寤生！幽母杀弟，狡狯性成，流秽青史。"

马骕甚至说郑庄公乃是"千古罪人"，大有一锤定音之势。

实际上，封建统治集团内部的争权夺利，根本就是一个死结。

像郑庄公与共叔段这种为争夺君位而上演的骨肉相残的惨剧，在历史上层出不穷，屡见不鲜。

远的不说，就说在郑庄公所生活的时代，晋国曲沃翼城之争已经悄然上演。

后世唐朝的"玄武门事变"，明朝的"靖难之役"，清朝的"九龙夺嫡"等，更是把这种斗争发展到登峰造极、无以复加的地步。

一味责怪郑庄公"失教"，没有教导好弟弟，其实是站着说话不腰痛。

说郑庄公"以兵机施于骨肉",实在苍白无力。

话说回来,为什么自孔子而后的历代儒家名人如此不待见郑庄公呢?

究其原因,郑庄公"幽母杀弟"还是次要的,主要的还是郑庄公后来起兵对抗周桓王,还胆大包天地射伤了周桓王。

事情是这样的:

郑庄公为了对付共叔段,很长一段时间顾不上入朝协助周平王处理朝政。周平王没办法,就把朝政交付给虢国国君虢公,不知不觉地冷落了郑庄公。

郑庄公缓过气来后,埋怨周平王只信任虢公,不把自己当回事。

周平王及时作出了解释,为了消除"误会",他主动把太子孤送到郑国去居住,以示对郑国的信任。

郑庄公破涕为笑,作为回应,也把郑国的公子忽送到周朝居住。

这样,天子和诸侯之间就形成了事实上的换人互质。

这在孔子他们看来,这君不君,臣不臣的,真是乱了套。

不用说,郑庄公这么做,属于大逆不道。

但更过分的事还在后头。

周平王于周平王五十一年(前720)驾崩,一直在郑国当人质的太子孤返回京城,继承了王位。

谁也没有想到,太子孤命薄,王位还没坐暖,就死了。

轮到孤的儿子姬林继位。

姬林就是周桓王。

周桓王认为父亲的死,都是郑庄公害的。

他认为,父亲如果不是在郑国当人质吃了太多的苦头,是不可能这么早就离世的。

在这种想法的支配下,他恨上了郑庄公。

少不更事的周桓王越想越气,最终热血上涌,脑袋发昏,宣布解除郑庄公在朝中的职务,转手把朝政都交给虢公打理。

郑庄公身为一代雄主，没来由地吃了这个哑巴亏，气得不行。

但人家周桓王贵为天子，他也不敢怎么着，只能另外找地方泄愤。

说来也巧，宋国、卫国作乱，而郑国之前和宋国有过节，郑庄公因此把目光投向宋国。他点起兵马，假借周桓王的名义，"以王命讨不庭"，大举讨伐宋国。

打着周桓王旗号的郑庄公，得到齐国和鲁国的支持，很快攻破宋国，逐杀了宋国的国君宋荡公，另立公子冯为宋国的新国君，狠狠地教训了一顿宋国。

郑庄公大大地出了一口气，满意而归。

但是，周桓王听说郑庄公假借自己的名义去打人扬威，不干了，先是下令撤去了郑庄公左卿士的职位，后来又征调蔡、卫、陈三国前往征讨郑庄公。

按照过去的老规矩，天子亲自带着诸侯国的军队前来问罪，作为诸侯国的一方，必须赶紧认错。

但郑庄公不肯受这样的窝囊气，整军迎战。

于是，周、郑双方在繻葛（今河南省长葛市东北二十里）开战了。

刀枪无眼，周桓王在混战中被射中一箭，大败而还。

至此，周王室凛然不可侵犯的神圣形象被破坏了。

诸侯问鼎、群雄争霸的局面由此纷至沓来，春秋大混战宣告开始。

这让孔子等人气急败坏。

在孔子的心目中，夏、商、周三代是历史上最美好的时代。

他曾经说："大道之行也，与三代之英，丘未之逮也，而有志焉。"

夏、商、周三代的美好之处在哪儿呢？

《论语·颜渊》中记："齐景公问政于孔子。孔子对曰：'君君、臣臣、父父、子子。'"

所谓"君君、臣臣、父父、子子"，是说你做你的君主，他做他的臣子，君就是君，臣就是臣，臣不得与君争，各安天命，各自认清自己的位置，都规规矩矩，父亲就是父亲，儿子就是儿子，二者不能交换，社会的等级名分一律都不要变动，彼此都与世无争，那就天下太平了。

不难看出，要社会的等级名分一律都不变动，只是孔子的一厢情愿，根本就不可能存在。

社会是向前发展的，是运动的。西周末期，中国奴隶制行将崩溃、封建制蓬勃兴起，郑庄公对抗周王室，不过是反制约的表现，和其此前平定共叔段的叛乱一样，都是追求自由和独立的表现。

可以说，郑庄公的所作所为，是独立个体要在新的社会制度下实现新的一统天下的主观需要，也在客观上起到了推动社会进步的作用，乃是大势所趋的历史潮流。

孔子等人缺乏这样的历史观，只能在"礼乐崩坏"的痛哭中，把一腔怨气撒向第一个挑战周王室尊严的郑庄公。

所谓"众口铄金，积毁销骨"，郑庄公于是被诅咒成为"古今大恶"之人。

四、春秋五霸都有谁？

"春秋五霸"之说，最先始自战国末期赵国思想家荀况所著的《荀子·王霸》。

荀况认为齐桓公、晋文公、楚庄王、吴王阖闾、越王勾践这五个国君"威动天下，强殆中国"，建立了霸业，王霸天下，称之为霸主，后世遂有"春秋五霸"的提法。

西汉辞赋家王褒作《四子讲德论》，也提到了七位"威震诸夏""折冲万里"的君主，分别是齐桓公、晋文公、秦穆公、楚庄公、勾践、魏文公、燕昭公。去掉后面两位出现在战国时期的君主不计，春秋时期的君主恰恰也是五位，可见"春秋五霸"的提法已深入人心。

不过，也由此可知，"春秋五霸"的提法虽有，但具体的"五霸"是谁，却有争议。

如班固在《汉书·诸侯王表》中，将"五霸"定为：齐桓公、晋文公、秦穆公、宋襄公、吴王夫差。

而与《汉书》同时代的《白虎通义》又将"五霸"列为：齐桓公、晋文公、秦穆公、楚庄王、吴王阖闾。

唐朝人司马贞所著的《史记索隐》，另将"五霸"说成：齐桓公、晋文公、秦穆公、楚庄王、宋襄公。

由于《史记索隐》经常被人们与《史记》捆绑在一起阅读，故影响力最大，其"五霸"的说法最为人接受。

近代人朱起凤撰《辞通》时，却在《史记索隐》说法的基础上对"五霸"组合进行了小调整，用郑庄公替换了宋襄公：齐桓公、晋文公、秦穆公、楚庄王、郑庄公。

朱起凤的意思，大概是认为宋襄公好虚名而不务实，一心想继承齐桓公的霸业，在与楚国争霸中，兵败身死而为后人笑。郑庄公两次击败周天子组织的诸国联军，"秉国之均，四方是维"，比宋襄公强多了。

但是，郑庄公的郑国实在太小，实力有限，其仅仅形成"小霸"局面，实难入"五霸"之列。

以郑庄公作为参考，秦穆公只是独霸西戎，吴王阖闾仅纵横江淮，越王勾践不过称雄于东南一隅。吴王夫差虽然与晋争霸获胜，但转眼就国亡成擒，霸业成空。

换言之，郑庄公、秦穆公、吴王阖闾、越王勾践、吴王夫差等人的功业实难与齐桓公、晋文公建立的霸业并肩。

另外，楚国长期被排除在华夏文化之外，楚庄王虽有中原霸主之气象，却不容易得到一些人的认同。

为此，清朝人全祖望在《鲒埼亭集》中，把"春秋五霸"的五个名额排列为：齐桓公、晋文公、晋襄公、晋景公、晋悼公。

齐桓公九合诸侯，一匡天下；晋文公践土会盟，亲受周天子册封为"侯伯"（诸侯之长）。这两个人无论在哪一个"春秋五霸"版本均是位列其中不可或缺的人选。

晋襄公为晋文公之子，于崤山大败秦军，举贤任能，为政宽仁，垂拱而治。

晋景公在绕角之役、伐蔡攻楚破沈之战中终结楚国霸业，在晋齐鞌之战中降服齐国，续霸中原。

晋悼公尊天子而令诸侯、和戎狄以征四方，独霸中原。

对全祖望的这个排列，笔者是比较认可的。

不过，话又说回来，单论名气，秦穆公、楚庄王、郑庄公、吴王阖闾、越王勾践、吴王夫差这些人可比晋襄公、晋景公、晋悼公这三位高多了。

尤其是秦穆公。

贾谊在《过秦论》说："自缪公以来，至于秦王，二十余君，常为诸侯雄。"也就是说，秦国的强大，始于秦穆公。

秦穆公得继君位有些侥幸。

秦穆公的父亲是秦德公。

秦德公是秦武公的弟弟，本来是没有资格继承国君之位的。

秦武公病故时，只有三十五岁，他的儿子年纪都很小，最大的儿子公子白只有十来岁。因此，群臣没有拥立秦武公的儿子为君，转而立了三十三岁的秦德公。

秦德公继位后，将公子白封在平阳——这位公子白的后代里，出了一个很了不起的人：战国四大名将之首白起。

秦德公在位仅两年，就死了。

君位传给了长子，是为秦宣公。

秦宣公在位十二年，生了九个儿子，但年龄都太小。群臣于是拥立了他的弟弟为君，是为成公。

秦成公在位四年去世，生了七个儿子，但年龄都太小。群臣于是拥立了他的弟弟任好为君，是为秦穆公。

秦穆公一生虚怀若谷，求贤若渴，从善如流，宽仁待人。

他继位后重用百里奚、蹇叔、公孙枝等人，"三置晋君"，即先后扶持晋惠公、晋怀公、晋文公登位。

晋惠公、晋怀公都是养不熟的白眼狼。

晋惠公夷吾在秦穆公护送回国前，信誓旦旦地称：若成功夺位，必回赠秦五城。

事成后，他都未兑现诺言。

秦穆公恨得牙齿痒痒的。

改年，晋国遇上了旱灾，举国闹饥荒。

晋惠公夷吾厚着脸皮派人来向秦穆公劝捐。

大臣丕豹劝秦穆公千万不要捐粮给他，并建议说，现在正好趁其危，出兵教训他怎么做人。

百里奚却反对说："夷吾得罪于君，其百姓何罪？"

于是，秦穆公放下对晋惠公的个人成见，慷慨送粮接济，"以船漕车转，自雍相望至绛"。

但是，秦穆公这样一片好心，却换来了晋惠公的"驴肝肺"。

第二年，秦国闹灾荒了，秦穆公向晋惠公买粮以渡难关，晋惠公幸灾乐祸，一粒粮食也不肯卖。

这还不算，晋惠公还与群臣阴谋算计秦国。

晋大臣虢射眉飞色舞地说："因其饥伐之，可有大功。"

晋惠公笑而从之，兴兵攻秦。

秦穆公气得吐血，亲率孟明视等大将前往迎战，生擒晋惠公，夺取了先前他所许诺的五座城池，把疆域扩展到黄河西岸。

由于晋国是老牌大国，秦穆公一来受时代背景所限制，二来他也没有这么大的胃口对晋国实施吞并，只好另立晋惠公的儿子太子圉为国君，是为晋怀公。

为了秦晋能够和平友好相处，携手共同发展，秦穆公将女儿怀嬴许配给了晋怀公。

晋怀公回国之后，立刻翻脸不认人，与秦国交恶，用他的冷屁股来迎接秦穆公的热脸。

秦穆公气得全身发抖，将文嬴等五女嫁给了晋惠公的哥哥重耳，助重耳回国当了国君，是为晋文公。

晋文公当上国君后，犹如潜龙升天，他在狐偃、先轸、赵衰、贾佗、魏犨等一批能臣的辅助下，通商宽农，整饬军事，使晋国国力大增，先是联合秦国和齐国伐曹攻卫、救宋服郑，平定周室"子带之乱"；后来又在城濮之战中大败楚军，召集齐、宋等国于践土会盟，成为继齐桓公之后的第二位霸主，完全盖住了秦穆公的风头。

只是，晋文公登位时已经六十一岁了，仅仅当了八年国君，就于晋文公八年（前628）去世了。

说来也巧，郑国的郑文公也是在这一年去世的。

秦穆公此时的年纪也很大了，为了在有生之年成就一番霸业，他遣孟明视、西乞术、白乙丙奔袭郑国，想借此进据中原。

但是，秦军袭郑，得由秦都雍（今陕西省凤翔县）至郑都（今河南省新郑县），历程一千五百余里，要穿过晋地和周地的多道雄关险塞，所谓孤军远征，风险系数奇高。

百里奚、蹇叔苦劝秦穆公放弃这种自杀式的军事行动。

但秦穆公觉得时不我待，而且秦晋缔结的联盟还在，晋国从旁边捅刀子的可能性不大，遂一意孤行，命令百里奚之子孟明视，蹇叔之子西乞术及白乙丙三帅率兵东进。

事情的发展，正如百里奚和蹇叔所料，秦军行抵滑国（今河南省偃师县境内）时，在当地做生意的郑国人弦高以郑国国君名义献牛犒劳秦军，同时派人急回国内报告。

如此一来，孟明视、西乞术、白乙丙认为偷袭的意义已经失去，但又不甘空手而归，于是顺手袭灭滑国，满载战利品而还。

但这并不是这次劳师远征的最后结局。

新继位的晋襄公哪容别人分享晋国的霸权？为了遏制秦人东进的势头，他亲率先轸等人于崤山（今河南省洛宁县西北）埋伏，袭击秦军。

秦军全军覆没，孟明视、西乞术、白乙丙三帅被俘。

不过，晋文公虽死，秦穆公的女儿文嬴还在。

文嬴向晋襄公说情，孟明视、西乞术、白乙丙三帅得以释放。

秦穆公遭此奇耻大辱，先后两次伐晋，一败一胜。

败，那是空耗国力，白白葬送士卒的性命；胜，也不过是在晋国边境耀武扬威一番而已，又没能吞并晋国一城一地。

有强晋存在，秦穆公就没法向东发展。

没有办法，他听从百里奚的劝告，掉头向西发展，灭掉西方戎人所建立的十几个国家，益国十二，开地千里。

对秦穆公西拓的胜利，周天子特加祝贺，并赐金鼓。

可以说，秦穆公称霸西戎，事业达到巅峰。

秦穆公能力超群，见识卓越，只因被晋国牢牢困扼住东进之路，霸业仅仅局限于西戎，可惜了。

秦穆公三十八年（前621），秦穆公去世，葬于雍城（今陕西省宝鸡市凤翔县东南），殉葬的人数达一百七十七人，其中包括奄息、仲行、针虎三个良臣。

五、窝囊至极的宋襄公为何被列为"春秋五霸"之一？

上一节说了，"春秋五霸"的说法多种多样。

其中，班固的《汉书·诸侯王表》里面，"五霸"分别为：齐桓公、晋文公、秦穆公、宋襄公、吴王夫差。

唐朝人司马贞所著的《史记索隐》，则把"五霸"说成：齐桓公、晋文公、秦穆公、楚庄王、宋襄公。

这两种说法中，有四个人选是相同的：齐桓公、晋文公、秦穆公、宋襄公。

两者差别的是楚庄王和吴王夫差。

《史记索隐》经常被人们捆绑到《史记》上一起读，人们往往会误认为司马贞的观点就是司马迁的观点，两司马的影响力巨大，也就是说，齐桓公、晋文公、秦穆公、宋襄公这四人位居在"五霸"之中的观点广为大众所接受。

但这四人中，宋襄公的地位却时常遭受人们的质疑。

从宋襄公的行事和作为来看，既窝囊无能，又处处显得迂腐、蠢笨，冥顽不灵，基本上已经成为现代人嘴里的笑料人物。

这样的人，怎么也能称"霸"呢？

显然，这是现代人对这"霸"字的理解出现了误会和偏差。

可不是？现代人用"霸"字组词，通常有：霸占、霸权、霸道、霸王、恶霸等。

不用说，这些词所透露出的意思，凡是称王称"霸"的人，必定是悍恶强横或行事雷霆万钧式之辈。

我们查字典，"霸王"指的就是依仗权势或武力欺压他人的人。

历史上大大有名的"西楚霸王"项羽，可不就是这样的狠角色。力拔山兮气盖世，千人皆废。

我们看宋襄公，做事拖泥带水，还经常遭受别人戏耍和捉弄，软得像条鼻涕虫，哪一点能与"霸王"相提并论？

但是，在古代，"霸"字其实是通假字，通"伯"字。

"伯"是啥意思呢？

所谓"伯、仲、叔、季、少"。

班固的《白虎通·姓名》里面的解释是：伯排第一，仲排第二，叔排第三，季排第四，少排第五。

换言之，"伯"就是指老大。

也就是说，"霸"就是老大。

换言之"春秋五霸"中的"霸"，指的是春秋时期众诸侯中的老大。

"西楚霸王"中的"霸",指的是项羽在裂天下而封王侯后,他这个"西楚王"是诸王中的老大。

必须严正声明,这可不是笔者信口胡诌。

《孟子·离娄·丁音》有权威解释:"霸者,长也。言为诸侯之长。"

因此,"春秋五霸"中的"霸",说的并非这个人凶狠霸道;而是说这个人,准确地说,是这个诸侯,他的政治地位位居众诸侯国中的老大。

说到这儿,大家肯定会说,这个诸侯的政治地位是否位居众诸侯国中的老大,还不是取决于他的诸侯国的经济实力和军事实力?

是的,国家的经济实力和军事实力肯定是称"霸"的主要因素,但并不能以之作为衡量的绝对标准。

班固的《白虎通》里面简单概括了几个标准:"霸者,伯也。行方伯之职,会诸侯,朝天子,不失人臣之义。故圣人与之,非明王之张法。"

"方伯"一词,出自《礼记·王制》中之"千里之外设方伯",原指一方诸侯之长,而在春秋时期则指诸侯之长。

周平王东迁后,天子失权,地位一落千丈,众诸侯漫无统纪,纷起争当老大,过一把"号令诸侯,匡护王室"的瘾,由此,王权更替,霸业代兴。

《史记·周本纪》因此说:"平王之时,周室衰微,诸侯强并弱,齐、楚、秦、晋始大,政由方伯。"

要成为"方伯"或者说"霸主",必须要做到《白虎通》里面提到的"会诸侯""朝天子""不失人臣之义"这三点。

"会诸侯",说的是要有号令诸侯的能力。

"朝天子"则是要匡护王室,不得行篡弑之事——不但不能弑杀周王,不得篡夺周王室,也要杜绝众诸侯国内有此类恶性事件发生。

"不失人臣之义",是在"尊王"的前提下,维持周朝礼制的运行,不但自己施行仁义，是施行仁义的典范，还以身作则，带领和约束其他诸侯施行仁义。

以上这三点，齐桓公无疑是做得最好的，他"九合诸侯，一匡天下"，召集诸侯国在葵丘会盟时，周王室还派代表来参加。

一句话，齐桓公就是春秋"霸主"中的典范。

晋文公做得也不赖，他在践土与诸侯会盟时，周襄王亲自前来捧场，封他为"侯伯"，赐黑红两色弓箭，允许他有权自由征伐，替天子教训那些不听话的诸侯。

因此，自古以来，不管是哪一种版本的"春秋五霸"，齐桓公和晋文公必定位列其中。

那么，宋襄公做得怎么样呢？

我们不妨来简单分析下。

首先，来看看"会诸侯"这一点。

话说，齐桓公晚年昏庸，宠幸易牙、竖刁等小人，管仲去世后，他也在外忧内患中悲惨饿死。

齐国国内大乱，齐桓公的几个儿子为了争夺君位闹得不可开交。

其中，易牙和竖刁拥立公子无亏为国君。

但是，齐桓公在很早的时候就和管仲一起立昭为太子。

无亏立，太子昭无法在国内立足，只好逃到宋国求助于宋襄公。

宋襄公素有仁义之名，齐桓公在世时就非常欣赏他。

宋襄公的仁义表现在哪儿呢？

举个例子：宋襄公的哥哥目夷是个贤能之士，但为庶出。嫡出的宋襄公认为自己的才能不及哥哥，在父亲宋桓公病倒的时候，就想把自己的太子位让给哥哥。此举遭到宋桓公的反对。宋桓公死后，最终还是由宋襄公做了宋国的君主。

齐桓公三十五年（前651），齐桓公耳闻宋襄公让位之事，对这个年轻人非常感兴趣，在举办"葵丘会盟"时，见到这个年轻人，便拉着他的手，做了一番亲切的交谈，并把太子昭隆重地托付给了他。

这不，太子昭遇到难题了，来投靠宋襄公了。

事实证明，齐桓公没有看走眼，太子昭也没有投错人。

宋襄公坚决维护周朝礼制，坚定地站在公子昭一边，亲自出面约集天下诸侯，号召各国合力协助太子昭回齐国当国君。

以当时的周朝礼制论，齐国内部那些与太子昭争位的人，都属于乱臣贼子，宋襄公这么做，是维护社会的稳定，是站在正义的一边。

但大部分诸侯都不怎么理会宋襄公，只有卫、曹、邾几个小国如约而来。

不理会宋襄公的诸侯，主要是认为宋襄公"实力太弱"，没有资格来号令自己。

宋襄公不傻，鉴于自己的实力有限，故不敢拿晋、楚等大国怎么样。但为了立威，他扣押了迟到的滕宣公，处死了鄫国国君。

这么一来，他的威望就树立起来了。

最重要的是，宋襄公带着宋、卫、曹、邾联合军队，迅速平定了齐国内乱，拥立太子昭当上了齐国君主。

这就不得了了。

本来嘛，齐国的齐桓公是天下霸主，现在齐国的太子昭靠宋襄公上位，齐国人处处尊崇宋襄公，宋襄公的名望想不增都难。

还有，天下诸侯都是周王室分封而成的。

那么，各诸侯内部出现了纷争，周王室应该出面调停。

但现在的周王室衰微，根本无力去管。

宋襄公挺身而出，相当于为周王室代劳，替周王室分忧。

从这个意义上说，也算得上是"尊王"和"朝天子"。

最重要的是，宋襄公在"不失人臣之义"这一点上做得非常突出。

话说，宋襄公在拥立齐孝公后，自我感觉良好，有了已经接替齐桓公霸主地位的感觉。

从此处处以霸主身份自居，当仁不让地向诸侯发出会盟邀请。

这里说一下宋襄公与众诸侯约定于秋天在盂地（今河南省睢县

的会盟。

赴会之前，有人提醒宋襄公务必带上军队护卫前行，但宋襄公盲目自信，说自己以诚待天下人，天下人必以诚待自己。结果羊入虎口，成了背信弃义的楚王的阶下囚。

这为之后的泓水之战埋下了伏笔。

在泓水之战中，宋襄公仍然高举"仁义"大旗，不肯乘楚军渡河之机攻打，也不肯趁楚军登陆后队列溃散之机攻打，失去了取胜的机会，最终被楚军打败。

宋襄公本人在战斗中受伤，次年，在身体和心灵的双重创伤中郁郁去世。

很多人笑话宋襄公在泓水之战中的表现，说他愚蠢、迂腐。

殊不知，这正是宋襄公的高贵品质之所在。

在西周时代，在周天子还有能力管制和约束天下诸侯的时代，周天子鉴于天下诸侯多为姬姓子孙，即诸侯国之争就是兄弟之争，不想因为打仗而毁坏了和气，制定了一系列打仗的礼数和规矩。

宋襄公说的"不重伤，不擒二毛，不鼓不成列"就是其中的一部分。

此外，还要求打仗前双方要互下约战文书，约定好打仗的时间、地点，以及双方交战的人数——人数必须对等，不能以多对少，更不能搞偷袭战。战斗时，只能与正面之敌交手。双方交手完了一回合后，如果要打第二回合，就必须彼此都等对方整理好队列再进行下去；不能攻打倒在地上的敌人；也不能攻打已经受伤的敌人；追敌不能超过五十步；在战场遇到对面诸侯王，要下车行礼……。

宋襄公的表现，就是"不失人臣之义"的集中表现。

但宋襄公迎战楚军的时代，已经是东周，周室衰微，王纲解纽，是孔子所悲呼的"礼崩乐坏"的时代。

循规蹈矩的宋襄公与被称为"南蛮"的楚军交战，不可避免地吃了败仗。

宋襄公也因此遭到后人的讥笑。

在当时，他却赢得了人们的尊重。

司马迁对宋襄公的失败是深为惋惜的。

因此，把宋襄公列入"春秋五霸"行列，是非常合理的。

六、吴王阖闾和伍子胥灭楚后行禽兽事？

吴王阖闾和伍子胥都是历史上鼎鼎有名的大人物。

这两个人是怎么走到一起的呢？

伍子胥本来是楚国人，他父亲伍奢为楚国太子太傅，负责教导太子建。太子建被费无忌诬陷，伍奢受到牵连，和伍子胥的哥哥伍尚一同被楚平王杀害。伍子胥从楚国出逃，先逃亡到宋国，后又转入郑国，最后过陈国出昭关奔入吴国。

这里插一句，有一出非常有名的京剧，就叫《伍子胥出昭关》。

著名演义小说《说唐》还把伍子胥一家的悲惨遭遇演绎成了隋朝第五条好汉伍云召的家史，打动了不知多少人的心。

话说回来，吴国里的吴王僚刚刚继位，政权还不稳。

为什么不稳呢？

因为吴国向来遵照先周祖制——长子继统、兄终弟及、弟传长孙。

这项制度的产生，植根于古代原始部落以游猎为生的生活土壤。

要知道，做部落酋长的，必须身强力壮，才能身先士卒地带领大家围猎追逐。如果出现幼子继统，就无法服众。

而一旦推行这种兄终弟及、弟传长孙的制度，这个问题就可以得到很好的解决。

当年吴王寿梦在临终前，就按照先商、先周的做法，把王位传给了老大诸樊。

诸樊死前，按照制度把王位传给了老二余祭。

老二余祭死前，按照制度把王位传给了老三余眛。

老三余昧死前，也准备按照制度传王位给老四季札。

老四季札风格很高，坚辞不受。

那么，这个时候，按照制度，应该把王位传回给老大诸樊的长子公子光。

但民众把季札的儿子僚拥戴上了王位。

那边的公子光从懂事起，就眼巴巴地望着有朝一日王位会传回到自己手上，一看这事，不肯干了。

他内心不爽，极度不爽。

伍子胥到了吴国，很快就洞察了公子光的心事，和公子光打得火热，并给他推荐了刺客专诸。

于是，上演了一出专诸用鱼肠剑刺吴王僚的历史惊险大剧。

吴王僚死后，公子光自立为王，是为吴王阖闾。

阖闾重用伍子胥，并于三年后兴兵伐楚，替伍子胥报仇。

吴王阖闾三年（前506），吴军攻入楚国的都城郢都。

《春秋》对阖闾的记述，算是比较公正。

《春秋·昭公二十七年》记载阖闾的上位是："夏四月，吴弑其君僚。"

对阖闾和伍子胥攻陷郢都，《春秋·定公四年》中的记载是："庚辰，吴入郢。"

在"吴入郢"这件事上，《左传》的记载比《春秋》多了四个字："庚辰，吴入郢，以班处宫。"

"以班处宫"是啥意思呢？

是说阖闾、伍子胥等人按班论级，对应进宫，占有宫中女子。

《公羊传》描述得更详细，其记载云："庚辰，吴入楚……君舍于君室，大夫舍于大夫室。"

《穀梁传》又进一步解释说："君居其君之寝，而妻其君之妻；大夫居其大夫之寝，而妻其大夫之妻。"

说的是，阖闾占有了楚昭王王后及宫中的女子，伍子胥占有了楚

第二部分　信史时代　167

相子常的家眷。

……

到了东汉人赵晔这儿，他除了在《吴越春秋》中加入"伍子胥鞭尸"情节之外，继续把阖闾君臣的"禽兽行"进行大篇幅的曝光，说"阖闾妻昭王夫人。伍子胥、孙武、白喜亦妻子常、司马成之妻，以辱楚之君臣也"。

西晋人著《列女传》，把楚平王的夫人伯嬴刻画成坚贞不屈的烈女，说她不堪阖闾凌辱，举刀自裁。

随着年代的推移，众多史家不断参加进来累积铺陈，"吴王阖闾和伍子胥君臣在楚王后宫行禽兽事"，俨然成为众所周知的"历史事实"。

但是，1955年6月，安徽寿县西门的蔡昭侯墓，正式考古发掘出土了一批青铜器，其中有五十四块阖闾甬钟残片。通过对这五十四块残片进行拼对研究，考古专家惊喜地发现：这段文字是阖闾自述的那次入郢战争，其中有提到："是严天之命，入城不赓。"

《说文》对"赓"字解为古文"续"字。

但是，专家们认为，"赓"字从"庚"从"贝"，像双手护着宝贝。"入城不赓"的意思是不抢掠宝物钱财。

"是严天之命，入城不赓"的意思是：我严格遵照上天之命，入城不抢掠宝物钱财。

由此可见，"妻后"之事，根本不属实。

第三章　战国竞雄

一、"三家分晋"后，晋国的国君到哪里去了？

说起晋国，可谓历史悠久，故事多多。

晋国的第一任国君是周武王的幼子、周成王之弟叔虞。

叔虞死，其子燮父继位，迁都于晋水之旁，唐国改名晋国。

所谓"一部春秋书，半部晋国史"，晋国从公元前1033年始至公元前376年，存在了六百五十八年，出现过晋文公、晋襄公、晋景公、晋悼公等有为国君，涌现过了许多风云事件，如晋文侯勤王、曲沃代翼、骊姬乱晋、晋文公称霸、三家分晋……。

当然了，最著名的事件，就是"三家分晋"了。

这一事件，被视为春秋之终、战国之始的分水岭。

司马光的《资治通鉴》也从周威烈王封三家为诸侯的时间点——周威烈王二十三年（前403）写起。

"三家分晋"是咋回事儿呢？

话说，时间到了周敬王二十三年（前497），晋国的实权已经旁落，分由智氏、韩氏、魏氏、赵氏、范氏、中行氏等六卿执掌。

这六卿互看对方不顺眼，每一卿都想掐死其他五卿，以实现自己一家独大的梦想。

但是，以一对五，肯定是行不通的。其过程必须是六卿分成两大阵营，一方灭掉另一方后，剩下胜利的一方再发生内乱，互相厮杀。

真实的历史，也是这么发展的。

先是赵氏与本族别支邯郸氏爆发矛盾，其余五卿借机站队，加入混战。

当时，范氏、中行氏支持邯郸氏；智氏、韩氏、魏氏支持赵氏。

经过长达八年的恶战，周敬王三十年（前490），范氏、中行氏、邯郸氏三家被击败，族人外逃，封地被智氏、韩氏、魏氏、赵氏吞并。

三十多年后，即周贞定王十一年（前458），晋国国君晋出公不甘国势就此没落，向齐国、鲁国借兵讨伐智、赵、魏、韩四家，结果大败，其本人弃都出逃，病死在投往楚国的路上。

智、赵、魏、韩四卿改立晋出公的远房堂叔为新君，是为晋哀公。

晋哀公是晋出公的远房亲戚，毫无政治根基，完全沦为诸卿的傀儡。

在联合其他三家驱逐走国君后，智氏家主智瑶"挟晋君而令诸卿"，为了更加壮大自己的势力，他想了一条奸计，声称四卿各献一百里土地、一万户人口给予新国君，以全臣礼。

他这么干，其实是把赵、魏、韩三家割让的土地人口归入自己的控制范围内。

赵氏家主赵无恤洞察其奸，坚拒。

智瑶于是带领魏氏、韩氏，用晋哀公的名义，出击赵氏。

周贞定王十六年（前453），赵氏眼看就要灭亡了。

也不知怎的，韩氏家主韩虎、魏氏家主魏驹突然省悟过来，看穿了智瑶的恶毒用心，暗中联络赵氏，反戈一击，大破智氏，杀智瑶，瓜分了智氏的土地。

也就是说，晋国的土地人口被赵、魏、韩三家瓜分了。

不过，晋哀公还在，即名义上的晋国还在。

周考王七年（前434），晋哀公死后，三卿还是拥立晋哀公的儿子继位，即晋幽公。

晋幽公只拥有曲沃、绛都两座城，用来祭祀唐叔虞以下历代晋国先君。

周威烈王十年（前416），晋幽公被强盗杀了，三卿又拥立了晋幽公的儿子继位，是为晋烈公。

周威烈王二十三年（前403），魏氏家主魏斯、赵氏家主赵籍、韩氏家主韩虔再也不满足于"卿"的地位，他们共同朝见周天子，软硬兼施，请求被封为诸侯。

周王室也已衰败不堪，无力拒绝，只好册封魏、赵、韩三家，正式授予诸侯地位，分别为魏侯、赵侯、韩侯。

这样，虽然原来的晋国还没有被废除，但仅据有两座小城，已经退出历史舞台。

周安王十三年（前389），晋烈公悄无声息地死去，他儿子继位，为晋孝公。

晋孝公在卑微地生活了十二年后，于周安王二十五年（前377）去世，他儿子继位，是为晋静公。

周安王二十六年（前376），魏赵韩三国终于感觉到晋静公的存在碍着自己的眼睛了，于是共同驱赶晋静公迁离绛都，瓜分了晋静公用来祭祀历代晋国先君的曲沃、绛都两座城，而把晋静公安置于屯留（今山西省长治市附近）。

周显王二十年（前349），晋静公死于屯留，晋国从此绝祀。

二、晋国的三军六卿制的来由及其发展

春秋时期和战国时期同属东周，历史学家为什么喜欢把它人为地划分成两个时期呢？

这个问题可以从政治分化、社会构成、意识形态等诸方面进行解释，是一篇大文章。

这里只从最简单的一个特征来说：

春秋时期周天子的威望还在，诸侯间的打打闹闹主要是为了争霸，争当诸侯中的老大，说是当周天子管理天下的助手，实际上是过一把发号施令、管理天下的瘾。

而战国时期周天子的威望荡然无存，几乎成了一尊木雕泥塑，天下诸侯再也不把他当回事儿，战争不再是之前的打打闹闹，而是生死相搏，各诸侯间互相杀戮，互相吞并，要的是席卷天下，包举宇内，囊括四海，并吞八荒，取周天子而代之。

当然了，春秋时期的吞并之战也有，不然，史学家就不会找不齐西周天子所分封的"八百诸侯"了。

但是，这种吞并，是在偷偷摸摸的状态下进行的。

吞并的对象，主要是一些存在感很低，连周天子也想不起来的小国，或者中原周边的蛮夷部落、小国。

大国间的战争，还是以削弱和消耗对手，迫使对手屈服为主。

君不见，春秋时期的战争，参战人员都是由贵族组成，人数不会太多，规模不会太大，交战时间也不会延续太久。

战争还注重礼仪，讲究规则。

到了战国时期，战争目的已经变为占领对方的土地和人口，以灭国为宗旨。

如果说春秋时期，大家都尽量避免战争；那么，到了战国时期，主动求战已经成为一种常态。

战国时期大规模征发老百姓，参战人员剧增，著名的长平之战参战人数达百万，持续时间较长，造成大量人员死亡。

我们说，万事的发展都有一个过程。

从春秋的战争演变到战国的战争，也有一个过程。

不过，春秋战争中偷偷摸摸式的吞并变成战国战争中明目张胆式的吞并，有一个明显界限的。

这个界限就是"三家分晋"。

原先，晋国六卿的互相厮杀和吞并只是晋国国内的事情，大家都管不着，周天子也无力管。

但是，六卿变成四卿，四卿又变成三卿，最后三卿竟然瓜分晋国，而周天子又正式封这三卿为诸侯。

此时，天下已经没有王法了。

吞并已经成为天经地义之事。

这时，野心家不再遮遮掩掩。

一场血雨腥风的大洗牌时代就此开始。

也正因如此，在众多史学家的眼里，"三家分晋"，就成为战国时代开始的标志。

至少，编著《资治通鉴》的司马光是这么认为的。

话又说回来，春秋时期，晋、齐、楚、秦并称四大强国，但齐之强盛，仅限于齐桓公；楚的争霸，只在楚庄王；秦之扬名，止在秦穆公。

晋国的晋文公、晋襄公、晋景公、晋悼公四代君主均雄霸天下，可谓威武。晋国为什么被三家异姓卿大夫给瓜分了呢？

瓜分晋国的这三家异姓卿大夫，包括之前被吞并的三家异姓卿大夫，这六家异姓卿大夫又是怎么回事呢？

这件事得好好捋一捋。

话说，西周末年，晋文侯拥戴周平王打败了周携王，得到周平王的封赏，并得到了周平王的准许在汾水流域扩张。

这样，晋国的地盘迅速扩大。

晋文侯死后，他儿子晋昭侯继位。

晋昭侯可能觉得国土面积太大，自己打理不过来，就把曲沃之地封给了叔叔成师——成师也因此有了"曲沃桓叔"的称呼。

晋昭侯不可能想到，在死之后，晋国出现了一场时间长达近七十年的血腥内战。

内战的结局是作为晋国公族的曲沃桓叔的后人晋武公打败了晋昭侯的后人晋侯缗，晋武公取代了晋国的君主，小宗篡夺大宗，史称

"曲沃代翼"。

但是，晋武公的晋君之位是破坏周礼，通过武力夺取来的，是一次小宗取代大宗的内乱，在伦理上站不住脚。

作贼心虚的晋武公生怕晋国国内其他大支的公族势力会效仿自己，于是磨刀霍霍，大肆屠杀血亲公族。

晋武公死后，他儿子诡诸继位，是为晋献公。

晋献公在对待国内的血亲公族的问题上，手段比晋武公更残忍。他采纳了大臣士蒍的建议，命令所有公室成员移居到同一座城里，然后聚而诛之，并将该城命名为绛，晋国都城也就从翼城迁到了绛城。

晋献公溺爱骊姬，为了让骊姬的儿子奚齐顺利继位，他杀害了太子申生，还将另外两个儿子夷吾和重耳驱逐出境。

可以说，晋献公对公室的提防与戒备已经到了一种连亲儿子也信不过的程度。

晋献公死后，晋国又经历了一连串内乱。

最终，逃亡在外的重耳在秦穆公的帮助下，回国登上君位，是为晋文公。

晋文公对国内公族的提防也犹如防洪水猛兽。他立下法令，除了国君嫡传，其他晋国公子必须送到国外。

这样一来，晋国就出现了"晋无公族"的局面。

公族是没有了，但"执政"工作还是需要人干的。

晋文公没有三头六臂，他于是把原本地位低于公族的异姓卿、大夫提拔上来，创立了"三军六卿"制度，晋国"六卿"制度就此登上历史大舞台。

下面，我们又分别来说说这"六卿"的发展历程。

实际上，自晋文公建立"三军六卿"制度到三家分晋的这二百年间，活跃于晋国政坛上的卿士共有十一家之多。

他们分别是：先氏、狐氏、赵氏、魏氏、胥氏、郤氏、中行氏、范氏、栾氏、韩氏。

此外，箕郑父、臾骈、程郑等人也担任过"六卿"之一，但他们没有形成家族势力，不在我们讨论的范围内。

先氏的第一代卿士是先轸，狐氏的第一代卿士是狐偃，赵氏的第一代卿士是赵衰，魏氏的第一代卿士是魏犨，胥氏的第一代卿士是胥臣，郤氏的第一代卿士是郤縠。

这几位，都是晋文公称霸的功臣，或跟随晋文公流亡，或是晋文公在国内的坚定支持者。

中行氏和智氏源于荀息。

荀息是姬姓，原氏，名黯，字息。他辅佐晋武公灭亡晋国大宗取得君位，在晋武公灭荀国后得赐荀国旧地，从此以荀为氏，史称荀息。

荀息足智多谋，曾向晋献公献计假途灭虢，打通了晋国向中原发展的通道。

晋献公临终前，任命荀息为相国——荀息因此成为春秋时期晋国有历史记录的第一位相国。

晋献公死后，荀息接连拥立的奚齐、卓子两代新君都被弑杀，他心如死灰，自杀死节，留下千古英名。

晋文公回国后，在舅舅狐偃的提示下，把荀息的孙子荀林父逐渐提拔为卿。另外，荀林父的弟弟荀首后来得晋成公的宠幸被封于智。这么着，荀氏一门衍生出中行氏和智氏两支。

范式源于士氏，士蒍和荀息一样，同是晋献公的心腹之臣。前面说了，建绛都而聚诛公族之计便出自士蒍。

士蒍的后世大宗世代称士氏，他的长子士缺有二子，幼子名士会。士会后来累迁至晋国正卿，封于随邑，为随氏之祖，又封于范邑，立范氏，为范氏始祖。

韩氏本是赵衰的家臣，被赵衰之子赵盾提拔为军司马，之后进入卿士行列。

赵衰的祖上和秦穆公的祖上是同一个人——他们的始祖是大禹时期的伯益，是帮助大禹治水的功臣。

本来大禹原非常看好伯益，死前，曾想遵循尧禅让帝位给舜、舜禅让帝位给自己那样，把帝位禅让给伯益的。

但大禹的儿子启不干。启在大禹死后继承了大禹的帝位，开创了夏朝。

不过，伯益很忠心，他和他儿子大廉继续忠心耿耿地为夏朝效力。

伯益的子孙不断繁衍，到了商朝末期，有一个后人叫飞廉，飞廉有两个儿子，分别名叫恶来、季胜。

恶来就是秦国始封君秦非子的五世祖，而季胜则是赵氏得氏始祖造父的曾祖。

造父擅长驾车，曾为周穆王御戎，平定了徐偃王之乱，受封于赵城，此后以赵为氏。

周幽王时期，造父后人叔带因屡进忠言触怒周幽王，被驱逐出朝堂，流亡到了晋国，投奔了晋文侯。

晋献公在位期间，曾举兵平灭霍、魏、耿三小国，叔带的五世孙赵夙有战功，被封于耿（今山西省河津市）。

与之同时受封的还有毕万，被封于魏（今山西省芮城县），其后代以魏为氏。

赵夙的孙子赵衰和毕万的孙子魏犨都是年轻时就追随晋文公流亡的重臣，陪伴了晋文公一生。

晋文公回国即君位后，在被庐（晋地，今地不详）举行大型军事检阅活动，制定了被庐之法，作三军、设六卿。

这"三军"是哪三军呢？

是上、中、下三军。

这上、中、下三军每一军设置一个主将和佐将，六卿即是指这三军的将、佐。

中军将为正卿（上卿），中军佐为次卿（亚卿），上军将、上军佐、下军将、下军佐四个则是下卿。

晋文公所任命的六卿是：中军将郤縠、中军佐郤溱、上军将狐毛、上军佐狐偃、下军将栾枝、下军佐先轸。

中军将总领三军，各将佐按照"长逝次补"原则，轮流替补。

六卿中的郤縠、郤溱、狐毛、栾枝、先轸，都是赵衰推荐的。

晋文公对赵衰的信任与器重由此可见一斑。

四年之后，晋文公又在清原（今山西省运城市闻喜县）举行大型军事检阅活动，在三军六卿的基础上增添新上军、新下军两军，成了五军十卿。

晋文公搞这次军事检阅活动，最主要的原因是赵衰多次推让军卿职务，他感到过意不去，想借这次机会，无论如何都要赵衰担任职务。

赵衰推托不掉，最终担任了新上军将。

不过，此后不久，上军将狐毛、上军佐狐偃相继病逝，晋文公拔中军将先轸之子先且居将上军，而让赵衰佐上军。

晋文公死后，在晋文公之子晋襄公的主持下，晋军对秦军发起了著名的殽之战，大获全胜。

这对晋国而言，无疑是一件好事。

但秦国对晋国是有恩的。

晋文公能回国登上君位，全赖秦穆公的鼎力相助。

秦穆公还嫁女文嬴、辰嬴给晋文公。

后在文嬴的干涉下，晋襄公不听群臣劝阻，释放了俘获的秦国战俘，其中包括孟明视、白乙丙等秦军的三位统帅。

战神先轸大为不满，与晋襄公发生了激烈的言语冲突。

事情过后，先轸冷静下来，深感有愧于晋襄公，而在接下来的箕之战中解甲陷阵，自杀殉国。

晋国的十卿人员又不得不调整：中军将先且居、中军佐赵衰、上军将栾枝、上军佐胥臣、下军将箕郑父、下军佐胥婴、新上军将先都、新上军佐荀林父、新下军将屠击、新下军佐先蔑。

六年之后，六卿中的前四位：赵衰、先且居、栾枝、胥臣，几乎在同一段时间内先后病故。

晋襄公于是在夷地（今地不详）举行大型军事检阅活动，对国家高层作了一番大调整。

他裁撤新上军、新下军，以狐偃之子狐射姑为中军元帅、赵衰之子赵盾为中军佐；先且居之子先克为上军将，箕郑父为上军佐；荀息之孙荀林父为下军将，先蔑为下军佐。

这里补充一下，当年晋文公逃亡到翟国，曾得翟君赏赐两个美貌的少女。晋文公娶了年少的女子季隗，而把年长的叔隗赐给了赵衰。

赵衰和叔隗生下一子，就是赵盾。

晋文公和赵衰后来为了躲避晋怀公的追杀，离开翟国，但把赵盾母子留在了翟国。

过了若干年，晋文公回国即位，为了酬答赵衰对自己的一片忠心，他把自己的一个女儿嫁给了赵衰。

晋文公这个女儿姓姬，因为嫁给了赵氏，史称赵姬。

赵姬给赵衰生了三个儿子：赵同、赵括、赵婴齐。

赵姬非常贤慧，得知赵衰在翟国还留有赵盾母子，便力主赵衰将赵盾母子接回晋国。

这还不算，叔隗回到赵家后，赵姬又强烈要求赵衰立叔隗为正妻，自己以妾身侍之。

这样，叔隗所生的儿子赵盾成为赵衰的嫡子。

赵盾在年轻一代中显得出类拔萃，被很多人看好。

至少晋襄公的老师阳处父就非常看好赵盾。

晋襄公刚刚配置好三军六卿，阳处父从温地回来了。他对晋襄公的人事安排略感不满，认为狐射姑为人刚愎自用，不如赵盾贤能，建议由赵盾统帅晋国三军比较好。

晋襄公尊重老师的话，让狐射姑与赵盾在军中的职务调换，即赵盾为中军元帅，狐射姑为中军佐，辅助赵盾，其余诸卿位置不变。

这么一来，赵盾担任了执政大夫兼中军元帅。

原本，晋文公最初的设置，六卿只是军事长官，中军将负责统帅三军，而朝堂之上另有执政大夫。

但赵盾已经是执政大夫，后来他又成为中军将，从此集军政大权于一身，成为晋国的第一代权臣。

赵盾历事襄公、灵公、成公三朝达二十余年，亲督晋师与秦战于令狐（今山西省运城市临猗县西南），豪取秦之少梁（今陕西省韩城南）；战河曲（今山西省运城市芮城县西风陵渡黄河）搜黄父，平定周乱，匡立周王，维持了晋国的继霸事业，可谓政绩卓著，战功显赫。

但他的做法，不可避免地削弱到了晋国的君权，使赵氏一族独大。

为了巩固自己的地位，赵盾先是利用狐射姑不满阳处父的做法而射杀阳处父的机会，将狐氏势力赶出晋国，而后又利用先克之死将反对者一一剪灭。

之后，他要求晋成公在晋国设置公族大夫，由赵氏子弟担任。

为了使赵氏不致陷入被其他卿士围攻的局面，他又以卿士的身份全权安排六卿，把自己的家臣韩厥、臾骈擢拔入卿士的行列。

后来发生的事证明，赵盾此举是明智的。

赵氏的坐大，已经引起国君和其他卿士的不满。

赵盾死后，赵氏的灾难开始了。

前面我们说了，赵盾的庶母赵姬生有三个儿子：赵同、赵括、赵婴齐。

赵盾留下遗言，要把赵氏公族大夫之位让给赵括。

赵盾死后，赵括继任赵氏宗主之位。

但是，赵括跟其兄赵同都是缺德少行之人。

因此，最终由赵盾之子赵朔担任了卿。

赵朔娶了晋成公之女赵庄姬为妻。

赵庄姬过门后不久，赵朔就病死了。

赵庄姬与叔叔赵婴齐有奸情。

赵同、赵括兄弟觉察后，将赵婴齐驱逐出了晋国。

赵庄姬恼羞成怒，在晋景公面前诬陷赵同、赵括，说他们哥俩将要作乱。

早就想搞垮赵氏家族的栾氏、郤氏家族趁机出面为赵庄姬作证。

晋景公也不满赵氏家族的专权。

君臣一拍即合，合力诛杀了赵同、赵括，并灭其族，把赵氏的封邑改封给大夫祁奚。

赵庄姬在晋景公宫里生下了赵朔的遗腹子赵武。

赵盾的家臣韩厥向晋景公进谏，大谈赵衰、赵盾的功绩，说像他们这样对国家有大功的人都没有后人祭祀，谁还愿意为国家效力？

晋景公有所触动，于是复立赵武为赵氏后嗣，恢复了赵氏的爵位和封邑。

关于赵武被复立这一段史事，在《史记·赵世家》中，被司马迁改编成一出回肠荡气、激越千古的历史悲剧"赵氏孤儿"。

其实，所谓的奸臣屠岸贾、义士公孙杵臼、程婴等人，均是虚构出来的文学形象，史无其人。

不管如何，经过这一场血洗，赵氏的势力已经不复赵盾时的威势。

赵氏被削弱后，最大的得利者就是郤氏。

到了晋厉公时，八卿之中有三席来自郤氏一族，时称三郤。

郤氏坐大，晋厉公不乐意了。他和栾书大力支持已被排挤出六卿的胥克之子胥童，让胥童攻灭三郤，诛灭郤氏全族。

但胥童和晋厉公并不是最后的胜利者，他们很快遭到栾书、中行偃的反攻，双双身死，胥氏还惨遭灭族。

栾书等随后迎晋悼公即位。

晋悼公很有能力。他即位后便大力提拔公族、提拔没落卿士，让他们跟当权的卿士分庭抗礼，以达到新的平衡。

但是，晋悼公短命，不久就死了。

卿士的势力再次暴长，并开始了新一轮的血洗。

话说，栾书在世之时，就与士氏的士匄做了亲家，让儿子栾黡娶了士匄的女儿。

士匄就是前面说的献计给晋献公建绛都而聚诛公族的士蒍的后人，其为祁姓，士氏，因为封地为范邑，又以范为氏。士匄死后的谥号为"宣"，史称"范宣子"。

范宣子的女儿嫁给了栾黡，史家称这个女儿为"栾祁"。

范宣子是春秋时代晋国法家先驱，他曾出使齐国，促成齐灵公继续和晋国结盟，还曾联合起齐、宋、鲁、卫、郑、曹、莒、邾、滕、薛、杞、小邾等十三个同盟国攻打秦国。

在攻打秦国的战斗中，范宣子担任中军佐，他的儿子范鞅与女婿栾黡的弟弟栾针一起杀入秦军大营，结果栾针战死，范鞅生还。

栾黡时为下军将，他认为弟弟战死的责任在于范鞅，要范宣子诛杀范鞅，逼得范鞅一度亡命秦国。

这样，栾氏家族和范氏家族由亲家变成仇家。

栾黡死后，他和栾祁所生的儿子栾盈嗣位。

范鞅这时候已经回国，他欺负栾家是寡妇孤儿，诬称栾盈谋反，诛除栾氏，逼得栾盈逃入齐国。

栾盈虽然在齐国的帮助下一度卷土重来，却很快被其他卿士联合攻灭。

先氏的先縠则在晋景公时联合戎狄攻晋，被灭族。

这时，十一卿士中的狐氏、胥氏、郤氏、栾氏、先氏相继被灭，晋国六卿之位上刚好剩下六个卿士：智氏、中行氏、范氏、赵氏、魏氏、韩氏，卿士之间的争斗暂时停了下来。

这六卿联合起来，向仅存的公族势力下手，他们以法诛祁氏、羊舌氏，分其邑为十县，各领其族为之大夫。

完成对公族的最后削弱后，六卿之间开始互相攻伐。

先是智、韩、赵、魏四卿对战范氏、中行氏。

事情的起因是赵氏内乱，范氏、中行氏想趁火打劫，他们联合起来，对赵氏出击。

赵氏取得晋国国君的许可后，与范氏、中行氏对攻。

由于赵氏取得了晋国国君的许可，占据了道义的制高点，获得了智氏、韩氏、魏氏的支持，最终灭掉了范氏、中行氏。

剩下的智氏、韩氏、赵氏、魏氏四家中，智氏的智伯瑶为执政大夫，他以四卿共向国君献地为由，向其他三卿索要封地。

赵氏不甘土地被削，拒绝了智伯的要求。

智伯于是率魏氏、韩氏共同攻赵。

战争持续了三年，最后，赵氏说服韩魏反攻智氏。

智氏措手不及，遭到灭族。

这样，晋国卿士只剩下韩、赵、魏三家。

这三家实力相当，谁也灭不了谁，谁也无法独霸晋国，最终形成了三家分晋的结局。

最后说一下，剩下的韩、赵、魏三家为什么不继续互砍下去了呢？

一句话，非不愿也，实不能也。

韩、魏两家突然反水，联合赵氏灭了智家后，不但把智伯瑶侵占他们两家的土地收了回来，连智家的土地也和赵氏三家一起平分了。

不久之后，他们又把晋国留下的其他土地也瓜分了。

智伯瑶死后，赵氏的赵无恤成了正卿，在瓜分晋国时，获利很多，他得到了晋国北部的大片土地，并向东越过太行山，占有邯郸、中牟。

魏氏与韩氏被赵氏压制在南边，魏氏偏西，韩氏偏东。

周威烈王元年（前425），赵无恤去世，轮到魏氏的魏斯担任正卿。

魏斯乃是一代雄主。

他不但充分利用自己的职权积极为自己的家族谋利，还大胆任用李悝实行变法。

韩、赵、魏三家被周王正式封为诸侯后，魏国成为战国时期最先强盛而称雄的国家。

赵氏的赵献侯曾想联合魏斯一起消灭韩氏，然后赵、魏平分韩氏。

魏斯的头脑异常清楚，他知道这是赵献侯想分化韩、魏两国，从而达到各个击破的目的。

他对赵献侯说，三家中赵最强，魏是不可能和赵联合灭韩的，反过来，只会和韩联合，才会避免被赵国灭亡的命运。

韩武子也来找魏文侯，想韩、魏联合，消灭掉赵氏，平分赵氏。

魏文侯告诉韩武子，韩、魏联合最多也只能和赵国打个平手，一味硬拼的话，必然是两败俱伤，实在不值得。

这么一来，三家达成共识：赵、魏、韩三国紧邻，如果困在晋地这个封闭的环境里内斗，其最终结果只能是同归于尽，只有联合起来，向外扩张才有出路。

虽然联合向哪个方向发展以及如何分利，三家的看法莫衷一是，但内斗终于停止，各自走上了发展的道路。

三、绝代美女息妫是如何倾人城、覆人国的？

息妫是春秋时期陈国的公主，因为嫁的丈夫是息国的息侯，而她本人姓妫，史书里称之为息妫。

陈国是一个怎么样的存在呢？

陈国的首封君满是舜帝的嫡裔，妫姓，被封于陈之株野（今河南省柘城县），负责奉祀前代先王，以"存亡续绝"。

妫满以国为氏，称陈氏，世称其为陈侯。

陈侯死后，谥号胡公，故史书又称之为陈胡公。

陈胡公最初建都于胡襄城（今河南省柘城县胡襄镇），后迁宛丘（今河南省周口市淮阳区城关一带），辖地大致在黄河以南，颍水中游，淮水之北。

陈国与蔡国相邻，北面有夏的后裔杞国和商的后裔宋国，西南有楚国，西北有从西方迁来的郑国。

陈国和蔡国在地理上既然这样接近，相互间的通婚就必不可少。

陈国第十二位国君陈桓公，就是蔡国女子所生。

陈桓公晚年病重之际，他的异母弟陈佗勾结蔡国人杀了太子免，随后在陈桓公去世后自立为君，史称陈废公。

陈废公喜淫乐，沉浸其中，醉生梦死，不分昼夜。

陈桓公的次子跃及三子林、四子杵臼合谋将之杀害。

跃首先即位，是为陈厉公。

陈厉公在位七年，其死后，由三弟林即位，是为陈庄公。

陈庄公在位时间也是七年，其死后，由四弟杵臼即位，是为陈宣公。

陈宣公在位时间比较长，有四十五年。

陈宣公在即位后的第二十一年想改立幼子款为太子，残忍地杀掉了原来的太子御寇。

陈厉公之子完和御寇是好朋友，他生怕祸连自己，就逃到齐国——他的后人后来取代齐国，即"田氏代齐"。

这里要说的息妫，是陈庄公的女儿。

陈庄公有两个女儿，都很漂亮，息妫是小女儿，嫁给了息侯；大女儿嫁给了蔡国的蔡哀侯，史称蔡妫。

这件事，《左传·庄公十年》是这样记载的："蔡哀侯娶于陈，息侯亦娶焉。"

息妫在出嫁的时候，经过蔡国。

"蔡侯曰：'吾姨也。'止而见之，弗宾。"也就是说，蔡哀侯以息妫是自己的小姨子为由，把息妫拦了下来，留在宫中款待。但因为息妫长得太美，蔡哀侯忘乎所以，"弗宾"，对她有了不尊重的行为。

这件事，大大激怒了息侯。

息侯想出这口气，但他清楚地知道，自己的息国国力很弱小。单凭息国的力量，出气很难。

想来想去，他把目光投向楚国的楚文王。

楚文王的父亲楚武王志向很大，曾恃强扬言说："我有敝甲，欲以观中国之政。"

楚文王的强悍不在乃父之下，继位后，立马把楚国的都城从丹阳（今湖北省十堰市代管的县级市丹江口一带）迁至郢都（今湖北省荆州市），紧接着，攻灭申国，伐邓，一时风头无两，渐显逐鹿中原之象。对于蔡国，他早有攻取之心。

因此，当息侯找他商议攻打蔡国时，他没有一丝丝犹豫，满口答应。

息侯给楚文王献了一条妙计，说："伐我，吾求救于蔡而伐之。"意思是让楚国佯装攻打息国，然后由他出面向蔡国求救，把蔡军引进入楚军的埋伏圈，一举歼之。

可怜的蔡哀侯不知是计，当息侯向他求救时，他觉得息侯是自己的连襟，没有理由拒绝，赶紧发兵，并且亲自领兵往救。

不得不说，蔡哀侯虽然好色，但还是挺仗义的。

仗义的蔡哀侯中了息侯和楚文王的算计，在莘地（今河南省汝南县境内）被楚军包了饺子，全军覆没，他本人被楚文王俘获并被带回郢都。

做了俘虏的蔡哀侯弄清楚了事情的原委，气炸肺了，恨不得吃了息侯。

他向楚文王大讲息侯的坏话，随后，又大讲息妫的好话——讲息妫如何美若天仙，又如何勾魂夺魄，使得自己昏头转向，在宴饮时失态，引起了息侯对自己的怼恨。

蔡哀侯的话吊起了楚文王的胃口。

楚文王想，息妫到底美成什么样子才让蔡哀侯当众出乖露丑啊？

他以巡游为名，莅临息国，在息侯设宴款待之时，出其不意，一举把息侯擒获，灭了息国，俘获息妫而归。

息妫的确是国色天香。

楚文王二话不说，纳她为夫人。

息妫从此由息夫人成为文夫人。

文夫人给楚文王生下了熊艰和熊恽两个儿子，但是她沉默寡言，很少说话。

楚文王怪她话太少，问她有何难言之隐。

息妫长叹了一口气，说："吾一妇人而事二夫，纵弗能死，其又奚言？"

楚文王的思维有些怪。

他认为夫人是伤心息国之亡，才会为此郁郁寡欢。

他不从自己身上找原因，而把责任全归咎到蔡哀侯头上，大举发兵攻打蔡国，灭亡了蔡国，并把蔡哀侯拘禁至死。

这么一来，息国和蔡国都因为息妫的缘故相继被灭。

事情到这儿还没有完。

楚文王和他的父亲楚武王一样，死于征战。

他在即位后的第十五年，领军前去征战巴国，遭到了巴国人的强烈抵抗，最终无功而返。

宗室臣子鬻拳认为败师入城，不利，关闭城门，不让楚文王入城。

楚文王没有责怪鬻拳，他只责怪自己，转头杀向黄国，终于获胜而归。

但是，他病死在凯旋的路上。

继位的是他和息妫所生的长子熊艰，史称楚堵敖，又称楚庄敖。

也不知怎么搞的，楚堵敖总觉得弟弟熊恽的存在对自己是个威胁，他在即位后的第三年，准备除掉熊恽。

熊恽得到消息，连夜出走，逃到了母亲的母国——随国。

熊恽在随国得了随国人的支持，引兵袭杀了楚堵敖，夺取了国君之位，是为楚成王。

楚成王的登位过程中，他的叔叔子元出了大力。

子元因此成为楚国令尹，掌握了国家大权。

掌握了国家大权的子元迷恋息妫的美色。

他为了表达自己对息妫的爱意，在靠近息妫居住的地方，建造了屋舍，在屋舍外跳起了万舞。

万舞，是一种古老的舞蹈，据《大戴礼记》的记载，分为武舞和文舞。

子元跳的估计是武舞。

息妫看见了，觉得又好气，又好笑。

她让人告诉子元："先君也经常跳舞，但那是强身健体准备对外征战。如今令尹不准备消灭仇敌，而在我这里跳舞，真是太可笑了！"

子元觉得息妫话里有话，似乎是息妫暗示他要对外用兵，建功立业，那样才能名正言顺地走到一起。

于是，子元发车六百乘，用斗御疆、斗梧建、王孙游、王孙嘉为将，兴师伐郑。

楚军的攻击突如其来，郑国来不及准备，一下子就被攻到国都，并且国都大门洞开，郑国岌岌可危。

可惜的是，子元生性多疑，生怕郑国人弄什么妖蛾子，迁延不进，郑国的援军赶到后，只好仓促后退，错失了灭掉郑国的大好机会。

子元出师不利，回来后，强行和息妫住到了一起。

大臣斗射师对子元的做法看不过眼，说了几句。

子元恼羞成怒，让人把斗射师抓了起来，丢进了大牢。

子元的骄横跋扈引起了斗氏家族的不满。

两年之后，斗氏家族有人出头。

这个人名叫斗班，他挺身而出，干掉了子元。

随后，斗伯比的儿子斗穀於菟成为令尹。

斗穀於菟字子文，史称令尹子文。令尹子文协助楚成王灭掉弦国、黄国、英国，还帮助楚成王打败宋襄公，实现了楚国的小霸。

最后，想说的是，统治者为了一己之欲、一己之私，为了得到一个心爱的宝物、一个漂亮的女人，而把人民推入战争的深渊，这样的做法，应该遭到唾弃。

四、楚庄王为何要三年后才一鸣惊人？

楚庄王是春秋五霸之一，能力出众，魄力非凡。

他在位期间，一举灭掉了庸国，北上与晋国争霸，饮马黄河，观兵于周疆，问九鼎之大小轻重，灭陈又复陈，伐郑时逼得郑襄公"肉袒牵羊"以迎，攻宋时则让宋文公啼哭不已，在邲之战中更是大破晋军，取其霸业而代之。

既然是这样一个绝世牛人，世上就因之兴起了许多与他相关的传奇故事，比如"楚庄王一鸣惊人""楚庄王葬马""楚庄王绝缨""楚庄王问鼎""楚庄王问卦"等。

其中，又以"楚庄王一鸣惊人"最为著名。

《史记·楚世家》绘声绘色地讲述了这则故事。

故事讲的是：楚庄王即位三年，不发号施政，只管日夜笙歌为乐。为了不让臣子打扰到自己作乐，他下了一道死命令："有敢谏者死无赦！"但臣子伍举不怕死，冒死入谏。楚庄王左手抱着郑国艳姬，右手抱着越国美女，褒坐于钟鼓之间，眯起一双醉眼，怔怔地看着伍举。伍举含蓄地问："有只大鸟栖息在山丘上，三年不飞不鸣，是何鸟也？"楚庄王醉熏熏地答："三年不飞，飞将冲天；三年不鸣，鸣将惊人。你不用再说什么了，我明白你的意思。"这之后的几个月，楚庄王变本加厉，疯狂作乐。大夫苏从也不怕死，冒死入谏。楚庄王问："你难道不知道'敢谏者死无赦'这道严令吗？"苏从慷慨陈词说："我愿意杀身以明君。"楚庄王于是罢淫乐，收心养性，励精图治，所诛者数百人，所进者数百人，重用伍举、苏从，于该年灭庸，旋又伐宋，获得战车五百辆。

故事极富戏剧性，精彩异常，但又有些隐晦难懂，让人摸不着头脑。

楚庄王即位后，为什么不亲政呢？

他是不想呢，还是不能？

没有讲。

楚庄王为什么只管日夜笙歌为乐呢？从他后来的作为来看，他并非是一个纯粹的酒色之徒，但他为了享乐，竟然下死命令，严禁臣下前来进谏。这到底是为什么？也没有讲。

更奇怪的是，伍举进谏和苏从进谏的结果竟然是如此截然相反：伍举进谏在前，其结果是让楚庄王变本加厉地享乐；苏从进谏在后，楚庄王却如当头棒喝，幡然悔悟，高高兴兴地改过，洗心革面，重新做人。

这前后的反差也太大了。

难道是伍举进谏时，楚庄王因为还没有享乐够三年之数，所以他才会抓紧后面的几个月来疯狂享乐？而苏从进谏时，楚庄王刚好享乐够了三年之数，所以他才会脱胎换骨地罢淫乐、图大治？

如果真是这样，那么，问题又来了，楚庄王为什么要在即位后的前三年专注于玩乐，要等三年后才奋发治国呢？

莫非，之前他许下过什么心愿，或者跟自己早已约定好，一定要玩三年，玩够本了，才用余生的日子来发展自己的事业？

又或者，楚庄王是在装酷耍帅，故意先把自己装扮成一个只知吃喝玩乐的昏君，然后突然揭开伪装，让臣子，也让历史专家大吃一惊？

要是这样，笔者只能说，楚庄王真是一个好演员。

但历史事实的本身，不应该是这样一场蹩脚的恶作剧。

"楚庄王一鸣惊人"的故事最早见于《韩非子》中的《喻老》。

《喻老》是一篇专门用历史故事和民间传说来解释《老子》的文章。

其中有三个历史故事是关于楚庄王的。

分别是"楚庄王胜狩而赏孙叔敖""庄子谏止楚庄王伐越""楚庄王一鸣惊人"。

"楚庄王一鸣惊人"讲的是：楚庄王即位的前三年，没颁发过一道命令，没实施过任何政治措施。右司马御座用打哑谜的方式对楚庄进行试探，说："有一只大鸟栖息在南方的山丘上，三年不振翅，不飞不鸣，默然无声，不知这是一只什么鸟？"楚庄王心领神会，从容回答说："这鸟三年不振翅，是在等待羽翼丰满；不飞不鸣，是在静观形势变化。它不飞则已，飞必冲天；它不鸣则已，鸣必惊人。你且等着看，不久就会看到奇迹发生了。"果然，过了半年，楚庄王开始亲政，雷厉风行，赏善惩恶，平内乱，除外忧，诛齐败晋，合诸侯，霸天下。

韩非子对楚庄王"三年不鸣，鸣必惊人"的评语是：庄王不为小害善，故有大名；不早见示，故有大功。故曰：大器晚成，大音希声。

相对来说，韩非子对这则故事的讲述比司马迁要简单，没有讲楚庄王在即位后三年只管享乐，也没有讲楚庄王下过"有敢谏者死无赦"的命令，而来劝谏的不是两个人，只是一个人，没有逆一顺一的强烈对比，没有太多的矛盾冲突，也没有太多的悬念。

但对楚庄王为什么"莅政三年，无令发，无政为"，却有了明确的提示：他是在等待羽翼丰满，是在静观形势变化。

也就是说，楚庄王在即位后的前三年，他非不想亲政，是不能也。

那么，还是让我们深挖历史，细看原因吧。

事情得从楚国的发展历史说起。

按照《史记·楚世家》的记载，楚国的先祖出自帝颛顼高阳。而这个高阳氏，是黄帝之孙，昌意之子。

高阳氏子孙代代相传，到周文王时，高阳氏的一个苗裔叫鬻熊，侍奉周文王非常恭谨，像儿子侍奉父亲那样，因此，得到了周文王的器重。

可以说，鬻熊就是楚国的最早缔造者。

楚国后人感念缔造国之大功，把他与祝融并列，作为祖先祭祀。

鬻熊的儿子叫熊丽。熊丽的儿子叫熊狂，熊狂的儿子叫熊绎。

熊绎也是楚国发展过程中一个里程碑式人物。

他和鲁国的伯禽、卫国的康叔子牟、晋侯燮、齐太公的儿子吕伋是同时代人，共同侍奉周成王。他得到了周成王的封赏，被封为子爵，在楚地立国，姓芈姓，居丹阳。

众多学者都认为，直到这时，"楚"这个国号兼族名才正式出现。

但是，近年出土的《清华简》里有一篇《楚居》，有对楚先君鬻熊的记载，说鬻熊的妻子妣厉在生熊丽时难产，经过巫师一番"剖腹取子"的操作后，妣厉不幸死去。巫师用"楚"将其包裹，就地埋葬。

这"楚"是指什么呢？

从其字形来看，指的应该是荆条。

后人为了纪念这位不幸的母亲，就用"楚"字作为自己国家的国号。

而"荆"，也成为了楚国的别称。

再说回熊绎。

熊绎在楚地立国，子孙又传了四代，传到了熊渠手中。

熊渠是个开创式人才。

当时的周夷王昏庸，周王室衰微，诸侯或有不朝，或相攻伐。

熊渠抓紧时机，兴兵伐庸、越两地。

春秋讲究仁义，诸侯间的争霸争的是威望，不以攻城掠地为要务。

熊渠此举遭到诸侯的鄙夷和谴责。

熊渠不以为耻，反以为豪，扬言说："我蛮夷也。"

他以蛮夷自居，以不拘于中原诸侯的仁义礼法为借口，立其长子熊毋康为句亶王，次子熊挚红为鄂王，少子熊执疵为越章王，分守在江上楚蛮之地。

这时，周厉王上台了。

周厉王为人暴虐，是个狠角色，做事不讲理，不按常理出牌。

俗话说："弱的怕强的，强的怕横的。"

熊渠虽然强悍，却也畏惧周厉王的蛮横，悄悄除去了三个儿子的"王号"。

熊渠的长子熊毋康身体不好，早死。熊渠死后，由他的次子熊挚红继位。

熊挚红的弟弟熊延在熊挚红死后，杀了熊挚红的儿子，从容继位。

熊延死后，楚国又传了若干代君主。

传到周宣王时，是熊咢的儿子熊仪当国。

按照史书的记载，熊仪是个"筚路蓝缕，以启山林"式的人物，但未对他的事迹有过多的介绍。

熊仪在位二十七年，死后葬于若敖，他因此被尊为"若敖"——这是楚君有谥号的开始。

此后，熊仪的儿子熊坎继承熊仪的君位，虽然在位只有六年，也有号，称"霄敖"。

楚霄敖熊坎的儿子熊眴在位十七年，也有号，为"蚡冒"。

楚国最先称王的是楚蚡冒熊眴的弟弟熊通。

熊通是通过谋杀侄子上位的，为人桀骜不驯。

熊通的爷爷楚若敖在位时，周幽王为犬戎所弑，周王室东迁洛邑，历史进入春秋时代。

换言之，熊通继位之时，天下已经"礼崩乐坏"。

形势如此，熊通趁势而起，四下杀伐。

最先征伐的是随国。

随国抵挡不住，随侯颇感无辜，问他："我无罪，何以伐我？"

熊通呈现出一副无耻的嘴脸，与其先祖熊渠一样，理直气壮地说："我蛮夷也。"

随侯相当无语。

熊通因此向随侯提出一个要求，说："如今诸侯各自叛乱，相侵相杀。我有敝甲，欲参与中原政事，请代我向周王室请封号。"

随侯没办法，为求退兵，只好勉从其意，入洛邑向周天子请求尊熊通为王。

按照周礼，那是国无二主，天无二日，怎么可以容忍周天下出现两个王？

熊通此举，是在赤裸裸地挑战周礼的底限，绝不能准！

周天子黑着脸，把随侯逐出。

随侯只好哭丧着脸还报熊通。

熊通勃然大怒，说："我的先祖鬻熊，是文王之师，可惜早死。成王提举我先公，却只以子男爵的土地让他居住在楚。现在楚地的蛮夷皆顺服于我，王室却不肯提升楚国爵位，我就自封尊号罢。"

他自立为武王，与随国结盟而归。

天下诸侯自立为王之先河，始于楚武王熊通。

楚武王继续对外征讨，打趴打服了周边的邓国、勋国、绞国，以强国的姿态崛起于诸侯之中。

楚武王在位时间很长，共五十一年。

楚武王去世后，太子熊赀即位，是为楚文王。

楚文王挟父余威，将国都迁到郢城，大肆对外扩张，擒蔡国国君蔡哀侯以归，灭掉了息国、邓国，一时间，楚国国势大张，威逼中原，江汉间小国皆畏之。

楚文王的王位继承者——太子熊囏却不成器，他即位后把国事弄得一团糟。

楚文王的另一个儿子熊恽看熊囏不爽，勾结随国，发起政变，杀熊囏而自立，是为楚成王。

楚成王有才干，把楚国已经跑偏了的车轮纠正回正常轨道。

在与宋襄公的争霸过程中，楚成王还在泓水（今河南省商丘市柘城县北）大败宋襄公，实现了小霸局面。

可惜的是，周襄王十六年（前636），晋文公崛起，楚晋双方在城濮（今山东省菏泽市鄄城县西南）展开军事较量，楚军惨败。

楚成王威望大减，又在废立太子熊商臣的过程中，闹到不可收拾的地步，最终被熊商臣逼迫自杀。

熊商臣登上王位，是为楚穆王。

楚穆王在周襄王二十九年（前623）灭掉臣服于晋国的江国，又在周襄王三十年（前622）灭亡六国和蓼国，又在周襄王三十四年（前618）迫降陈国。他还通过在厥貉（今河南省周口市项城市西南）会盟陈、郑、宋三国的国君，重振了楚国声威。

周顷王五年（前614），楚穆王死了。

太子熊侣即位。

熊侣即楚庄王。

再回头来补叙一下。

前面说的楚国发展道路上那个"筚路蓝缕，以启山林"的人物楚若敖熊仪，史书虽然没有记载他的具体功绩，但他的生育能力之强大是毋庸置疑的。

他留下了众多子嗣。

这些子嗣中，有两个人是必须要说的。

一个当然是继承楚国君位的楚霄敖熊坎。

另一个是熊伯比。

熊伯比是个大贤人，他被封于斗邑(今湖北郧西)，以斗为氏，称斗伯比，成了斗氏之得姓始祖。

斗伯比一则同父同母的兄弟多，二则他本人的生育能力也很强大，斗氏子孙枝繁叶茂，斗氏成楚国国内一支强大的宗室势力。

楚武王熊通能把事业做大，跟斗伯比的支持是分不开的。

楚武王熊通每次对江淮诸侯用兵，都离不开斗伯比在背后的出谋划策。

换言之，楚国在不断做强做大的同时，斗氏家族的地位也得到了极大的巩固。

斗伯比成为楚国军政大权一手抓的令尹，也是楚国第一位令尹。

最难得的是，斗伯比命硬。

在楚武王、楚文王相继去世后，斗伯比依然健在，这使斗氏的势力一直坚挺。

随后，斗伯比的儿子斗榖於菟成为令尹。

斗氏家族的权势达到巅峰。

周襄王十四年（前637），令尹子文主动辞职，推荐弟弟斗子玉当令尹。

斗子玉名"得臣","子玉"是字,他后来以"成"为氏,史称成得臣。

成得臣执掌国家大权后不久,公子重耳逃亡到楚国。

成得臣敏锐地感觉到公子重耳是个潜在的劲敌,力劝楚成王杀掉公子重耳。

但楚成王不听。

后来楚晋交兵,楚国在城濮遭遇惨败,成得臣引咎自杀于归途中。

令尹成得臣虽死,斗氏家族中有还有斗宜申、斗勃、斗般、斗椒、成大心、成嘉等人辅佐楚成王。

楚穆王弑杀了斗氏家族辅佐的楚成王,而楚庄王是楚穆王的儿子。

由此可知,斗氏家族和楚庄王的关系很紧张。

《左传·文公十四年》记载了一件发生在楚庄王初立时的事:潘崇是拥戴楚穆王熊商臣弑杀楚成王的元谋功臣,他和令尹子孔想发兵袭击淮夷的群舒,特意安排楚庄王的师父斗克和公子燮留守郢都。这个斗克,就是前面提到的那个路见不平一声吼、拔刀干掉嚣张令尹子元的申公斗班的儿子。斗克的才能和他的父亲斗班相比,简直是一个在地,一个在天。他不自量力,和公子燮发动叛乱,袭击子孔,反被子孔杀败。没奈何,斗克和公子燮只好盘算着挟持楚庄王躲往商密(为都国都城,今湖北省宜城市一带)。结果被楚国庐邑大夫庐戢黎及其助手叔麇诱杀。楚庄王这才脱离虎口。

不难看出,在强大的斗氏家族面前,楚庄王就像一只弱鸡,只能听任摆布。

也就是说,楚庄王在即位后的前三年,不但无乐可享,简直是苟且偷生,如履薄冰。

这种情况下,他不得不等待羽翼丰满,静观形势变化。

这就是楚庄王"莅政三年,无令发,无政为"的原因。

第二部分 信史时代 195

五、秦桓公背信弃义，撕毁"夹河之盟"，差点把秦穆公建立的基业败光

前面说了，在秦穆公的治理下，秦国在春秋时代拥有过一段高光时刻。

秦穆公有雄心壮志，为了染指中原，他先与晋国联姻，结成秦晋之好，后来又先后拥立晋惠公、晋文公，以为可以借此获得一条东进之路。

不成想，晋惠公是一头白眼狼，晋文公又借助秦国之力一飞冲天，独霸中原，不但风头盖过秦穆公，还彻底阻断了秦国东进之路。

好不容易熬到了晋文公老死，秦穆公兴冲冲地兴师伐郑，秦军却被晋襄公派出的晋军在崤之战中打得死伤殆尽。

没办法，秦穆公只好挥泪掉头，将战略目标定在西戎。

这样，秦穆公虽然也建立起了自己的霸业，但仅仅是称霸西陲而已。

秦穆公的儿子秦康公、孙子秦共公承秦穆公之余烈，积极与楚国交好，不断挤压和夹击晋国。

而晋襄公之子晋灵公荒淫，不行君道，晋国霸权摇摇欲坠。

如果这种局势持续下去，秦国势必压住晋国，但在周匡王六年（前607），晋灵公被赵盾的兄弟赵穿袭杀；周定王三年（前604），秦共公薨，秦桓公立，形势又为之大变。

首先，晋襄公的弟弟、晋灵公的叔叔晋成公继位之后，与郑国结盟，多次派兵援救郑国；又联合白狄打败了秦军，重振了声威。在周定王七年（前600）九月，他召集宋文公、卫成公、郑襄公、曹文公在扈邑（今陕西省西安市鄠邑区）会见，准备与楚庄王争夺霸权。

也就是说，晋国的局面已经出现了好转。

秦桓公继位后，不恤国政，把国内搞得天怒人怨，还强行出兵与晋国开战，自然一战即败。

晋成公在扈邑会见宋文公、卫成公、郑襄公、曹文公之后不久就死了。

周定王十年（前597），楚庄王包围了晋国的盟友郑国。晋成公的儿子晋景公派大军前往救援，也不知是因为晋国的动作太慢，还是因为郑国投降得太快，晋军来到黄河边时，郑军已经投降了楚军。他们还和楚军联合起来，大败晋军。

晋军经此一败，元气大伤，晋国的霸业已呈衰败之象。

秦桓公趁此机会，出兵攻晋。

辅氏（今陕西省大荔县）一战，秦军却铩羽而归。

由此可见，在秦桓公之世，秦军衰弱到了何种地步。

周定王十二年（前595），晋景公为了报复郑国援助楚国之仇，出兵讨伐郑国。但在黄河边，又被楚庄王带来的楚军挫败。

这种情况下，不服气的秦桓公再次派兵攻打晋国。

秦晋两军在辅氏再次交手，秦将杜回被晋将魏颗擒捉，秦军再次大败。

周定王十四年（前593），晋景公派随会灭亡了赤狄。

这说明，晋国在晋景公的治理下又重新雄起。

周定王十六年（前591），执掌晋国国家政权的郤克因为上一年出使齐国时遭到齐顷公的母亲讥笑，发兵讨伐齐国，逼迫得齐国派太子强到晋国做人质才罢手。

霸主楚庄王于公元前591年辞世，晋景公意欲复霸中原，借周定王十八年（前589）齐国讨伐鲁国之机，联合鲁国、卫国共同讨伐齐国，将齐国打服打趴。

不承想楚国在晋国罢兵之后，兴全国之师，并联合郑、蔡、许等诸侯国攻打鲁、卫，为齐国复仇。

在鲁、卫服软之后，楚共王遍邀鲁、蔡、许、秦、宋、陈、卫、郑、齐、曹、邾、薛和鄫等共计十四个诸侯在蜀（今山东省泰安市东南）会盟。

晋景公不甘示弱，向天子献上齐国俘虏。

不过，晋景公命不好，周简王五年（前581），有巫师给他算命，说他将吃不到这一年的新麦。

晋景公郁郁寡欢，不久病倒。

但晋景公还有求生的欲望，他听说秦国有一个有名的神医，名叫缓，便派人到秦国找秦桓公要。

秦桓公慑于晋国的强大，派医缓前来诊治晋景公。

医缓对晋景公进行了全面诊断，非常遗憾地对晋景公说，您已病入膏肓，无法医治。

晋景公回想起巫师的话，认为医缓是良医，便赠以厚礼护送他回国。

可是，晋景公还是熬到了新麦收成时节。

他非常高兴，让人献上新麦，煮熟，准备美美地吃上一餐，然后再派人把睁眼说瞎话的巫师杀掉。

煮熟的新麦端上来了，晋景公还没有开吃，就感到腹胀，只好急匆匆地去上厕所。

只能说，巫师算得太准了，晋景公竟然掉到粪坑里淹死了，真的一口新麦也没吃上。

晋景公的儿子晋厉公继位。为了缓和晋国四面受敌的局面，同时也想感谢秦国派医缓救人的恩德，他派使者携厚礼去拜见秦桓公，约秦桓公在令狐（今山西省临猗县西）会盟，想跟秦国订立友好关系。

这本来是好事，秦桓公却犹豫不决。

在大臣们的一番劝说下，他才答应赴约会盟。

周简王六年（前580）冬，晋厉公抢先一步到达令狐，恭候秦桓公的大驾。

这时的黄河水已经结冰，不存在渡河的困难问题。

秦桓公却不肯渡过黄河，以各种理由拖延不见。

在晋厉公的一再敦促下，秦桓公最后派大臣史颗带着文书过河，他表示，自己会留在河西的王城等待晋国派大使过来签约。

没办法，晋厉公只好派大夫郤犨过河与秦国结盟。

这次结盟，两国国君并未会面，只是隔河相望，故史称"夹河之盟"。

结盟的过程，让秦桓公的尾巴翘起来了。他认为晋厉公胆小怕事、软弱可欺，觉得趁着晋国新君上位，政权不稳之际出兵，肯定能报复当年的两次辅氏大败之仇。

这么想着，他决定背弃"夹河之盟"，秘密联络楚国和狄人图谋伐晋。

狄国是遭受晋国欺负过的，一听说是要打晋国，马上答应。

楚国却有所顾虑。

晋国耳目灵通，收到了秦桓公准备伐晋的风声。

晋厉公气得鼻子都歪了。

晋厉公虽然年轻，却不莽撞，他没有冒冒失失地发兵攻秦，而是以老霸主的身份联合鲁、齐、宋、卫等十个诸侯国，发动了声势浩大的声讨行动。

不用说，诸侯都对秦桓公背信弃义的行为表达了极大的愤慨，一边倒地倒向晋国。

周简王八年（前578），晋厉公率军前往周都王城（今河南省洛阳市王城公园附近），与齐、宋、卫、鲁、郑、曹、邾、滕八国国君所率军队会师，筹划攻秦事宜。

周简王也派大夫刘康公、成肃公率军助战。

同年四月，晋厉公写了一封《绝秦书》，派遣大夫魏相赴秦，历数秦穆公、秦康公、秦共公三代君主屡次背信弃义的行为，宣布开战。

秦桓公仓皇应战，发兵进军至泾河以东阻击诸侯联军。

公元前578年五月，双方在麻隧（今陕西省泾阳县北）展开激战，秦军大败，秦将成差及秦桓公的车右不更女父被俘。

联军乘胜追击，一直追击到侯丽（今陕西省礼泉县境内）才收兵。

此战，联军深入秦境达一百五十公里，离秦雍都仅一百公里之遥，可谓扬眉吐气。

秦军军心尽丧，士气尽沮。

秦国由此走上下坡路。

秦桓公本人于次年暴死，其子秦景公立。

秦景公即位，加强了联楚攻晋的决心。

可惜的是，晋国随之走入晋悼公时代，国力大增，复霸中原，诸侯莫能与之抗。

最终，在周灵王二十六年（前546）晋楚弭兵之盟后，秦景公改善了与晋国的外交关系，与晋国重修秦晋之好。

六、没能起用商鞅和孙膑的魏惠王是庸主吗？

魏惠王是三家分晋后魏国的第三代君主，是一个被严重低估了的角色。

很多史家认为，时间进入战国后，魏国在魏文侯、魏武侯父子的治理下，已取得称霸局面，获得非常好的开局。但魏惠王不作为，魏国在他的手里开始衰败，没能压制住西边的秦国。魏惠王后来和孟子谈话时，也发出了"及寡人之身，东败于齐，长子死焉，西丧地于秦七百里，南辱于楚"之叹。

事实上，魏国存在着严重的先天缺陷——其领土是割裂的，难于东西兼顾。

另外，魏武侯只知自己埋头发展，没有兼顾盟友的收获，和赵国闹起了不愉快，还因为赵国攻卫国的事，与赵国开战，破坏了三晋联盟。这么一来，魏国四面受敌，陷入无休止的征战中，要想通过经济生产来增加国力，就非常困难了。

这不？魏武侯死后，魏国面临一个非常窘迫的困境。

由于魏武侯生前没册立太子，魏惠王与兄弟公仲缓争为太子，魏国出现了内乱。

赵、韩两国的国君赵成侯和韩懿侯亲率两国军队南北并进，大举攻魏。

他们在黄河以北会师，以雷霆万钧之势攻克魏国城邑葵（今河南省焦作市西北），兵锋直指魏国国都安邑（今山西省运城市夏县）。

魏惠王在安邑城内束手待毙，已成瓮中之鳖。

魏国亡国在即。

这恶果就是魏武侯造成的，能怪魏惠王吗？

幸好，赵成侯和韩懿侯在这时发生了分歧。

赵成侯的意见是，除掉魏惠王，另立公仲缓，让公仲缓作为自己的代理人，从而达到操控魏国的目的。

但韩懿侯刚刚灭了郑国，还没完成对郑国的消化，觉得杀掉魏惠王、另立公仲缓，得利的只有赵国。他提出了反对意见：立公仲缓的同时，留下魏惠王，把魏国分为两个国家，使魏国沦落成与宋国、卫国一类的国家，对自己构不成威胁就行了。

赵成侯看穿了韩懿侯的小心思，坚决不同意。

一来二去，韩懿侯生气地撤军回国了。

赵成侯巴不得韩懿侯快走。

他联合公仲缓，准备消灭魏惠王，然后再除掉公仲缓，独占魏国。

但是，韩国人一走，他的实力大减。

魏惠王在得力大将公叔痤的协助下，发起绝地反击，击败了赵国和公仲缓的联军，稳定了魏国的局势。

之后，魏惠王亲自选拔庞涓、公子昂、龙贾等一批青年将领，大力整顿军事，败韩于马陵（今山东省聊城市莘县大张家镇马陵村），败赵于怀（今河南省焦作市武陟县西南），重振了国威。

从这一点上说，魏惠王还是有两把刷子的。

实际上，魏惠王后来在逢泽（今河南省开封市东南）之会称王，率领宋、卫、邹、鲁等十二诸侯国国君朝见周天子，一度恢复魏国的霸业，不失为一代雄主。

很多人之所以会把魏惠王视为庸主，主要因为他没有做到知人善任，没能重用商鞅和孙膑。

这其中，以宋朝徐钧的一首《咏魏惠王》最具代表性。

> 鞅已归秦膑入齐，有才不用孰持危。
> 后来医国非无药，仁义良方惜不施。

其实，错失商鞅和孙膑，并非魏惠王的责任。

我们来看一下具体过程。

话说魏惠王起用公叔痤为相，在浍北（浍水北岸，今山西省汾河附近）大破韩赵两国联军，并俘虏了赵国将领乐祚。魏惠王非常开心，赏赐公叔痤良田百万亩。

在《史记·孙子吴起列传》里，公叔痤被司马迁描绘成一个卑鄙阴险的小人。

但事实并不是这样的。

公叔痤爱才惜才，是个极具仁爱之心的谦谦君子。

他拜谢不受，把功劳归给吴起等一批已经逝去的老臣，建议魏惠王把这些良田赏赐给吴起等人的后人。

吴起的后人因此被赏赐了良田二十万亩。

公叔痤感念吴起在世时，曾率领魏国铁骑攻下秦国函谷关，夺取秦国五百多里土地，把秦国压缩到华山以西的狭长地带。秦献公即位后，一直想收复河西，把国都由远在关中西部的雍东（今陕西省宝鸡市凤翔区）迁至栎阳（今陕西省西安市阎良区），为的就是收复河西。公叔痤建议魏惠王发兵西进，打消秦献公的妄想。他还自告奋勇，愿为主帅。

可惜的是，公叔痤并不是吴起，他在少梁被秦国击败，成了秦军的俘虏。

秦献公的父亲秦灵公去世时，秦国君位一度被秦献公的叔祖父秦简公赵悼子夺去，秦献公逃亡到了魏国，得到过公叔痤的照顾。

因此，被俘后的公叔痤得到秦献公的盛情款待，并被平安遣送归国。

魏惠王待公叔痤如初。

但公叔痤作为败军之将，迈不过内心的那道坎，在羞惭中，患上重病，自知不久于人世，便向魏惠王推荐自己的门客公孙鞅，要魏惠王起用公孙鞅为国相。

魏惠王并不了解公孙鞅，肯定不能因为公叔痤的一句话就让公孙鞅担任国家的二把手。否则，就是视国家大事儿戏了。他对公叔痤说："公孙鞅这样年轻，怎么能当国相呢？"

公叔痤的脑路有些怪。为了突出公孙鞅的非凡之处，他危言耸听地说："国君如果不用此人，就赶快杀了他，免得他到其他的国家去，对魏国不利。"

魏惠王听了，认为公叔痤一会儿要自己重用公孙鞅，一会儿又要杀公孙鞅，觉得他是病糊涂了，净说胡话，对左右说："公叔病甚，悲乎，欲令寡人以国听公孙鞅也，岂不悖哉！"

其实，公叔痤如果真的担心公孙鞅以后会成为魏国的祸患，那他杀公孙鞅也是很容易办得到的。

魏惠王走后，他又莫名其妙地对公孙鞅说："我要国君安排你继任我的相位，他不听；你还是快点走吧，免得有杀身之祸。"

公孙鞅听后，并没马上走，而只是淡淡说了句："既然国君不听你的话重用我，也不会听你的话杀我。"

但是，他最终还是走了，走入秦国，实施变法，建立了不世之功勋，获封商地，史称商鞅。

公叔痤向魏惠王推荐商鞅的事见于《史记·商君列传》，这到底是历史的真实情况，还是司马迁的想象虚构，不得而知。不过，从这件事来看，魏惠王没有重用商鞅，一点也不奇怪。理由很简单，公叔痤又不是魏惠王的爹，在不了解商鞅的情况下，魏惠王怎么可能凭他一句话就起用商鞅为国相？

那么，孙膑的情况又是如何的呢？

《史记·孙子吴起列传》说，孙膑是庞涓的同学，但仅仅说了一句"孙膑尝与庞涓俱学兵法"，没有说他们的老师是谁。但是，明朝小说家冯梦龙在《东周列国志》里，却把孙膑和庞涓说成是鬼谷子的学生。

这个鬼谷子是谁呢？

按照司马迁的说法，是张仪和苏秦的老师。

他先在《史记·苏秦列传》中说："苏秦者，东周洛阳人也。东事师于齐，而习之于鬼谷先生。"又在《史记·张仪列传》中说："张仪者，魏人也。始尝与苏秦俱事鬼谷先生，学术。苏秦自以不及张仪。"

张仪和苏秦都是可以搅动历史风云、改变天下格局的大纵横家，他们都师承于鬼谷子，可见鬼谷子不简单。

而冯梦龙又把孙膑和庞涓说成是鬼谷子的学生，鬼谷子一个人教出了四个旷世奇才，迅速成为人们膜拜的偶像。

此后，有人根据《东周列国志》对鬼谷子的介绍，说他姓王名诩，尊称他是"王禅老祖"，不断把许多风云人物说成他的弟子，比如说孙武、商鞅、李斯、毛遂、徐福、甘茂、乐毅、范雎、张良、郦食其，甚至东汉末年的诸葛亮、初唐名将薛仁贵等都是他的徒孙。

由此可见，鬼谷子越来越被神化，成为一个与天同寿、与地齐福的神仙。

实际上，《史记·苏秦列传》和《史记·张仪列传》所记载苏秦的事是错的。

这一点，从1973年长沙马王堆出土帛书《战国纵横家书》可知，苏秦是为燕而仕齐、最后导致齐亡而燕兴的风云人物。

一句话，苏秦是比张仪、公孙衍、陈轸等晚一代的纵横家，曾与孟尝君、李兑、周最等人一起活跃在六国之间。

按时间推算，苏秦至少比张仪晚生了三十多年。

因此，张仪和苏秦不可能一起跟随鬼谷子先生学习游说之术，更不可能是苏秦比张仪先出山。

最后说一下，唐朝史学家司马贞在《史记索隐》中引乐一注谓"苏秦欲神秘其道，故假名鬼谷"，即所谓的"鬼谷子"，其实并不存在，不过是苏秦为了将自己弄得神秘，故意捏造出的一个假名字。

《意林》《旧唐书》《新唐书》等书也持同样的观点。

说完鬼谷子，再说回孙膑。

魏惠王是怎么错失孙膑的呢？

在《史记·孙子吴起列传》记载中，孙膑被庞涓带到魏国时，魏惠王根本就没见过孙膑，甚至听都没听过孙膑的名，他又怎么重用孙膑呢？

因此，错失商鞅和孙膑，真不是魏惠王的问题。

实际上，即使没有商鞅和孙膑，魏惠王在庞涓等人的辅佐下，如果不出意外，他依然可以让魏国一直朝强大的方向发展。

我们来看一下。

在公叔痤对秦用兵前，庞涓已在对赵国的战争中取得大胜，攻取了赵国的列人和肥（列人和肥地，均在今河北省邯郸市附近），兵临邯郸。但公孙痤兵败，魏国的河西郡危急，庞涓不得不解邯郸之围掉头与秦军作战。

庞涓是非常厉害的一代名将，他挥军从临晋（今陕西省渭南市大荔县境内）渡过黄河，对靠近临晋的秦国都城栎阳作出进攻态势，唬得秦军纷纷向栎阳集结。然后，他亲率精锐北上，另从合阳（今陕西省渭南市）渡河，出其不意，一下子就攻破了栎阳。

秦孝公逃出栎阳，狼狈不堪地退居旧都雍。

这样，河西又回到了魏国手中。

压制住了秦国，魏惠王继续对韩、赵用兵。

《古本竹书辑证》记载：魏惠王在即位后的第十三年，发兵将韩昭侯围困于宅阳（今河南省郑州市荥阳市东南），逼得韩国割让了平丘

（今河南省新乡市封丘县东）、户牖（今河南省开封市兰考县东北）、首垣（今河南省新乡市长垣市东）诸邑以求解困。

最终，魏惠王与韩昭侯结盟于巫沙（今河南省郑州市荥阳市北），并拿郑鹿（今河南省周口市鹿邑县）与韩国的枳道（今河南省商丘市柘城县）做了交换。

收服了韩国，《史记·六国年表》又记载："魏惠王十七年，魏围邯郸。"

魏军的攻势很猛，《古本竹书辑证》里面描述："邯郸四毂，室坏多死。"

这种情况下，赵国只好向东方的齐国求救。

齐国是靠魏文侯的帮助列为诸侯的，但作为一个传统大国，它不肯附庸于魏国。

当初魏国在西面对秦国用兵之时，齐国的表现很不老实，不断在魏国背后对魏国搞小动作，除了拉拢、胁制周围的一些中小诸侯国，并与之结成自己的小帮派之外，还直接对魏国用兵。魏惠王四年（前367），一度在观地（今山东省聊城市观朝县一带）与魏军发生了军事冲突。

魏惠王为了免除腹背受敌之忧，派出使者与齐国结好，与齐国国君齐桓公田午相约会盟。

现在，齐国看到赵国危急，生怕魏国灭赵坐大，其从自身利益出发，出兵救赵，败魏于桂陵①。

紧接着，齐国还带领自己的小帮派围困魏国的襄陵（今河南省商丘市睢县）。

不得已，魏惠王归还赵国邯郸，与赵君结盟于漳水上，从赵国撤军，转身与齐国交战。

按下葫芦浮起瓢，魏国在这边和齐国对战，秦国在那边袭取了少梁（今陕西省渭南市韩城市以南），继而进逼上洛地区，围取固阳

---

① 一说今山东省菏泽市东北，一说今河南省新乡市长垣市西北。

(《史记》写魏国"筑长城、塞固阳",即固阳为魏西长城北端,应为合阳,即今陕西省韩城市,而非今内蒙古自治区之固阳县)。

不得不说,魏国真是四战之地,四处受敌。

还好,魏国很快打败了齐国,结束了东面战场的战事,转身对秦用兵,一下子就收复了全部失地,包围秦军于定阳(今陕西省延安市东南)。

秦军被打得毫无还手之力。

《战国策》记载,秦孝公被惊吓得"寝不安席,食不甘味"。

秦军袭取少梁、围取固阳,其实是商鞅出的馊主意。

商鞅不得不出来为自己的过错买单。

他冒着生命危险,前往魏国游说魏惠王,以秦孝公愿尊魏惠王为王为条件,哀求和希望得到魏惠王的谅解。

魏惠王二十年(前350),秦孝公和魏惠王在彤地(今陕西省渭南市华州区西南)会盟,双方罢兵息战。

经过克韩、胜赵、制齐、伏秦这一连串战事,魏国大杀四方,风头出尽。

魏惠王二十六年(前344),魏惠王听从商鞅的游说,在逢泽(今河南省开封市东南)之会率先称王,率领宋、卫、邹、鲁等十二诸侯朝见周天子。

这时候,魏惠王的霸业达到顶峰。

但是,魏惠王在逢泽称王这个鬼主意是商鞅出的。商鞅肯定不安好心。

后世三国时期,孙权杀掉关羽后,曾给曹操上书,歌颂其功德,称为"天命",劝曹操称帝,表示自己情愿称臣。曹操大笑,说:"孙权这小子,竟想把我放在火炉上烤!"

商鞅出这个鬼主意,就是想把魏惠王放到火炉上烤。

果然,逢泽之会遭到韩、齐等国的抵制。

魏惠王二十八年(前342),魏国向韩进攻。

韩国根本不是对手，赶紧向齐求救。

这样，一场关乎魏国国运的大战——马陵之战爆发了。

齐、魏两军大战于马陵，以魏军大败告终，魏太子申被俘。

魏国经过马陵惨败，国力大损。

秦、赵两国落井下石，与齐国一起，分别从西、北、东三个方向向魏国发起进攻。

魏惠王三十年（前340），魏军主帅公子卬在与秦军交战中被俘。

没有办法，魏惠王决定放弃安邑，迁都大梁。

魏国也因此得了一个"梁国"的别称，而魏惠王也被称为梁惠王。

这里说明一下，魏国迁都大梁的时间，《史记·魏世家》说是魏惠王三十一年（前339），也就是"秦将商君诈我将军公子卬而袭夺其军，破之"之后，魏惠王认为"安邑近秦，于是徙治大梁"。《竹书纪年》中却记"梁惠王九年四月甲寅，徙都大梁"。对此，司马贞认为"纪年以为惠王九年，盖误也"，所以，这里采用《史记·魏世家》里的"魏惠王三十一年"之说。

迁都之后，为了防备西面秦国的军事进攻，按照《古本竹书辑证》的记载，魏惠王派"龙贾率师筑长城于西边"，对秦国采取守势，以防御为主。

为了化解齐国的攻势，魏惠王接受了相国惠施"以魏合于齐楚以按兵"的建议，于魏惠王三十六年（前334）赴徐州朝见齐威王，尊齐威王为王。

齐威王非常高兴，于是也承认了魏惠王的王号。

这件事，史称"徐州相王"。

魏惠王为了显示齐威王承认自己王号的重要性，于该年改元重新纪年。

这就标志着魏国的霸主地位正式丧失了。

"徐州相王"之后，齐暂时停止了对魏国的进攻。

但秦国对魏国的攻击还是非常凌厉。

魏惠王后元五年（前330），秦军在雕阴（今陕西省延安市甘泉县）大败魏，迫使魏惠王献出河西之地。

次年，秦军又攻占魏国的汾阴（今山西省运城市万荣县西南）、皮氏（今山西省运城市河津市）、焦（今河南省三门峡市）、曲沃等地。

怎么才能有效地抗击秦军呢？

魏惠王后元十年（前325），魏惠王放低身段，与韩威侯相会于巫沙，并尊韩威侯为王，是为韩宣惠王。

紧接着，他又与韩宣惠王并带太子入朝于赵，重修三晋联盟。

魏惠王后元十一年（前324），魏惠王又和齐威王相会于甄（今山东省菏泽市鄄城县）。

再补充一下，《史记·魏世家》记齐威王卒于魏惠王二十八年（前342），当误。

安抚好韩、赵、齐后。魏国可以专心与秦国对抗了吗？

并不能。

魏惠王后元十二年（前323），南面的楚国为了逼魏惠王废太子嗣，送流亡在楚的魏公子高为太子，与魏军在襄陵开战，大败魏国，并趁势夺取了八个邑。

秦国那边也不闲着，连接攻取了魏国的曲沃、平周（今山西省晋中市介休市）等地。

魏国国势日蹙，情形堪忧。

不过，张仪入秦为相后，施行连横策略，游说魏惠王，说是"以秦、韩与魏之势伐齐、荆"，即秦、韩、魏三国结盟以对付齐、楚。

身陷困境的魏惠王渴望的是解除掉秦、楚的进攻，没有别的选择，同意了张仪的提议，驱逐惠施，起用张仪为相。

张仪的真正目的是"欲令魏先事秦而诸侯效之"，所以，到了魏惠王后元十六年（前319），魏惠王又听从倡导合纵的公孙衍的建议，起用公孙衍为相，与齐、楚、燕、赵、韩五国结盟，驱逐张仪，共同对秦。

魏惠王在对外政策上摇摆不定,树敌过多,魏国国势一日不如一日。

魏惠王最终死于公元前319年,享年八十二岁。

第三部分

乱世奇才

第一章　兵家光环

一、春秋的孙武就是战国的孙膑？

《史记》是中国历史上第一部纪传体史书。

《史记》诞生之前，史书体例或以年代为线索编排有关历史事件，如《左传》，是为编年体史书；或以国家为单位分别记叙历史，如《战国策》，是为国别体史书。

西汉太史公司马迁另辟蹊径，以人物为纲，按时间顺序，首创纪传体通史，连贯地记述了各个时代的史实。

太史公司马迁笔下有人物传记，含十二本纪、三十世家、七十列传，记载的人物有皇帝、贵族、官吏、将士、学者、游侠、卜者、农工、商贾等。

这里面，有一个特殊群体，千百年来，深受人们关注，即进能兴人国、退能覆人国的名将、军事家群体。其中，《廉颇蔺相如列传》写了廉颇、蔺相如；《白起王翦列传》写了白起、王翦；《孙子吴起列传》写了孙武、吴起；《乐毅列传》写了乐毅；《淮阴侯列传》写了韩信……此外，还有附于《廉颇蔺相如列传》的李牧、赵奢；附于《白起王翦列传》的司马错；附于《孙子吴起列传》的孙膑；附于《乐毅列传》的乐羊；附于《淮阴侯列传》的钟离眜、李左车等。

这些人，无一不是响当当的狠角色，每一个都足以搅得风云动荡、山河变色。

史学大师钱穆却认为，附于《孙子吴起列传》的孙膑，其实历史上并不存在，属于虚构人物。

他在《先秦诸子系年考辨》中深入浅出地考证出：孙膑和孙武是同一人，所谓《孙膑兵法》就是《孙子兵法》。

的确，《孙子吴起列传》对孙武的记载只有一个真假莫辨的"吴宫教战"的故事，孙武的人物形象非常模糊。而孙膑运用兵法"围魏救赵"、马陵道与庞涓智斗的故事却活灵活现。偏偏孙膑又没留下名字（"膑"是指他受到了膑脚的酷刑，膝盖骨被剔），且流传下来的只有十三篇《孙子兵法》，并没有《孙膑兵法》的踪影，实在无法让人不怀疑。

钱穆因此断定，孙武、孙膑同为一个人，即孙是其姓，武是其名，膑是其外号。

该观点一经提出，渐成史学界定论。

1972年，考古人员在山东省临沂市的银雀山汉墓中出土了一批竹简，其中有两部书，名字赫然都是《孙子兵法》。

其中一部和现在传世的《孙子兵法》相同。另外一部则是以孙膑为主角的，应该就是失传多年的《孙膑兵法》了。

这个《孙膑兵法》共十六篇。第一至第四篇记孙子与齐威王、田忌的问答。第十六篇《强兵》篇也记述了孙子与齐威王的问答。第五至第十五各篇，篇首都称"孙子曰"，其文体、风格与流传于世的《孙子兵法》及其佚篇有着明显的区别，因此，这些篇中的"孙子"应该是代指孙膑。

二、兵圣孙武的吊诡人生：著有兵法《孙子》十三篇，实际操作只有"吴宫训美"

孙武的名气很大，有"兵圣""兵家至圣""兵家之祖""百世兵家之师""东方兵学的鼻祖"之称，可谓威名赫赫。

但关于孙武这个人是否存在，其实是非常可疑的。

其可疑之处，就是所有先秦文献，包括《左传》《国语》，都没有关于孙武片言只语的记载。

也就是说，孙武这个人，除了留下兵法《孙子》十三篇传世外，是没有什么其他事迹的。

换句话说，如果不是因为世有兵法《孙子》十三篇，孙武这个人，其实不值一提。

也不知汉朝人司马迁在编著《史记·孙子吴起列传》时，是从哪儿搜集来的材料，竟然绘声绘色地讲了一则孙武"吴宫训美"的故事来。

故事并不复杂，讲的是：孙武写好了兵法《孙子》十三篇，兴冲冲地去找吴王求职。吴王的表现很奇葩，他做了一件很多普通人喜欢想、历史上却是谁也没有做过的事：把宫中一百八十名宫女交给孙武训练，说是要检验孙武的练兵能力。孙武的做法毫无创意——把不听话的宫女杀了，立威。震肃之下，其他宫女都乖乖听话了。

编造这样的故事，是很容易的事。

毕竟，有一个常用成语，叫"杀鸡吓猴"。

但这个"吴宫训美"的故事极可能是司马迁拍脑袋编造出来的。

您看，故事里的孙武说的一句话——孙武对宫女进行了训练之后，对吴王说："兵既整齐，王可试下观之，唯王所欲用之，虽赴水火犹可也。"

这句话，一下子就暴露出故事的虚构性。

道理明摆着，孙武既然是一个大兵家，那他应该知道，训练和实战是两回事。

——您通过杀人示威可以让宫女听从您的摆布，但并不等于可以让这些宫女上阵杀敌，更遑论"虽赴水火犹可也"了。

司马迁讲完"吴宫训美"这个故事后，非常笼统地讲了一句套话，说:"于是阖庐知孙子能用兵,卒以为将。西破强楚,入郢,北威齐晋,显名诸侯,孙子与有力焉。"到这里,关于孙武传记的全部内容就交代完了。

历史上的吴国的确是攻破了强楚,攻陷了楚都郢城,但按照《左传》《国语》等书的记载,那是伍子胥辅佐吴王的杰作,没孙武什么事。

"北威齐晋,显名诸侯,孙子与有力焉"完全是虚语,只是因为兵法《孙子》十三篇传世,由兵法《孙子》十三篇推知有孙武,所以就套到孙武身上了。

司马迁这样介绍孙武,后世史家不作他疑,信以为真,但终究觉得《史记·孙武传》写得太虚,就设法对孙武的事迹加以完善,于是又衍生出伍子胥"七荐孙子"的传奇桥段来。

为了让孙武伐楚的事迹更加具体,又加入了孙武"策动桐国叛楚""因粮于敌"伐楚的策略,最终"五战灭楚",一举攻入楚都郢城。

老实说,"七荐孙子""策动桐国叛楚""因粮于敌""五战灭楚"等,全无史迹可寻,更像是小说家语。这分明就是顾颉刚先生提出的"古史层累地造成说"的套路:距离孙武时代越远的人,"知道"孙武的事迹就越多,材料就越丰富,当然,也越显得伪劣。

到了宋代,欧阳修在《新唐书·宰相世系表》中排列出了孙武的世系来。

因为对《新唐书·宰相世系表》的解读不同,又导致后人对"孙武出生地"有了多种的争论。现在关于孙武的墓地,其实也是清嘉庆年间一个自称是孙武后人的人在苏州一个名叫"孙墩"的地方指定下来的。这就有了今天苏州相城的孙武纪念园和所谓的"孙武墓"。

按照欧阳修的说法,孙武有确切的世系是从舜的后代虞阏父开始的。虞阏父的儿子满在周武王伐纣胜利后,得到封赏,成为陈国的第一代君主。陈国传了十世十二个国君,到陈桓公时代,陈国发生了内乱。其中,陈厉公的儿子完,不堪其乱,逃到齐国,在齐国传宗接代,开枝散叶。完的曾孙书获齐景公赐姓孙,是为孙书。孙书生子孙凭,

第三部分 乱世奇才 215

孙凭生子孙武。

欧阳修对孙武的世系排列排得有模有样，但无法解释孙武既然是齐国人为何却到吴国求官这一怪现象。

按理说，孙武有大才，应该先在齐国求官才对，但齐国并无这方面的记载。

对比一下，与孙武同时代的伍子胥，他原本是楚国人，但他为什么会出现在吴国，为什么要向吴王求官，以及他怎么辅佐吴王伐楚，他的几乎全部经历，他的来龙去脉，全都清清楚楚，绝无含糊。

清朝人牟庭相通过一番深入考证，大胆提出：孙武根本就是伍子胥。

他在《雪泥屋杂志·校正孙子》中说："古有伍子胥，无孙武。世传《孙子》十三篇，即伍子胥所著书也。"

可不是嘛，《史记》里写的孙武，其活动轨迹紧紧依附于伍子胥，仿佛孙武就是伍子胥的影子，二者根本就是同一人。

牟庭相的重要依据之一，是《左传·哀公十一年》有记载："子胥属其子于齐鲍氏，为王孙氏。"

换言之，伍子胥的儿子后来逃入齐国，改姓为"王孙"；这支"王孙"家族后来又分为"王""孙"两姓，即《史记》中提到的"孙膑生阿鄄间，为孙武之子孙"，这个孙膑其实是伍子胥的后裔。

其实，不独牟庭相怀疑吴王伐楚的时代并不存在一个名叫"孙武"的兵法大家，从宋代开始，越来越多的学者对"孙武"产生了质疑。

南宋学者叶适就直言："凡穰苴、孙武者，皆辩士妄相标指，非事实。"

关于"孙子"其人，《战国策》的《齐策》《魏策》里有提到，说他给田忌出谋划策，即指的是孙膑。《楚策》也提到了一个在赵国担任上卿的"孙子"。但这个"孙子"是荀子。

由于《荀子》《韩非子》《吕氏春秋》经常拿"孙"与"吴"并称，说什么"孙吴之略""孙吴之书"，让我们知道，世间有两部兵书：《孙子》《吴子》两部兵法。

近代有学者如钱穆及与日本的斋藤拙堂因此误以为一直流传于世的兵法《孙子》的作者是孙膑。

钱穆甚至认为：孙膑就是孙武。

他说："孙膑之称，以其膑脚而无名，则武殆即膑名耳。"

但现在我们已经知道，1972年山东省临沂市银雀山汉墓出土的竹简里，既有与流传于世的兵法《孙子》十三篇相同的《孙子兵法》，也有一部《孙膑兵法》，证明了《孙子兵法》和《孙膑兵法》是两本不同的兵法。

换言之，《孙子兵法》和《孙膑兵法》分别对应《汉书·艺文志》里说的《吴孙子》和《齐孙子》。

但这个《吴孙子》的成书也颇多疑点。

很多人认为，《吴孙子》虽然也偶有语句涉及吴越战争，但主要反映和体现的还是战国时的军事思想，故其成书有相当一部分应该是在战国时期。

南宋学者叶适就认为《吴孙子》是"春秋末战国初山林处士所为"。

牟庭相认为，伍子胥作过兵法《孙子》十三篇，他的后裔在逃入齐国后，曾对这部著作进行了全面整理，并定书名为《孙子武》。"孙子武"中的"孙子"是尊称，"武"是指兵书、武经。后人不察，把书名"武"误以为是人名，于是左一个"孙武"，右一个"孙武"，制造出了一个生活轨迹与伍子胥相似的孙武。

牟庭相的这个观点，笔者深以为然。

三、田忌赛马需要孙膑指点吗？他的军事作品比《孙膑兵法》流传更广

孙膑是个无名之徒。

这一点，实在太奇怪了。

论理，他是齐、魏交战中举足轻重的人物，不至于连个名字都没有。

但历史就是这么诡异。

现在，我们知道，仅仅是他在魏国受到了惨酷的膑刑，膝盖上的膑骨被剔，因此被别人用"膑"字代替其名。

不得不说，孙膑，真是太不幸了。

孙膑不但连个名字都没留下，他生于何年、卒于何年，是何方人氏，家里都有什么人，他本人有无娶妻生子，全都一片空白。

司马迁在《史记·孙子吴起列传》只说生活在吴越争霸年间的孙武死后，"后百余岁有孙膑，膑生阿鄄之间"。

实际上，孙武也是个毫无来由的历史人物。

说他是个军事家、谋略家，但《史记·孙子吴起列传》里记载他的事迹，只有"吴宫教战"一事，其所有的军事成就和所有的战绩，都是依附在伍子胥身上的，仿佛是伍子胥的影子。

老实说，如果把"吴宫教战"之事的主角改成伍子胥，也没有任何违和感。

因此，所谓孙武，很可能就是司马迁弄混了，把伍子胥一个人的事分写成两个人。

换言之，孙武，就是伍子胥；流传在世的《孙子兵法》，其实是伍子胥的著作。

出现这种情况，可能是资料文献缺失过多，司马迁不得不依据民间传说结合自己的理解和想象，进行虚构补充。

其中翻车最明显的，就是在魏襄王之外，司马迁另写了一个魏哀王。

由于魏襄王所活动的年代，和魏哀王所在的年代是重合的。

因此，后世史家很容易便推断出魏襄王和魏哀王是同一个人，是"一王两谥"。

司马迁却极其认真地在《史记·魏世家》里面写："十六年，襄王卒，子哀王立。"

在《史记·赵世家》，司马迁用寥寥数语塑造出了程婴、公孙杵臼，感觉不过瘾，又开辟了一个《刺客列传》，绘声绘色地讲起了豫让、聂政等子虚乌有的人物和故事来。

司马迁这么干，目的是要歌颂侠义忠直之士，抒发一腔幽怨之气，浇胸中块垒。

和孙武一样，司马穰苴在《史记·司马穰苴列传》中也出现得没头没脑、形迹可疑，只说了一句"司马穰苴者，田完之苗裔也"就完事了。至于司马穰苴生于何年、卒于何年，是何方人士，家里都有什么人，他本人有无娶妻生子，全都一片空白。

司马穰苴有什么惊天动地的事迹呢？

司马迁写道："齐景公时，晋伐阿、甄，而燕侵河上，齐师败绩。"

在这种背景下，齐景公的重臣晏婴隆重推荐穰苴担任将军，率兵去抵抗燕、晋两国的军队。

穰苴当上了将军，和《史记·孙子吴起传》里面刻画的"孙武"一样，铁面无私，六亲不认，杀了违令的监军，以徇三军。

这个监军是齐景公的宠臣庄贾。

眼见齐景公的宠臣被杀，"三军之士皆振栗"。

齐军因此士气大振，人人奋勇。

"晋师闻之，为罢去。燕师闻之，度水而解。"两国兵马都不敢与齐国交战，主动撤退。

穰苴率军追击，大获全胜。

穰苴获胜归来，被尊为大司马，不久"发疾而死"。

司马迁还提到，田氏代齐之后，到了齐威王当政，齐威王"用兵行威，大放穰苴之法"，迫使得众诸侯朝齐。

齐威王于是命令大夫把司马穰苴的军事思想编撰成了《司马穰苴兵法》一书。

司马迁最后说：就因为世间广为流传司马兵法，所以他才单独为司马穰苴作传。

《司马穰苴兵法》又称《司马法》《军礼司马法》，据《汉书·艺文志》记载，共计有一百五十五篇。

汉武帝设置尚武之官时，曾以《司马法》选任，秩比博士。

可惜，在长期流传过程中，该书多有散佚，到了唐代编纂《隋书·经籍志》时，仅仅搜集到五篇，被列入子部兵家类。

就是残存的五篇兵法，在唐宋之后仍被兵家所推崇。

北宋元丰年间，《司马法》被列为"武经七书"之一，作为考试武臣、选拔将领、钻研军事的必读之书。

顺带说一下，"武经七书"是指《孙子兵法》《吴子兵法》《六韬》《司马法》《三略》《尉缭子》《李卫公问对》这七部著名兵书。

苏轼在《东坡志林》中提出疑问："《史记》司马穰苴齐景公时人也。其事至伟，而左氏不载，余尝疑之。"

不用说，苏轼这一质问相当尖锐。

既然司马穰苴是春秋时期齐景公时代的人，他又这么厉害，为什么专门记载春秋史事的《左传》对他只字不提？

答案只有一个：司马穰苴并不是春秋时期的人。

苏轼认为：凡《史记》所书的大事但左氏没有记载的，都非常可疑，比如程婴、杵臼之类的事迹就是这样。穰苴有兵法传世，其人不容置疑，但他是不是春秋时期的人，应该认真深入考证。

南宋人叶适认同苏轼的说法，在《习学记言》补充说：《左氏》记载齐国的事件最为详细，如果齐国真有穰苴其人，不应该遗落。何况像伐阿鄄、侵河上这些事件，都是齐景公时期没有发生过的。齐国也没设"大司马"这种官职。想来是有人写书夸大其词，使司马迁信以为真了。

清人梁玉绳结合了苏轼、叶适的说法，在《史记志疑》中提出了四个疑点：

一、司马穰苴其人其事为何不见于《春秋》？

二、司马穰苴其人其事为何不见于《左传》？

三、齐景公当政的齐国，受尽了吴国的欺凌，既然有司马穰苴这样横绝一时的军事家，为何不起用他为将？

四、《史记·司马穰苴列传》里说"齐景公时，晋伐阿、甄，而燕侵河上，齐师败绩"，但这些地方，根本就不是齐景公当政时齐国的领土，何有"侵""伐"之说？

司马迁却作《史记·司马穰苴列传》把司马穰苴说成是与齐景公同时代的人，肯定有问题，但司马迁既已认定司马穰苴就是与齐景公同时代的人，为了坐实他自己的想法，又在《史记·孙子吴起列传》里写魏文侯评价吴起时，借李克之口说："起贪而好色，然用兵司马穰苴不能过也。"

对"孙武"身份质疑的史学家钱穆，在结合了苏轼和梁玉绳的看法后，提出了自己的见解：司马穰苴是"田忌之误传"！

换言之，司马穰苴其实是生活在战国齐威王时代的田忌。

钱穆列出了七个怀疑依据：

一、司马穰苴和田忌都是田氏；

二、司马穰苴曾在甄作战，田忌曾在鄄作战，甄、鄄其实是同一个地方；

三、司马穰苴和田忌凯旋时都没有释兵解束入国；

四、司马穰苴和田忌有大功后都遭受到了谗言构陷；

五、司马穰苴和田忌建军功扬威，诸侯都朝于齐；

六、齐威王追论穰苴兵法与田忌之世合；

七、穰苴杀庄贾与孙武杀吴王爱姬之事相类。

钱穆的怀疑很有道理。

特别是第七条，穰苴杀庄贾与孙武杀吴王爱姬之事不但相类似，而且捏造的痕迹非常明显，一看就知是小说家的惯用笔法。

除了《史记·司马穰苴列传》，所有记载齐景公的文献资料，都没有提到过齐景公有一个宠臣叫庄贾。

一句话，世无庄贾其人。

诚如苏轼所说，"穰苴之书不可诬，抑不在春秋之世矣"，那么，合理的解释，就是司马穰苴是"田忌之误传"。

田忌既然是司马穰苴，那《司马法》就是包含有田忌的军事思想的作品，那他的军事理论就不会比孙膑差太多。

那么，孙膑指点田忌赛马的故事就显得不太可能了。

事实上，用自己的下等马与齐威王的上等马比，以自己的上等马和中等马分别与齐威王的中等马及下等马比，最终两胜一负，这是很多人都能想得出的方法，称不上什么妙计。

这个方法所实施的难度在于：谁去给双方的马匹分好等级、并贴好上、中、下的标签？谁能保证齐威王在比赛过程中一定按上、中、下这三种次序放马比赛？又有谁能保证田忌的上等马和中等马一定比齐威王的中等马及下等马强？

只能说，一切都是想当然。

一切都是写书人想象出来的。

一切都是纸上谈兵。

一句话，田忌，绝不是《史记·孙子吴起列传》里那个事事必须求助孙膑的平庸之辈。

四、一言不合就杀人，为求功名杀娇妻，战国名将吴起真的是那样的人吗？

吴起是战国初期的名将，千百年来，其军事才能一直被世人所称颂。

《抱朴子·内篇·辨问》中甚至出现了"孙吴韩白，用兵之圣也"之赞。

但是，吴起受到的唾骂也不少。

但所有的唾骂，主要集中在两件事上：一、母死不归；二、杀妻求将。

三国曹操在《举贤勿拘品行令》中就指名道姓地说："吴起贪将，杀妻自信，散金求官，母死不归。"

唐朝诗人白居易写有一首赞颂乌鸦的《慈乌夜啼》，诗中倒没说吴起杀妻的事，却骂"母殁丧不临"，"其心不如禽"。

宋朝诗人徐钧干脆以《吴起》为题赋诗说"盟母戕妻亦骇闻"。

明朝学者黄道周在《广名将传》中说他"母死不归，杀妻求将"。

那么，所谓"母死不归"和"杀妻求将"这两件事是怎么一个过程呢？

事见《史记·孙子吴起列传》，说的是：卫国人吴起喜欢研究兵法，曾向曾子求学，后来侍奉了鲁国国君。齐国人侵略鲁国，鲁国国君想任命吴起为将迎敌，但考虑到吴起的妻子是齐国人，犹豫不定。吴起为了解除鲁国国君的疑心，成就自己的功名，就杀死了妻子，向鲁国国君交纳投名状，以表明自己与齐国势不两立的决心。鲁国国君疑心尽去，起用吴起为大将，让他带兵迎击齐军。吴起果然有将略，一击破齐，大获全胜。

鲁国有人忌妒吴起的军功，生怕吴起得到鲁国国君的重用，私下里向鲁国国君打小报告，大讲吴起的坏话。他说："吴起是猜忌狠忍之人，他出生于一个大富之家，家累千金。为了谋求在政治上得到发展，他曾到处奔走寻找门路，到处花钱，弄得倾家荡产，始终没得到一官半职。他因此遭到乡人的讥笑，一气之下，杀了讥笑他的三十多个人。临逃走前，他咬破手臂对母亲发誓说：'起不为卿相，不复入卫。'他在曾子门下学习，时间很长了，从没回过卫国。即使他的母亲死了，他也不回。曾子认为他是个无情无义之人，极其鄙视他，和他断绝师生关系，将他逐出师门。他于是来到我国，学兵法以事国君。国君因为他的妻子是齐国人从而怀疑他对齐国作战不会卖力，他就杀了妻子以求将。"

从以上记载来看，太史公司马迁是把"杀妻求将"当成事实来写的；但把"母死不归"之事通过一个带有诬陷性质行为的人在背后嚼舌头的说辞来展现，则未必是真。

事实上，吴起一个人杀了三十多个同乡的事，太离谱了。

吴起虽然早年"家累千金"，但他"游仕不遂，遂破其家"，家境已经破败，家里应该没有可以帮助他行凶杀人的门客了。

那么，以他一个人之力杀三十多个人，可能吗？

更加不可思议的是，吴起杀了这么多人，既不担心母亲被仇家找上门，也不担心母亲生活没有着落，竟然轻飘飘地跑路了。

还有，既然吴起杀了三十多人的恶行已经传到鲁国，曾子应该会有所耳闻，但他还是收下了这个杀人弃母的凶徒学生，却又仅仅因为其母死不归就和他断绝师生关系，从逻辑上讲，根本不通。

因此，所谓的"杀其谤己者三十余人""母死不归"等罪名，只是构陷者的一面之辞，诚不足信。

话说回来，就算太史公司马迁把"杀妻求将"当成事实来写，那它就真的是事实了吗？

查司马迁编订的《六国年表》，吴起事鲁的时间里，齐鲁发生过三次战争，分别是在齐宣公四十四年（前412）、齐宣公四十五年（前411）和齐宣公四十八年（前408）。但这三次战争，都是以齐胜鲁败告终。

显然，说吴起率领鲁国军队大败齐军，是并不存在的事。

既然没有吴起率领鲁国军队大败齐军之事，那么吴起"杀妻求将"的真实性就很值得怀疑了。

实际上，关于吴起"杀妻求将"的最早出处就是司马迁撰写的《史记·孙子吴起列传》。

其他诸如《东周列国志》之类的小说史话的演绎，全部源自《史记·孙子吴起列传》。

而《史记·孙子吴起列传》里对这件事的寥寥数笔交代，存疑的漏洞也非常多。

比如说齐国为什么要伐鲁,是何人带兵伐鲁,齐鲁双方参战的兵马有多少,在何地开战,全是空白。

实际上,齐国和鲁国的贵族之间世代相互通婚,娶齐国女子的鲁国官员多得无法统计,甚至鲁国国君也经常娶齐国女子。基本上,两国历代国君都是表兄弟或者甥舅关系。但两国之间的姻亲并没有在多大程度上左右战争的发展。

鲁国国君既然可以娶齐国女子,那他又怎么会因为吴起娶了个齐国女子就不信任他呢?吴起又凭什么坚定地认为自己只要杀了妻子就必定能获得信任呢?

还有,吴起如果真有"母死不归""杀妻求将"的恶行而被鲁国国君弃用,那他必定也得不到魏国国君魏文侯的任用。

要知道,魏文侯派大将乐羊攻打中山国时,中山国人宰杀了乐羊的儿子,炖成肉汤,送了一碗给乐羊。乐羊吃了肉汤,以示不受中山国人的威胁。魏文侯知道此事后,认为乐羊没有人性,从而摈弃不用了。

乐羊是在那种特殊的情况下吃了肉汤,他又没有杀儿子,他的儿子是被别人杀的,已经被定性为没人性了。吴起如果真的是为了求官而杀了妻子,岂不是更没有人性?

吴起却得到了魏文侯的重用,这反而说明"杀妻求将"之事纯属子虚乌有。

"杀妻"之事没有,休妻之事倒是有的。

《韩非子·外储说右上》里面有关于吴起休妻的记载,说的是:吴起,是卫左氏中人,曾吩咐其妻织一条腰带。妻子做了,但与吴起要求的尺寸不符。吴起让她重做。她漫不经心地答应了。没多大工夫,织好了。吴起一看,尺寸仍是不符,不由得大怒,厉声指责。妻子理直气壮地还嘴说:"吾始经之而不可更也。"吴起忍无可忍,将其休掉。

最后还有一个问题,按照司马迁所写,魏武侯在吴起离开魏国前曾对他以嫁女相试探,这就说明当时吴起并没有过"杀妻",否则,谁还敢嫁女给他？

五、拨开云雾，看看都有哪些假战绩是司马迁强加给吴起的

吴起是中国古代赫赫有名的军事家、政治家。

当然了，他最为人称道的成就是军事上的成就，最为人所瞩目的才能也是军事上的才能。

唐肃宗设武庙，吴起即成为武庙十哲之一；宋徽宗时，他又被追封为广宗伯，为武庙七十二将之一。

人们非常喜欢把他和另一个军事家孙膑并称为"孙吴"。

《幼学琼林》中所夸赞的"孙膑吴起，将略堪夸"，广为世人所熟知。

吴起打仗有多牛呢？

司马迁在《史记·孙子吴起列传》写吴起先后在鲁、魏、楚三国担任大将，无论他在哪国，他都是战无不胜，战绩骄人。

事实上，细考之后，吴起只有在魏国为将时，在与秦国交战时有战绩，在鲁、楚两国是没有带兵打仗经历的。

首先，吴起的出生年是在哪一年呢？

这一点是存疑的。

不过，吴起是在楚悼王死后不久就被楚国人处死的。也就是说，他的卒年是明确的——楚悼王二十一年，也就是公元前381年。

从公元前381年往回推，齐、鲁两国发生战争时间距离公元前381年最近的是，齐宣公四十八年（前408）。这一点，在司马迁编订的《史记·六国年表》里是可以查得到的。

这两个时间点之间的长度为二十七年。

考虑到吴起在离开魏国前曾被魏武侯以嫁女相试，他的年龄不大可能太老，那么，姑且就认为他是在公元前408年这一年离开鲁国的。

公元前408年这一年，吴起的年纪大约是二十岁上下吧。则吴起遇难时是四十七岁，魏武侯以嫁女相试时，他是四十多岁，是勉强说得过去的。

但问题是公元前408年这一年的齐鲁交战，获胜方是齐国，齐国豪取鲁之郕邑。

显然这不应该是吴起参加的战争，因为鲁国战败了嘛，说是战神吴起指挥的，不合适。

那就再往回推。

往回推的话，在齐宣公四十四年（前412）和齐宣公四十五年（前411），齐、鲁两国也发生了战争。

但发生在齐宣公四十四年（前412）的那一次，《史记·六国年表》里面说的是"伐鲁莒及安阳"，《史记·田齐世家》则作"葛及安陵"。

不管怎么说，都是齐国胜。

齐宣公四十五年（前411）那一次，《史记·六国年表》里面说的是"伐鲁取都"，《史记·田齐世家》说的是"取一城"，也都是齐国胜。

这两次也不应该是吴起指挥的，因为吴起不可能败。

再往回推推？

不能再往回推了，再往回推，吴起的年龄账就难以说清了。

因此，说吴起率领鲁国军队大败齐军，是并不存在的事。

吴起在楚国的战绩有哪些呢？司马迁在《史记·孙子吴起列传》里写：吴起入楚之后，"南平百越，北并陈蔡，却三晋，西伐秦"。

但是，楚国灭陈是发生在楚惠王十一年（前478）的事。当时，楚惠王派子西之子公孙朝率军攻陈，于该年七月初八日，杀死了陈国国君陈愍公，灭亡陈国，并以陈地设置为县。

楚国灭蔡发生在楚惠王四十二年（前447），楚惠王亲自带兵攻灭蔡国，逼迫得蔡国国君蔡侯齐逃亡他国。

改年，也就是楚惠王四十四年（前445），楚惠王还灭掉了杞国，并趁着越国灭亡吴国后无力统治江淮、淮北地区的机会，将楚国势力扩张到泗水一带，还捎带教训了一番宋国。

没得说，楚惠王可是一方强霸。但他是楚悼王的曾祖父，他们之间隔有楚简王、楚声王两代君主，这时间也差得太远了。

另外，司马迁《史记·楚世家》对楚悼王的记载很简单，只寥寥数语，且从楚悼王十一年（前391）到二十一年（前381）这漫长的十年时间里，根本就没有对外用兵之事。

《史记·楚世家》和《史记·孙子吴起列传》同出一书，《史记·楚世家》所载并无任何战事，《史记·孙子吴起列传》却说吴起带领楚军"却三晋，西伐秦"。

至于说吴起带领楚军"南平百越"，恐是梦中呓语。

检诸《史记·越世家》便可以得知，率领楚军破越的是楚威王，和吴起根本就是八竿子打不着。

顺带在这里说几句，现在流传于世的《吴子兵法》极可能是一本伪书，其中提到吴起为魏文侯守西河时，"与诸侯大战七十六，全胜六十四，余则钧解"。

吴起领魏武卒力压秦兵，这是不争的事实。

但"与诸侯大战七十六，全胜六十四，余则钧解"之说，绝对是随口胡诌。

说这句话的人，究其原意，不过是想加强和突出吴起的用兵之能，但此人非常狡黠，不说"百战百胜"，而说"大战七十六，全胜六十四"。

实际上，如果他说吴起"百战百胜"，那是没问题的。

因为大家都知道，"百战百胜"不过是一个形容词，是个夸大之语，听过之后，不大会追究是不是真的打过一百次仗，这一百次仗是不是都赢了，另外还有没有第一百零一仗、第一百零二仗……这第一百零一仗、第一百零二仗是输抑或是赢。

金庸先生在《鹿鼎记》中成功地塑造韦小宝这个人物，他在写韦小宝赌钱输了骗人时，韦小宝骗人家说自己身上还有大把银票，不说一千两或两千两银票，而故意说成一千三百七十二两，是他摸透了受骗者的心理，一旦自己说成整数就显得信口雌黄，说成含有零头数就显得真实可信。

同样，不说"百战百胜"，而说"大战七十六，全胜六十四"，是因为后者更具说服力，更容易骗过读者。

但是，你如果要问他，这七十六战都是在什么时间、什么地点、什么情况下发生的，他是没法说出来的。

要知道，说了一句谎话，有时候用一千句谎话来圆都圆不好。

所以，对于这"大战七十六，全胜六十四"的说法，只能理解为"打了很多很多仗，而且这些仗的绝大部分都胜利了"，而不能固执地认为真的打了七十六次仗。

话说回来，《史记·孙子吴起列传》里面写吴起之死，绘声绘色地讲了一个故事，说楚悼王死后，楚国宗室大臣发动兵变，攻打吴起。吴起逃到楚悼王停尸的地方，趴在楚悼王的尸体上。贵族大臣们射出的箭乱如飞蝗，在射杀吴起的同时也射中了楚悼王的尸体。楚肃王继位后，下令把射了楚悼王尸体的人全部处死，一时间，有七十多个宗室大臣家遭到了抄斩。

这样的故事，完全经不起推敲。

难道，那些追杀吴起的宗室大臣都是傻子？

投鼠还知道忌器，明知楚悼王的尸体在那里，他们为什么要射？

他们人多势众，只要围上来，就可以像老鹰捉小鸡一样捉住吴起，为什么要射？吴起又不会飞上天。

随便查哪一本史书，都查不出楚悼王死后到底有哪一位宗室大臣的家遭到了抄斩。

还七十多家？

实际上，根据《韩非子·和氏》中的"悼王行之期年而薨矣，吴起枝解于楚"，《韩非子·问田》中的"吴起支解而商君车裂"，《墨子·亲士》中的"吴起之裂其事也",《淮南子·缪称》中的"吴起刻削而车裂",及《韩诗外传》卷一的"吴起削刑而车裂,商鞅峻法而支解"等记载来看,吴起根本就不是被射死的,而是和商鞅一样惨遭车裂、肢解。

六、司马迁给吴起编造的这个拙劣情节,很多人信以为真

吴起是战国初期的名将,他的军事才能受到世人的称颂。

但他的遭遇,让人惋惜。

惋惜之处就在于,他原本是可以做魏国的栋梁,在魏国尽情施展他的军事才能和政治才能的。

但因为一个奸人从中使坏,害得他无法在魏国立足,狼狈不堪地逃入楚国,最后惨死在楚国。

不用说,人们在称颂吴起的才能和惋惜他的遭遇的时候,会对陷害他的那个奸人恨得牙痒痒的,会忍不住对着那个奸人的名字愤愤然地骂一声:"呸!"

这个奸人有一个让人忍俊不禁的名字:痤。

"痤"这个字的意思就是粉刺。

现在,用"痤"字组词,笔者能想到的,就是痤疮了。

所以说,以"痤"字为名,相当滑稽。

甚至,我们有理由怀疑,这个"痤",根本就不是正式的名字,而极可能是个外号,因为脸上长的粉刺太多,被心怀恶意的人起了外号。

这不是开玩笑。

譬如说,威名赫赫的兵法家孙膑,就没留下正式的名字,盖因他的膝盖骨被老同学庞涓施"膑刑"剔了出来,成了个半残之身,因此被人起了个"膑"的外号。

不过,司马迁在《史记·孙子吴起列传》倒没有提"痤"这个字,

只是提他的氏——"公叔"。

这并非司马迁对他心怀好意而对他避讳。

因为在《史记·商君列传》里，司马迁就大大方方地写了公孙鞅"事魏相公叔痤为中庶子"。

即这个人姓"公叔"氏，名叫"痤"。

当然，也有可能，司马迁是拿不准《史记·孙子吴起列传》里面的"公叔"和《史记·商君列传》里面的"公叔痤"到底是不是同一个人。

毕竟，《史记·孙子吴起列传》里面的"公叔"和《史记·商君列传》里面的"公叔痤"的性格反差太大了。

我们看，《史记·孙子吴起列传》里面的"公叔"是个一心要陷害吴起的奸人，原文中写："田文既死，公叔为相，尚魏公主，而害吴起。"

《史记·商君列传》里的"公叔痤"是个乐于助人的好人，他知道公孙鞅是个人才，极力向魏惠王荐举公孙鞅，说"公孙鞅，年虽少，有奇才，愿王举国而听之"。看到魏惠王不同意启用公孙鞅，又担心魏惠王对公孙鞅不利，他临死前还念念不忘提醒公孙鞅赶快逃走。

两相比较，一个嫉贤妒能，一个爱才惜才，差别太大了。

但是，我们看仔细了，《史记·孙子吴起列传》里面的"公叔"和《史记·商君列传》里的"公叔痤"都是魏相。

而魏国在魏武侯到魏惠王时期担任魏相的"公叔"，就只有"公叔痤"一个人。

所以，《史记·孙子吴起列传》里面的"公叔"和《史记·商君列传》里的"公叔痤"就是同一个人。

在这里顺带提一下，《史记·秦本纪》里面有"二十三年，与魏晋战少梁，虏其将公孙痤"的记载，我们是不是可以认为，"公叔痤"也可以叫成"公孙痤"呢？

查《史记·六国年表》可知，商鞅去魏入秦时为周显王八年，而

第三部分　乱世奇才　231

查《资治通鉴》中卷二周纪显王七年条中有:"秦魏战于少梁,魏师败绩,获魏公孙痤。"同书卷二周纪显王八年条又有:"公孙鞅者……事魏相公孙痤,痤知其贤,未及进。"

即秦魏少梁之战公孙痤被擒和商鞅去魏走秦之事仅相隔一年,毫无疑问,"公孙痤"就是"公叔痤"。

那么,问题来了,公叔痤极力向魏惠王荐举公孙鞅,是不是因为他和公孙鞅是一家人呢?

这里,又得说说"公孙"和"公叔"这两个氏的由来了。

虽说西周制度对诸侯的爵位严格按照"公、侯、伯、子、男"来封赏。但到了春秋时期,"礼乐崩坏",各国诸侯不论爵位大小,多喜欢自称公,在讨好和奉承别国诸侯的时候,也喜称对方为公。那么,他们的儿子,除了将来继承国君之位的嫡长子称为太子之外,其余都称为公子。公子的儿子就称公孙。久而久之,这些公子的后代就有人以公孙为氏了。

从这一点来说,"公叔"和"公孙"是相通的。

但是,《通志》里面说:"公孙氏,春秋时诸侯之孙,亦以为氏者,曰公孙氏,皆贵族之称。或跟黄帝姓公孙,因以为氏"。换言之,公孙并非某一族某一姓的后人,很多诸侯国的公子的后人都以公孙为氏。

《史记·商君列传》和《资治通鉴》卷二周纪显王八年条都交代得很清楚:公孙鞅是卫国国君的庶孙。也就是说,公孙鞅其实是姓姬的,和魏国人公叔痤并不同姓,他是从卫国到魏国做了公叔痤的"中庶子"——也就是家臣。

好了,说了这么多,我们应该相信"公叔"和"公叔痤""公孙痤"指的是同一个人了。

那么,同是一个公叔痤,为什么要拼命陷害吴起,不许吴起在魏国立足;却又极力推荐公孙鞅,想让公孙鞅为魏国贡献才干呢?

遍检诸史书,公叔痤陷害吴起之说仅见于《史记·孙子吴起列传》,而公叔痤善待公孙鞅之说,除了《史记·商君列传》和《资治通鉴》里面有记载之外,《吕氏春秋》卷第十一和《战国策·秦一·卫鞅亡魏入秦》均有记载。

另外,《吕氏春秋》的成书时间比较接近于商鞅去魏入秦的时间。

最难得的是,《吕氏春秋》第十一卷还明确用到了"以公叔之贤"的字眼,即公叔痤应该是一个惜才爱才的贤人。

那么,公叔痤善待公孙鞅之事应该是真,而公叔痤陷害吴起之事可能是假的。

实际上,《战国策·魏一·魏公叔痤为魏将》里面有一段这样的记载:公叔痤做了魏国的大将,领兵在浍水北岸同赵国军队交战,大获全胜,擒获了赵将乐祚。魏惠王惊喜若狂,到城郊迎接得胜之师,并赐田百万亩给立了大功的公叔痤。公叔痤连连推让,不肯接受,大谈吴起在魏国时的治军之功,谦称:"臣何力之有乎?"魏惠王因此称善,"索吴起之后,赐之田二十万",找到吴起的后人,赏赐田亩二十万。

在这里,作者引用了《老子》里面的一句话来赞扬公叔痤,说:"圣人无积,尽以为人,已愈有。"

因此,吴起去魏奔楚,乃是另有隐情,实与公叔痤无关。

司马迁为了坐实自己所认定的"公叔痤害吴起"的这样设想,他根据公叔痤的身份,想像了这样一个情节。

公叔痤是什么身份呢?

第一,他是魏相;第二,他娶了魏国的公主。

司马迁认为,公叔痤既然是魏相,那么,他就拥有害吴起的动机和害吴起的能力;

害吴起的动机,就是公叔痤忌惮吴起能力太强,会威胁到自己在魏国的地位;害吴起的能力,就是公叔痤在魏国是一人之下,万人之上,无论是害人,还是杀人,都可以运作自如。

公叔痤是怎么害吴起的呢?

司马迁绘声绘色地写道:公叔痤在一个心腹仆人的指点下,去与魏武侯唠家常。公叔痤说:"吴起是个大能人啊,咱们魏国弱小,又与强秦接壤，他恐怕是不会安心为魏国效力的。"他这么一说，魏武侯特别紧张，结结巴巴地问："那、那、那怎么办？"公叔痤说："可以用这样的方式来试探他的内心想法：答应让公主下嫁给他，他如果安心留在魏国为魏国效力，自然会满口答应；他如果无心为魏国效力，必定会想方设法推辞。"公叔痤回家后，又按照心腹仆人的计划，请吴起到自己家作客。故意让自己的公主老婆虐待自己。吴起果然中计——他看见公叔痤的公主老婆这么彪悍，就婉拒了魏武侯的招亲，因而招致魏武侯的猜疑。吴起心存恐惧，连夜逃奔楚国去了。

　　司马迁虚构的这一情节并不可信。

　　首先，吴起自出道以来，到魏国为将已经二十多年，说他不安心待在魏国，那这二十多年是怎么过来的？要走，不早就走了吗？

　　其次，吴起既然已经在魏国待了二十多年，就算他年未花甲，也必是奔五奔六的人了，这在古代，已经是知命之年，一条腿已迈入棺材了，难道他尚未娶妻？如果未娶妻，那么《战国策·魏一·魏公叔痤为魏将》里面记载的魏惠王"索吴起之后，赐之田二十万"，这"吴起之后"又从何说起？如果已经娶妻，魏武侯是要嫁女给吴起做妾？他丢得起这人吗？

　　再有，公叔痤本来就是一个厉害角色，怎么在司马迁的故事里像个毫无主见的坏人，一言一行都要由一个仆人来指点？甚至，他怎么这么肯定，只要让吴起看见他的老婆虐待他，吴起就一定不敢娶魏武侯的女儿？所谓龙生九子，子子不同。公叔痤的老婆骄横跋扈，并不见得公叔痤的老婆的姐妹就都是骄横跋扈之人。道理上说不通。

　　同样，按照司马迁的逻辑，吴起是比公叔痤更厉害的角色，他又怎么会和公叔痤一样，傻乎乎地中了公叔痤的仆人的这样一条笨计？

　　司马迁在《史记·孙子吴起列传》中要突出和渲染吴起的厉害，就写他：在鲁国，"将而攻齐，大破之"；在魏国，"击秦，拔五城"；到了楚国，更是"南平百越；北并陈蔡，却三晋；西伐秦"。

这可是不世之名将，怎么可能任由公叔痤的仆人摆布呢？

另外，吴起可不只是军事了得，他在西河对魏武侯的那段"在德不在险"的高论，必须是拥有政治家的胸襟和眼光的人才说得出来的。

他到了楚国，担任楚相，实施改革，手段利落，才能一流。根本就不可能被公叔痤主仆使出的这样一条笨计捉弄得无法在魏国立足。

再说了，君主要向你示好，要嫁女给你，岂是好拒绝的？

任何一个政治家，都不会拒绝这样一门婚事。

想来想去，笔者觉得公叔痤主仆捉弄吴起得逞之事，并不存在，必定是司马迁自己虚构出来的。

最后想说的是，不管如何，魏武侯和他的父亲魏文侯相比，无论是才能，还是见识，都低了一大截。

这其中，魏文侯能用吴起，魏武侯不能用吴起，便是一个明证。

很多人认为，魏武侯的才能不在乃父之下，他在位期间将魏国的百年霸业再一次推向高峰。

但是，魏武侯在有生之年，四面出击，打得很热闹，打出了威名，攻取了不少土地，但是，他四面树敌，已经给魏国的败亡埋下了种子。

他一生最大的败笔，就是破坏了三晋联盟。

原本，三晋联盟，向南击楚，豪取楚国的军事重镇大梁（今河南省开封市），轻取襄陵，直插楚国腹地；向西击秦，在阴晋之战大获全胜，随后，驰骋关中平原，横扫河西；向东击齐，一度兵临灵丘（今山东省滕州市）。

可以说，三晋联盟，天下无敌。

但是，魏武侯与韩、赵联盟，只顾着自己吃肉，连汤水也不给一点赵国，还在赵国涉足中原时对其大打出手。

随着三晋联盟的瓦解，位居四战之地的魏国，国势便开始走下坡路。

七、"战神"白起，他的军事能力并没那么神

司马迁写《史记》是根据自己的喜好，把有些历史人物人为地拔高。

其中两人，两千多年来，一直无人可以逾越。他们就是战神白起和霸王项羽。

同理，司马迁也可以根据自己的厌恶，无视某些历史人物的巨大功绩或巨大成就，有意无意地进行弱化、淡化，甚至是丑化，比如秦始皇，比如卫青和霍去病等。

现在着重来说说战神白起。

在司马迁笔下，白起简直是神一般的存在。

梁启超依据《史记》进行推算，得出的结论是：战国时期，在战场上死亡的将士达到两百万人，其中有一百万将士的死亡与白起有关。而且，这一百万死亡的将士，只计算在白起的敌对方上，并没把白起统率的秦军阵亡人数统计入内。

看看，这实在太恐怖了。

在《史记》中，白起的传记和王翦的传记是合在一起的。

去掉王翦部分，剩下单独记录白起的文字并不多，只有三千多字。

这三千多字，却记录满让人眼花缭乱的战功及惊天动地的战绩。

让我们来看看吧。

白起的传记的起笔写得很直接，第一句是："白起者，郿（今陕西省宝鸡市眉县）人也。善用兵，事秦昭王。"可谓简单明了，绝不啰嗦废话。

接下来就按时间顺序罗列战功：

昭襄王十三年（前294），而白起为左庶长，将而击韩之新城（今河南省洛阳市伊川县）。

其明年，白起为左更，攻韩、魏于伊阙（今河南省洛阳市），斩首二十四万，又虏其将公孙喜，拔五城。起迁为国尉。涉河取韩安邑

（今山西省运城市夏县）以东，到乾河（今山西省运城市垣曲县）。

明年，白起为大良造。攻魏，拔之，取城小大六十一。

明年，起与客卿错攻垣城（今山西省运城市垣曲县），拔之。

后五年，白起攻赵，拔光狼城（今山西省晋城市高平市）。

后七年，白起攻楚，拔鄢（今湖北省襄阳市宜城市）、邓（今湖北省襄阳市）五城。

其明年，攻楚，拔郢（今湖北省荆州市江陵县），烧夷陵（今湖北省宜昌市夷陵区），遂东至竟陵（今湖北省潜江市西北）。楚王亡去郢，东走徙陈。秦以郢为南郡。白起迁为武安君。武安君因取楚，定巫（今重庆市巫山县及湖北省西部地区）、黔中（今湖南省西部和贵州省东部）郡。

昭襄王三十四年（前273），白起攻魏，拔华阳（今河南省新郑北），走芒卯，而虏三晋将，斩首十三万。与赵将贾偃战，沉其卒二万人于河中。

昭襄王四十三年（前264），白起攻韩陉城，拔五城，斩首五万。

四十四年（前263），白起攻南阳太行道，绝之。

四十五年（前262），伐韩之野王（今河南省焦作市沁阳市）。野王降秦，上党道绝。

四十六年（前261），秦攻韩缑氏（今河南省洛阳市偃师区）、蔺①，拔之。

四十七年（前260），阴使武安君白起为上将军，赐民爵各一级，发年十五以上悉诣长平，前后斩首虏四十五万人，其中四十万人降卒尽坑杀之，遗其小者二百四十人归赵。

以上是白起一生的战斗记录，从无败绩，可谓攻无不克，战无不胜。

但是，白起的这些战绩，有些是真的，有些可能是真也可能是假的，有些是假的，有些是半真半假，夸大其词的。

---

① 一说今山西省吕梁市树木县北。一说在陕西省渭南市西北。

第三部分 乱世奇才 237

真的就不说它了。

可能是真也可能是假的，在没有其他佐证可以证明它是真还是假的情况下，也不去说它了。

这里说说那些可以直接戳穿为假的，和那些真中掺假、故意夸大其词的。

比如，司马迁借苏代之口说的：一、为秦战胜攻取者七十余城；二、南定鄢、郢、汉中。

这两点，一望而知是假。

"为秦战胜攻取者七十余城"是哪七十余城呢？

司马迁在秦襄昭王十六年（前291）的时间点上，写道："白起为大良造。攻魏，拔之，取城小大六十一。"

司马迁以为，自己在这里已经写了白起已经"取城小大六十一"了，再加上其他"又虏其将公孙喜，拔五城""白起攻楚，拔鄢、邓五城"、"攻韩陉城，拔五城"，可不就有七十多座城了吗？

但恰恰是"取城小大六十一"这一句露出了马脚。

要知道，魏国的土地面积也就是二十万平方公里左右，全国城池不会过百，在短短一年时间内，就被白起攻占了六十一座，再加上前面在秦襄昭王十四年（前293），又"虏其将公孙喜，拔五城"，那魏国还能存活下去吗？

白起攻取的这六十六座城具体都是哪些城，司马迁只是一语带过。

说白起"南定鄢、郢、汉中"，更是不可能。

秦国取汉中是什么时候呢？

司马迁自己在《史记·秦本纪》里已经说了：秦惠王后元十三年（前325），秦将魏章"攻楚汉中，取地六百里，置汉中郡"。

所以，汉中根本就不是白起平定的。

至于"南定鄢、郢"，前面倒是有交代，称"后七年，白起攻楚，拔鄢、邓五城""其明年，攻楚，拔郢，烧夷陵，遂东至竟陵。楚王亡去郢，东走徙陈"。

从春秋到战国，楚国多次迁都，一共有过七个都城，分别是：丹阳、郢都、鄀都、鄢都、江陵、陈、寿春。

如果读书不细，的确会被"南定鄢、郢"这一句惊吓到，以为白起连占了楚国两座都城，逼迫得楚王两次迁都。

但是，按照《史记·白起王翦列传》所写，"白起攻楚，拔鄢"这年是秦襄昭王二十八年（前279），"攻楚，拔郢"这年是秦襄昭王二十九年（前278），这个时候，楚国的都城是在距离郢城有二百公里的鄀城（今湖北省襄阳市宜城市）。

换言之，鄢、郢在这个时候只是楚国的两座普通城池。

司马迁却认为"楚王亡去郢，东走徙陈"。

其紧接着写的"武安君因取楚，定巫、黔中郡"，但《史记·秦本纪》写的却是："三十年（前277），蜀守若伐楚，取巫郡，及江南为黔中郡。"即巫郡是蜀守打下来的。而上面又写"二十七年（前280），使司马错发陇西，因蜀攻楚黔中，拔之。"换言之，黔中郡的建立是蜀守和司马错功劳，与白起无关。

类似的情况还有，《史记·白起王翦列传》写：秦襄昭王三十四年（前273），白起"攻魏，拔华阳，走芒卯，虏三晋将，斩首十三万"。但《史记·秦本纪》记载的却是："三十三年（前274），客卿胡阳攻魏卷、蔡阳、长社，取之。击芒卯华阳，破之，斩首十五万。魏入南阳以和。"这应该是司马迁把胡阳的战功转到白起头上去了。

……

当然，最让人难以置信，也最让人疑窦丛生的是白起在长平之战的战果："前后斩首虏四十五万人，其中四十万人降卒尽坑杀之。"

非常有悖于常理的地方是：前后杀了四十五万人，其中有四十万人是投降后被杀的。

也就是说，旷日持久的长平之战，秦军在正面战场上斩杀的赵军士兵仅仅五万人，却能迫使赵军四十万人投降。并在这四十万人投降后，成功地让他们停止呼吸。

由于司马迁又特别强调：长平结束，白起"遗其小者二百四十人归赵"，即赵军侥幸生还者只有二百四十人。

我们忽略掉这"二百四十人"的零头不计，可知赵军在这次大战中一共投入了四十五万人。

那么，秦军投入的兵力是多少呢？

司马迁没有交代。

长平之战结束后，秦军苦攻赵都邯郸不下，秦襄昭王让白起再次挂帅。白起面露难色，说："邯郸实未易攻也。且诸侯救日至，彼诸侯怨秦之日久矣。今秦虽破长平军，而秦卒死者过半，国内空。远绝河山而争人国都，赵应其内，诸侯攻其外，破秦军必矣。不可。"

也就是说，在长平之战中，秦军在正面战场上的损失比赵军严重得多——"秦卒死者过半"，死了一半以上的人。

我们来粗略说一下这个事。

假定秦军是以一百万人来与赵军相搏。

那么，在正面战场上，"秦卒死者过半"，即秦军战死了五十多万人；而赵军仅仅死亡五万，还是秦军获胜，有这种可能吗？

就算有这种可能，那么，秦军战死了五十多万人，剩下四十多万人；而赵军也剩下有四十万人。这四十多万秦军是如何逼迫得四十万赵军投降，并且还成功地屠杀了这四十万赵军士兵的？

根本说不通。

笔者估计，真实的情况应该是这样：长平之战初期，秦、赵双方的死伤大致相当；而在战争最末的决战关口，赵军的损失远大于秦军，从而引发全军崩溃，有部分降卒，的确遭到了"坑杀"，但绝不是四十万。

赵军逃回邯郸的残兵败将少说也有二三十万，这一点，从之后秦军全力攻打邯郸，却打了两年又四个月而始终攻不下便可得到印证。

也就是说，赵国的军事力量并未遭受到根本性的摧毁。

我们还通过赵军在邯郸解围后击败了信梁统帅的秦军、杀退并追击燕国入侵赵国的两千辆战车可知，赵军元气满满，活力十足。

一句话，白起没有将"四十万人降卒尽坑杀之"。

长平之战的战果，没有司马迁说得那么辉煌。

白起的军事能力，也没有司马迁描绘得那么神。

第二章　谋士风采

一、宋人写诗称"须信巫臣为楚忠"，知道巫臣是谁吗？来看他做的好事

宋朝人郑清之写有一首咏四大美女之一王昭君的诗，题《偶记赋王昭君谩录之》，非常好玩。

原诗云：

> 伐国曾闻用女戎，忍留妖丽汉宫中。
> 如知褒姒贻周患，须信巫臣为楚忠。
> 青冢不遗芳草恨，白沟那得战尘空。
> 解移尤物柔强虏，延寿当年合议功。

这首诗的诗意本来是很好懂的，但里面涉及好几个历史人物，如果不清楚这几个历史人物的事迹，读起来终归有些莫名其妙之感。

熟悉王昭君故事的人，都应该知道，诗中说的"延寿"，就是传说中为王昭君作画的画工韩延寿。

褒姒呢，是周幽王的宠妃，在吕不韦主持编写的《吕氏春秋》里，有一则关于她的寓言故事，叫"周幽王击鼓戏诸侯"。

之前提到过，太史公马迁后来撰写《史记》，把这寓言故事信手

拈来，把它修改成"周幽王烽火戏诸侯"，并进行了绘声绘色的讲述，致使很多人误以为这是一件真事。

褒姒也因此在中国历史上拥有了极高的知名度。

诗句里涉及的巫臣，尽管他的名字在《左传》中多次出现，太史公司马迁的《史记》却对其着墨不多，所以大家对他比较陌生。

不过，这"须信巫臣为楚忠"的"楚"，指的就是"楚国"；"忠"则是"忠臣"。

巫臣到底是楚国一个怎样的忠臣呢？他又有哪些"忠心爱国"的事迹呢？

下面，笔者就认真地来说一下这个人。

巫臣，芈姓，屈氏，字子灵。

屈氏出自春秋初年楚武王熊通之子屈瑕。

屈瑕曾担任楚国最高官职莫敖，史书又称之为楚莫敖。

楚莫敖带兵伐绞有功，被封于屈邑，其后代以封地为氏，遂称屈氏，楚莫敖就成为屈姓先祖。

由此可知，巫臣是楚国的宗室。

巫臣见识超群，做事深谋远虑，具有很高的才干，是楚庄王开创霸业的得力助手，被封为申邑大夫，史称"申公巫臣"。

《左传·宣公十二年》记载了这样一件事：鲁宣公十二年（前597）冬，楚庄王讨伐萧国，申公巫臣对楚庄王说："师人多寒。"要求楚庄王体恤下情，慰问三军。楚庄王言听计从，亲自巡视军队，抚问慰勉将士。三军将士"皆如挟纩"，都像穿上了温暖的绵袄，心头暖烘烘的。

《左传·成公七年》又记：鲁宣公十一年（前598），楚庄王的弟弟左尹子重率军袭击宋国，凯旋，向楚庄王请封，他看好申（今河南省南阳市宛城区一带）、吕（今河南省南阳市西附近）两地，想得这两地为封地。楚庄王笑而从之。申公巫臣却制止说："不可。国家要依赖申、吕两地的赋税收入以养军，方可抵御北方。如若把这两地赏给私人，军队没了给养，晋、郑必定攻到汉水。"楚庄王听了，立刻拒绝了子重的请求。

从以上这两件事来看，巫臣在楚国是有很大话语权的。

当然了，巫臣的重头大戏还是出现在《左传·成公二年》的记载里。

说的还是发生在鲁宣公十一年（前598）的事。

楚庄王在这一年攻破了陈国，俘获了绝世大美女夏姬。

楚庄王是个正常的男人，一见夏姬就把控不住自己，想纳之为妃。

巫臣也见到了夏姬。他表现得非常理智，站了出来，大义凛然地对楚庄王说："万万不可。大王攻打陈国，那是为天下主持公道，申张正义。您若纳娶了夏姬，就变成了一种贪恋美色的低级行为。所谓'贪色为淫，淫为大罚'。《周书》里面也说了：'明德慎罚。'文王之所以开创了大周天下，是因为他既明德又慎罚。大王请好自为之！"

申公巫臣的说辞，堪称教科书级别的说教，既精彩，又让人无可辩驳。

楚庄王听了，无地自容，只好悻悻然地打消了纳娶夏姬的龌龊想法。

笔者特别强调一下：能用几句话就让楚庄王放弃夏姬，这是一件非常了不得的事。

为了让大家清楚这件事的难度，又不得不说说夏姬其人其事。

夏姬不姓夏，姓姬，她是郑国郑穆公的女儿，她的母亲是郑穆公的少妃姚子。

她的名为少，因为嫁给封地为株林（今河南柘城县）的陈国司马夏御叔为妻，才被称为夏姬。

夏姬华容绝代，貌足倾城。

《诗经》里面有两首诗是关于她的。

一首题为《泽陂》，云："彼泽之陂，有蒲与荷。有美一人，伤如之何？寤寐无为，涕泗滂沱……"

这首诗说的是：池塘四周的堤坝上长着蒲草和荷花，有这样一个美人儿，让我爱得没办法。日夜思念难入睡，涕泪滂沱哗啦啦。

有人或许要问了，诗中哪里提到夏姬了？没有啊。

的确，从诗中看不出和夏姬有关的痕迹。

但《毛诗序》认为这首诗里的美人儿就是夏姬，那些思念美人儿睡不着觉、涕泪滂沱哗啦啦的是陈灵公、大夫孔宁、仪行父这些人。

姑妄听之吧。

还有一首叫《株林》，为："胡为乎株林？从夏南。匪适株林，从夏南。驾我乘马，说于株野。乘我乘驹，朝食于株。"

这首诗就比较明显了，说的就是夏姬与陈灵公、大夫孔宁、仪行父这几个人的烂事。

因为，前面说了，株林就是夏姬的丈夫夏御叔的封地，而夏南是夏姬和夏御叔的儿子夏徵舒，诗里是用夏南来指代夏姬。

诗的意思是：为什么要去株林？那是要把夏南找。目的不是到株林干啥，只想把夏南寻找。驾大车赶起四匹马，停车在株林之野。驾轻车赶起四匹驹，抵达株林吃过早餐好歇息。

夏姬和陈灵公几个的烂事，详见于《左传·宣公九年》，说的是：陈灵公与孔宁、仪行父都私通于夏姬，都穿着她穿过的亵衣，"以戏于朝"。

《左传·宣公十年》又记：陈灵公与孔宁、仪行父在夏姬家饮酒作乐。三人喝得醉熏熏的，言语越来越放肆。陈灵公指着夏姬的儿子夏徵舒对仪行父说："徵舒似汝。"仪行父挤眉弄眼地陪笑说："亦似君。"两人的对答极大地伤害到了夏徵舒的自尊。夏徵舒年纪不小了，他袭父司马官职，执掌兵权，容忍不了陈灵公对他的污辱。他手持弓箭，埋伏在马厩中，等陈灵公出来，一箭将之射杀。公孙宁和仪行父一看不好，逃入楚国。

夏徵舒射杀陈灵公后，自立为陈国国君。

逃到楚国的公孙宁与仪行父向楚庄王控告夏徵舒，说夏徵舒"弑乱"，要求楚庄王替天行道，重惩夏徵舒。

楚庄王一心要称霸诸国，正想找个机会来展示实力，威服天下。

他以平乱为借口，出兵杀了夏徵舒，掳走了夏姬，把陈国改为楚国的一个县。

不过，在大贤人申叔时的劝谏下，楚庄王又恢复了陈国，把逃亡在外的陈侯后代请回来，立为新的陈国国君，是为陈成公。

楚庄王就是在这种背景下想纳娶夏姬的，不过是被申公巫臣劝阻住了。

楚庄王的弟弟子反是跟随楚庄王攻打陈国的功臣，看到楚庄王放弃了夏姬，他大喜过望，"欲取之"。

但申公巫臣同样给他泼了一盆冷水。

在《左传·成公二年》的记载里，申公巫臣是这样说的："夏姬是不祥人。她克死了丈夫御叔，使陈灵公被弑，使夏徵舒遭戮，还使公孙宁和仪行父逃亡，甚至使陈国灭亡。请问，天下还有比她更不祥的人吗？是的，没有谁不会死的，但天下多美妇人，何必一定要获得她呢？"

子反抬眼瞪着站在道德制高点上的申公巫臣，气得咬牙切齿，却又无可奈何。

最后，楚庄王把夏姬赏给了另一个有功之臣连尹襄老。

在这里补充一下，宋代理学家朱熹也认为夏姬是"不祥人"，他说："陈之乱，至于株林而极，于是有楚入陈之祸。楚非能入陈也，夏姬实召之也。此所谓女戎也。"

也就是说，朱熹认为，陈国之灭，罪在夏姬，是夏姬招来的，所以称之为"女戎"。

不用说，这就是赤裸裸的"女人祸水论"。

说到这儿，似乎宋朝人郑清之那首《偶记赋王昭君谩录之》里说的"伐国曾闻用女戎，忍留妖丽汉宫中。如知褒姒贻周患，须信巫臣为楚忠"就很好理解了。

但是，事情没那么简单。

鲁宣公十二年（前597），楚、晋之间为了争霸中原，双方在邲地（今河南省郑州市北）展开争夺战。楚军获胜，楚庄王也因此胜一举奠定了"春秋五霸"之一的地位。

但连伊襄老在邲城之战中中箭身死。

连伊襄老和前妻生育有一个儿子，名叫黑要。黑要见色忘父，他不去把父亲的尸体接回，而是迫不及待地在家里要"烝"夏姬。

申公巫臣的狐狸尾巴露出来了。他悄悄派人给再次守寡的夏姬送去一封信，信上写："归，吾聘女。"

"吾聘女"中的"女"字，通"汝"字。

"吾聘女"就是"我娶你"的意思。

申公巫臣让夏姬"归"——这是想让夏姬归哪儿呢？

前面说了，夏姬是郑穆公的女儿，她的娘家在郑国，申公巫臣是想让她回郑国。

申公巫臣为什么要让她回郑国呢？

因为申公巫臣要娶夏姬，那是相当于从楚庄王、楚司马子反那儿夺人所爱——一年前，如果不是他义正辞严地阻止了楚庄王哥俩，他在今生今世是没有任何机会染指夏姬的。

换句话说，一年前他拦阻楚庄王哥俩纳娶夏姬的动机并不纯。

他那番冠冕堂皇的话只适合于别人，不适合于他自己。

不得不说，他隐藏得真深。

他还暗中操作，请郑国派人接回夏姬。

郑国人慑于楚国邲之战的余威，不敢不从，乖乖派人前来迎回夏姬。

这个申公巫臣，可真是老谋深算啊。

由此可以推知，连伊襄老的死，非常可疑。

邲之战的指挥者是楚司马子反，但不能排除申公巫臣的亲信在混战中对连伊襄老下黑手的可能。

可怜的连伊襄老，他连自己是怎么死的都不知道。

第三部分 乱世奇才 247

不过，以旁观者的眼光看，连伊襄老死得一点也不冤。

试想，夏姬既然是这样一个你争我夺的香饽饽，你连伊襄老不过一个平凡的老鳏夫，凭什么可以这样平白无故地占有她？

不过，因为楚庄王还在，申公巫臣还不敢明目张胆地和夏姬共浴爱河，他还得等待机会——等楚庄王死掉。

不得不说，申公巫臣真是心灵福至。

邲之战后的第二年，一代霸主楚庄王死了。

楚庄王这一死，晋国那边争霸的势头又起。

新即位的楚共王不甘心失去霸主地位，准备和齐国结盟以抗晋。

得，奔向未来，拥抱爱情的机会来了！

申公巫臣使出浑身解数，如愿以偿地争取到了出使齐国与齐国缔约的美差。

他"尽室以行"，驾起马车，兴匆匆地出发了。

在郢都城门，申公巫臣遇上了先前那个劝楚庄王恢复陈国的大贤人申叔时。

申叔时是长辈，申公巫臣不免要下车向他问安，然后随便寒暄上几句。

申叔时的幼子申叔跪也在场。

这申叔跪小小年纪，目光如电，见识不凡，一眼就看出申公巫臣的使齐行动别含隐情。

他在申公巫臣上车扬鞭远去后，对父亲说："异哉！申公巫臣应该拥有的是肩负重要军事使命的警惧之心，他表现出来的却是《桑中》一诗中所洋溢的男欢女爱之色，他不会是在勾引良家妇女私奔吧？"

不得不说，申叔跪的目光太毒了。

申公巫臣没有直接入齐，而是先到郑国接走了夏姬。

至此，申公巫臣才算是真真实实地牵到了夏姬的手。

从楚庄王俘获夏姬那一天算起，到申公巫臣和夏姬牵手，前后共十一年。

而从夏姬的儿子夏徵舒在十一年前弑君自立的表现来看，夏徵舒必须是成年人。

那么，申公巫臣和夏姬牵手这一年，夏姬应该已经年逾半百，是个奶奶级别的人。

申公巫臣对夏姬，那是满满的真爱啊。

申公巫臣接到夏姬后，满心欢喜，恩恩爱爱地上路，继续开赴齐国。

但是，申公巫臣在路上耽搁的时间太长了。

他还没进入齐国国界，就传来了齐国在鞌邑（今山东省济南市历城区）被晋国打败的消息。

申公巫臣这次去国离乡，已下定决心不再回去了，听说齐国遭遇了失败，顿觉齐国并非久居之地。他对夏姬说："吾不处不胜之国。"吩咐车夫，拨转马头，投奔晋国。

申公巫臣是楚国的能臣，晋景公听说他来投奔，喜出望外，热情接待了他，高高兴兴地封他为邢邑（今河南省温县）大夫。

申公巫臣叛国倒是其次，最主要的是，他竟然把夏姬搞到了手。这件事，极大地激怒了司马子反。

当年，申公巫臣巧舌如簧，打消了楚庄王纳娶夏姬的念头，又用大帽子压人，不许司马子反得到夏姬。

当时的司马子反，已经对申公巫臣恨得牙根痒痒的；这会儿听说申公巫臣居然把夏姬搞到了手，他的后槽牙差点被咬碎。

还有，当年攻宋获胜的子重向楚庄王请封申、吕两地时，楚庄王本来已经同意了，却被申公巫臣几句话给搅黄了。这时的子重，已经由左尹升任令尹，手掌楚国军政大权。

司马子反和令尹子重都是申公巫臣的仇人，他们岂能容申公巫臣这般胡作非为？

他们串通起来，不等楚共王同意，屠杀了巫臣在楚国的宗族，也屠杀了连尹襄老的儿子黑要，夺取和瓜分了这些人的财产和土地。

然后，司马子反和令尹子重向楚共王建议，用重金向晋国行贿，让晋国禁锢申公巫臣。

楚共王还算有点良心，没有答应、他对司马子反和令尹子重说："算了吧，虽说申公巫臣这么做完全是为了他自己，有点过分。但他在这么做的时候，的确是对先君、对社稷起到了好的作用。他到了晋国，如果真对晋国有贡献，即使我们用重金行贿，晋国人未必肯听我们的。如果他对晋国毫无益处，晋国自然会抛弃他，何劳我们动手？"

楚共王打算放申公巫臣一马。

但是，司马子反和令尹子重杀尽了申公巫臣一家，血仇已经结下，申公巫臣岂肯罢休？

申公巫臣给司马子反和令尹子重写了一封信，信上说："尔以谗慝贪婪事君，而多杀不辜。余必使尔罢于奔命以死！"

这里插一句，太史公司马迁偏爱伍子胥，在《史记》中单独给伍子胥作传，以和血和泪之墨，作带骂带哭之文，尽情铺陈了一出伍子胥的复仇大戏。

事实上，申公巫臣的复仇过程同样轰轰烈烈，而且其造成的历史影响更加深远。

申公巫臣为了攻灭楚国，建议晋国与吴国结盟，以南北夹击楚国。

得到晋景公的许可后，他带领三十辆战车（约合两千人）绕道进入吴国，教吴国人驾驶战车，拉开了吴国崛起的序幕。

仅仅一年之后，申公巫臣连续向楚国发动了七次进攻，逼迫得子反、子重七次疲于奔命。

更让人啧啧称奇的是，明明已经年过半百，已经是奶奶级别的夏姬，竟然和申公巫臣有了爱情的结晶，生下了一个女儿。

根据《左传·昭公二十八年》里面的记载，申公巫臣和夏姬的这个女儿，后来嫁给了羊舌肸。

补充一下，羊舌肸出身晋国公族，姬姓，他的六世祖是晋武公之子伯侨。伯侨的孙子突食采邑于羊舌，世称羊舌大夫，羊舌氏也因此而来。羊舌肸字叔向，是历事晋悼公、晋平公、晋昭公三世的大贤臣，以前中学语文课文《叔向贺贫》里的"叔向"，说的就是他。

叔向和夏姬的女儿结婚后，生下了儿子羊舌食我。

羊舌食我字伯石，史书因此也称他为"杨食我"、"杨食我"伯石刚出生时，发出的是"豺狼之声"，长大后更是"狼子野心"。他和祁氏联手作乱，使得羊舌氏和祁氏被灭族。晋国其他的大夫在瓜分羊舌氏和祁氏的土地之后，势力超过晋侯，从而埋下了三家分晋的深远祸患。

二、古人的情商就这么低？为了争个桃子被人耍得团团转，还拔剑自杀了

相信很多人都知道"二桃杀三士"的故事。

故事并不复杂，讲的是齐国有三个骄横跋扈的勇士：公孙接、田开疆、古冶子。

晏子认为这三个人的存在会威胁到国家的安全，就设计离间他们，把他们除掉。

计谋很幼稚：他让齐景公从后园摘来两只桃子，说赏赐给功劳最大的人吃。那么，人多桃少，这三个人一定会争吵不休。果然，公孙接、田开疆自表其功，都认为自己功劳大得不得了，当仁不让地拿过桃子吃掉了。实际上，是古冶子的功劳最大。但功劳太大，就不是三言两语说得完的，所以他的夸功过程耗时最多，等他说完，桃子只剩下两个核了，被不爱卫生的公孙接、田开疆吐在地上。吐出桃核的公孙接、田开疆听完古冶子的叙述，发现自己的功劳不如古冶子大，羞愧难当，拔剑抹脖子死了。古冶子看到两个好朋友全都死了，觉得孤单无聊，也拔剑抹脖子死了。

这个故事出自伪托为晏子所作、实际上是战国末期人所作的《晏子春秋》，很假，一看就知道不是真事。

很多人却把它当作真实的历史事件来读。

近年来，还有专家煞有介事地从心理学、权谋学、法律学、人性，以及思想发展等各方面，深度挖掘，深度分析，眉飞色舞地颂扬晏子是个深谙人性的心理大师，可以运用权谋杀人于无形。

还有人肉麻地吹捧"二桃杀三士"的计谋是"古往今来的最毒阳谋"，无往而不利，被算计的人即使明知对方是要谋害自己的性命，也必定会身不由己地中计，明知是坑也要往里跳。

这些专家，是故意装疯卖傻，还是入戏太深？

《晏子春秋》一书，夹杂着众多民间传说。

关于它的著作性质，千百年来，莫衷一是。

虽然它书名中有"子"，但它并非为阐发系统的思想而作，所以并非子书。

书中重在记录人物的言行逸事，却又并非实录，多为作者即兴捏造。所以，尽管《四库全书》将之归入史部传记类，但近代主流思想，还是把他看作"记叙文学类"作品。

既然是"记叙文学类"作品，那我们自然应该明白书里面的故事只是故事，不要把它当作真事看。

"二桃杀三士"的故事绝不可能是真事。

其实，细想想，如果某人用某样物品来挑拨你和你朋友间的关系，并且设法羞辱你、嘲弄你、戏耍你，你再生气，再愤怒，也只是当场吵闹一番，就此拉倒。就算事态发展到不可收拾的地步，也只能是拔剑杀了设法羞辱你和嘲弄你的人，绝不会杀自己出气。

但这故事里的人物，不但杀自己出气，还一下子自杀了仨！

这样的故事您信以为真？

再说一下，齐景公和晏子是史有其人不假，但公孙接、田开疆、古冶子这三位的名字，仅见于"二桃杀三士"这个故事中，其他地方再无这三个人的事迹出现。

所以，这仨无疑是子虚乌有的虚构人物。

再者，如果这仨真是历史上有名有姓的人，那么，他们在论功时说到自己的功劳总该多少沾上点历史大事件的影子吧？再不济，也应该有特定的历史背景吧？

对不起，故事的作者居然编不出。

我们来看看这三个人在吹嘘自己的功劳时都说了些什么。

公孙接自称"一搏猏而再搏乳虎"，田开疆自夸"仗兵而却三军者再"，古冶子自矜"逆流百步，顺流九里，得鼋而杀之"。

这几乎让笔者要笑出声来。

您敢说，这"搏猏杀虎"、"再却三军"和"擒杀恶鼋"的"大功"不是编故事的人拍脑袋想出来的？

古人写东西，为了震住读者，往往夸大其词，语不惊人死不休，只为博取阅读者目瞪口呆那一刻的奇妙效果。

以西汉刘向的《列士传》为例。

铸剑大师干将被勒令替晋君铸剑，他铸呀铸呀铸，铸了三年，铸出了雌雄双剑，吹毛断发，削铁如泥。干将留下雄剑而献雌剑，他对妻子莫邪说："老夫把雄剑藏在南山之阴，北山之阳，松生石上，剑在其中。此番去给晋君献剑，必然被晋君所杀。老夫死后，你生下了儿子，务必让他找出雄剑，替我报仇！"事态的发展，果然如干将所料。雌剑献出，他即被晋君处死了。干将的妻子莫邪后来生下一子，起名叫"赤鼻"。等赤鼻长大，莫邪转述了丈夫的话，让赤鼻去寻剑替父报仇。但是，赤鼻斩尽南山的松树，却找不到剑。返归屋中，却在屋柱内拔出了宝剑。赤鼻还未展开行动，已被晋君惊觉。晋君遍发追捕令。赤鼻仓皇逃入朱兴山。有侠客提出愿为他报仇，但必须要用他的脑袋为诱饵，引晋君上钩。赤鼻二话不说，举剑砍下了自己的脑袋。侠客提着赤鼻的脑袋去见晋君，并提议用大镬煮赤鼻的脑袋三日。在这三日之内，赤鼻的脑袋在镬内跳跃不停，不熟不烂。晋君大奇，凑脑袋过去观看。说时迟，那时快，侠客扬起雄剑，一剑把晋君的脑袋砍掉。晋君的脑袋"扑通"一声掉入镬中。刺客又挥剑自刎，他的脑袋也掉入了镬中。三个脑袋在镬中互相撕咬,最终全都烂掉了,无法分辨,只好埋在一起,名曰《三王冢》。

又如《吴越春秋》中记,伍子胥为逃离楚平王的毒害,连夜入吴,过了昭关,奔到江边,得一渔父摆渡过江。渔父为了消除伍子胥的怀疑和顾虑,翻船自沉,用结束自己生命的方式替伍子胥保守秘密。

《越绝书》则记,伍子胥逃到溧阳境内濑水边,腹中饥渴,向浣纱的史贞女乞食。史贞女和渔父一样,为了保守伍子胥的秘密,抱石自沉河中。

《庄子·盗跖》里记载有一个在桥底等候相约的女子前来赴会的尾生,女子迟迟不来,河水暴涨,尾生为了"坚守信约",竟然抱紧桥柱,坚持在桥底等候女子,结果溺水身亡。

不用说,这些故事荒诞古怪,情节出乎人的意料,完全不合常理,一看就知是胡编乱造,但绝对让人过目不忘。这就是文学的魅力。

太史公司马迁受这种文学魅力的迷惑,流连其中,在著作《史记》时,极其喜用此类手法,于是有了樊於期献头;豫让漆身为厉、吞炭为哑;公孙杵臼、程婴换孤、救孤等一系列驰魂夺魄的精彩故事。

与"二桃杀三士"的故事一样,这些都是故事而不是史实。

所谓"春风感人有形无迹,后贤怀古异世同情",古人的情商并不比今人低,凡古书上写的人物行为与今人有异者,其必有伪。

三、柳下惠"坐怀不乱",是否确有其事?

首先,柳下惠是一个大圣大贤之人。亚圣孟子称他为百世之师,是"圣之和者",将他和伯夷、伊尹、孔子相提并论。

不过,柳下惠"坐怀不乱"的故事真没有。

柳下惠并不姓柳,他是周公姬旦的后代,本姓姬。

当年,武王克殷成功,分封开国元勋,封周公旦于鲁国。但武王死,成王年幼,周公只好出来摄政,践天子之位,留长子禽代为就封,史称鲁公。鲁国第十二位君主鲁孝公,有子字子展。子展有孙名无骇。无骇卒。鲁隐公便命其族以祖父字为展氏。

柳下惠就是无骇的儿子,本名展获,字子禽,因为他的封地在柳下邑(今山东省平阴县孝直镇一带),死后获谥"惠",后人因此尊称他为"柳下惠"。

柳下惠做官非常有原则,宠辱不惊,随遇而安,不羞污君,不卑小官,无欲无求,得天下人景仰。

战国末期,秦国攻打齐国,曾对士兵下死命令:有谁敢到柳下惠墓地五十步以内砍柴者,格杀不论。

柳下惠的人格魅力由此可见一斑。

时至今日,柳下惠被人推崇为思想家、教育家、政治家。

但在柳下惠之世,并没有什么人说过什么关于"坐怀不乱"的故事。

"坐怀不乱"的故事大概源自两则材料。

一是《诗经·小雅·巷伯》毛亨传中的一句话。该话的原意,是说柳下惠做人有原则,做事从来不乱。

另一是《荀子·大略》说柳下惠待人接物,不卑不亢。

得,就因为这里出现了"不乱"的字眼,故事开始演变,并演变得很有趣。

先是成书于西汉初年的《毛诗故训传·巷伯》说,鲁国有一位男子独居,隔壁住着一位单身女子。某夜,雷雨交加,女子的房子被摧毁。女子无奈,只好去敲男子的门,恳求对方能收留一晚。男子坚决不开门。女子问:"你为什么就没有一点同情心呢?"男子悠然答道:"我听说,男女不到六十岁是不可以共处一室的,你年纪轻轻,我也年纪轻轻,请原谅我不能收留你。"女子心有不甘地说:"你难道不能学学人家柳下惠?柳下惠做事从来就不会乱来。"

这就是"坐怀不乱"故事的雏形。

故事真正成形,是在元朝。

元朝人胡炳文按照自己的想象，在《纯正蒙求》一书中写道：柳下惠远行，夜宿于都门外。时大寒，忽有女子来托宿，柳下惠恐其冻死，乃坐之于怀，以衣覆之，至晓不为乱。

到了元末明初，陶宗仪在《南村辍耕录》卷四《不乱附妄》中基本照搬了胡炳文的说法。

由此可见，柳下惠"坐怀不乱"的故事，完全是后人编造出来的，并不是真事。

四、娶了漂亮老婆是啥体验？孔子先祖有过极不平凡的经历，被记于史册

俗话说："爱美之心，人皆有之。"

作为正常男人，应该都喜欢年轻又漂亮的女人。

但是，造物主是个吝啬鬼，世间千千万万张脸孔，从来都是美少丑多。

平凡如我辈，只能让美女活在自己的梦里，白天张望，徒剩一颗艳羡的心。

到底，那些娶了美女为妻的男子，该是一种什么样的体验呢？

孔子的六世祖孔父嘉用亲身经历告诉世人：要娶美妻，首先你得足够优秀，其次你还得足够强大，否则，戴绿帽还是小事，家破人亡，也是有的。

话说，孔父嘉是一个足够优秀的男人，他是宋国大臣，官至大司马。

说起来，孔父嘉能当这么大的官，最终还是得益于他的血统——他是宋国始祖微子启的弟弟微仲的八世孙，宋国第五任国君宋闵公的五世孙。

因此，孔父嘉算是王亲国戚。

当然，还有最重要的一点：他是宋国第十四任国君宋穆公临死前的

托孤大臣。

宋穆公是宋国第十三任国君宋宣公的弟弟，宋宣公临死前，没有将位子传于自己的儿子与夷，而让位给了弟弟公子和（即宋穆公）。

宋宣公豪爽地说："父死子继，兄死弟及，天下通义也。我其立和。"

周王推行的是嫡长子继承制，宋宣公为什么要说"兄死弟及，天下通义"，并真的把位子传给弟弟呢？

原来，宋宣公是殷商后裔，殷商推行的是"举贤避亲"制度，王室爵位多为父死子继或兄终弟及。

也就是说，宋宣公说的"兄死弟及，天下通义"是殷商的"通义"。

宋穆公继位后，也很感激兄长宋宣公的情义，他在临死前，决定投桃报李，命令自己的儿子公子冯离开宋国前往郑国居住，而将兄长宋宣公的儿子与夷嘱托给孔父嘉，说："先君宋宣公舍弃他的儿子与夷而立我为国君，我时刻不敢忘记，现在，请您事奉与夷来主持国家事务，我虽死，也没什么可遗憾的了。"

这样，宋穆公去世后，与夷继位，是为宋殇公。

可以想象得到，宋殇公会如何敬重孔父嘉。

有这样的政治资本，孔父嘉做起了一个美女的丈夫。

孔父嘉的妻子不是普通的美，是那种勾魂摄魄的美。

司马迁在《史记》中从侧面写了孔父嘉的妻子的美，说：孔父嘉的妻子出门，在路上遇上了宋国的太宰华督，华督感到赏心悦目，一直目送她走远。

《左传》也写了这个细节，并给华督加了句台词："宋华父督见孔父之妻于路，目逆而送之，曰：'美而艳。'"

华督见过孔父嘉妻这一面，就像丢失了魂儿，永不能忘怀，日思夜想，想把她占为己有。

说起来，华督也是宋国的王亲国戚——他是宋戴公的孙子，官居太宰，乃"六卿"之首。知道路遇美女是孔父嘉的妻子后，他就决定杀掉孔父嘉，横刀夺爱。

孔父嘉好歹也是大司马，不能像对付乡野小民那样，想杀就杀，必须捏造个理由出来。

这难不倒华督。

话说，宋殇公上台后，执政十年，打了十一场大仗，"民不堪命"。

这样，华督的理由来了——"皆孔父为之，我且杀孔父以宁民。"

周桓王十年（鲁桓公二年，前710）春，"督攻孔氏，杀孔父而取其妻"。

如果事件到此为止，也只仅仅是杀人夺妻事件，属于一家之难。

但前面不是说了吗？宋殇公很敬重孔父嘉，听说孔父嘉被杀，无比愤怒，表示要追究华督的罪责。

华督一不做、二不休，"遂弑殇公"，干脆把宋殇公也给杀了。随后，派人去把远在郑国的公子冯迎返，立为新君，是为宋庄公。

司马迁在《史记》载："春秋讥宋之乱自宣公废太子而立弟，国以不宁者十世。"

其实，宋国之"不宁者十世"，根源并不在"宣公废太子而立弟"，而在于太多像华督这样贪恋权色之辈。

孔父嘉只有一子，名木金父，金父生睪夷，睪夷生防叔，因害怕华氏的逼迫，逃到了鲁国。后来的孔圣仲尼，为孔父嘉六世孙。

五、孔子的父亲为什么叫叔梁纥，却不姓孔？

孔子的父亲为什么叫叔梁纥，却不姓孔？

这个问题相当有趣。

有些人说，因为孔子是他父亲叔梁纥和母亲颜氏野合的产物，所以父子不同姓呗，他父亲姓叔，他姓孔。也有人说，孔子并不姓孔，他父亲叔梁纥也不姓叔，他们都姓子，是同一个姓。也有人说，孔子是他母亲颜氏和不知什么人野合的产物，和人家叔梁纥一点关系都没有，是他母亲为了攀附名人，硬往人家叔梁纥身上靠的。还有人说……

算了，不说了，只要驳倒上面这三种说法，就可以回答"孔子的父亲叫梁纥不姓孔"的问题了。

其实，现在我们称一个人的姓为姓氏，即姓等于姓氏，但在古代，姓和氏不是一回事儿。

古代是先经历母系社会再到父系社会的。

姓代表母系，氏代表父系。

也就是说，先有姓，后有氏。

母系社会的社会形式非常简单，姓的功能很质朴，主要用来区分血缘，体现在生物性上，用以制约婚姻，同姓不通婚。

父系社会的社会形式相当高了一点，则氏的功能体现在社会性上，用以分贵贱，通过氏可以了解他来自哪个宗族或家庭。

通常，平民有姓有名而无氏，称呼就有名有姓。贵族拥有了平民所没有的氏，就不称姓了，称姓会自跌身价，只称氏称名。

孔子虽然出身于没落贵族，但也是贵族，他的名为丘，字仲尼，称他为"孔丘"时，"孔"其实是他的氏。

那么，孔子的姓是什么呢？

孔子的父亲叔梁纥是殷商后裔、宋国贵族，其姓为"子"。

补一句，现在我们称"孔子、孔子"，可不要以为前一个"孔"是氏，后一个"子"是姓，前面说过，贵族是不会在称呼中出现姓的。"孔子"这个"子"，在这里是中国古代士大夫的通称。《云麓漫钞》就说得清清楚楚：诸侯之上大夫卿、下大夫、上士、中士、下士凡五等。亦称"子"，若宣子、武子之类是也。

话说回来，孔子父亲叔梁纥的称呼里，也不出现姓，甚至连氏都没出现，"叔梁"是他的字，"纥"是他的名——注意，名和字是分开的，也不是一回事儿。

只称名和字，不称姓和氏，更显身份尊贵。

孔子六世祖孔父嘉的身份更尊贵，是宋国大司马，"孔父"是字，"嘉"是名，称呼里也不出现姓和氏。

实际上，孔父嘉死于宋国内乱后，他的子孙逃亡到了鲁国，就以他的字"孔父"中的"孔"为氏。

也就是说，鲁国的这一支孔父嘉的后裔都以"孔"为氏。

但这一支后裔，在称呼中出现氏，即从孔子开始，之后就固定了下来，如孔子的儿子叫孔鲤，孙子叫孔伋，曾孙叫孔白，玄孙叫孔求……

战国以后，谋士纵横，越来越多的社会低层人士跻身上流社会，他们之前是没有氏的，只称姓；而当他们发展成一个个大家族，姓和氏就渐渐合流了，最后姓和氏合成了一个"偏正词组"，实质为氏，词义却偏向于姓。

这个时候，说"孔子姓子不姓孔"，或说"孔子就姓孔"，都对。

但说孔子的父亲姓孔，那就不对了。

六、李耳为何不叫李子而叫老子？

李耳为何不叫李子而叫老子？

在春秋战国时期，人们喜欢把老师或有道德、有学问的人称为"子"。这个，大家都知道了，就不用多解释了。

而从"孔丘叫孔子，墨翟叫墨子，孙武叫孙子，李耳为何不叫李子"这句话里，笔者隐隐感觉到，说这句话的人认为孔丘姓孔名丘，墨翟姓墨名翟，孙武姓孙名武，李耳姓李名耳，那么，称孔丘为孔子，就是孔老师、孔先生的意思；称墨翟为墨子，就是墨老师、墨先生的意思……

但是，我要告诉你，孔子并不是姓孔，事实上，他姓子，名丘，字仲尼。孔，只是他的氏。

另外，墨子也不姓墨，他是宋国贵族目夷的后代。目夷是宋桓公的庶长子、宋襄公的异母兄，也姓子，名目夷，字子鱼，因担任司马，别人又称为司马子鱼。司马子鱼的后代以鱼为姓。也就是说，墨翟应该姓鱼，名翟。至于这个墨字，是因为他和他的弟子都"手足胼胝，面目黎黑"，因此被人在翟字前加上了一个"墨"字。

至于孙武，他倒是姓孙，但他的祖上原是陈国国君，姓妫。陈国后来发生内乱，陈厉公之子完投奔齐国。陈完的五世孙田书伐莒有功，被齐景公赐姓孙。田书因此变成孙书。孙书生子孙凭，孙凭生子孙武。可见，孙武这个孙姓，还是很崭新的。

说了这么多，是想告诉诸位：千万不要以现代人的思维来理解古代人的姓氏和名字。

说过孔丘、墨翟和孙武，下面说说李耳。

李耳，是老子的外号而不是姓名。

为什么这么说呢？

因为在所有著作于春秋战国的文献中，如《荀子》《吕氏春秋》《庄子》《战国策》《韩非子》等书，凡提到老子，都只称老子或老聃，没有一本书说老子叫李耳。

为什么会把李耳和老子扯一起呢？

原来，老聃刚刚出生时，父母看到他的两个耳朵又长又大，有点像猫狸，所以为他起名"聃"，又加了一个小名"狸儿"。

"狸儿"的读音非常接近"李耳"，后来被讹传为"李耳"。

您想想，"李耳"既然是个外号，别人怎么可能把"李子"当成一个尊称呢？

第三章　历史谜团

一、孔子著《春秋》?

春、秋，原本指的是一年四季中的春季和秋季。

后人把"春""秋"二字组合成一个词"春秋"，用来指代中国古代历史上从周平王东迁（前770）到周敬王四十四年（前476）的那一段长达二百九十五年的特殊历史时期。

给"春秋"这两个字加上书名号，则它又专指中国古代儒家典籍中的"六经"之一《春秋》。

以上这三点，它们之间有着什么样联系呢？

下面，笔者详细说说。

我们都知道，一年分春、夏、秋、冬四季。

这样的分法，在夏历与黄帝历、颛顼历、殷历、周历、鲁历这"古六历"中已经出现。

实际上，夏历也是目前所知我国古代最早的历法。

换言之，我国古代的劳动人民很早就把一年划分成春、夏、秋、冬四季了。

人们可以用"春夏秋冬"一词来表示一年。

但在语言表述上，为了更简练，往往不说"春夏秋冬"，而说"春秋"。

因此,"春秋"在古代也表示一年。

中国古代有编写史书的传统。

编写史书的主要目的是总结前人旧事的经验教训,用来指导今人的生产、生活方式。

最早的史书编写,都是按照时间先后,逐年逐年记载的。

这种方式,用宋人王安石的话来说,是"断烂朝报";用近代大贤梁启超的话来说,那是"流水账簿";但用得体而通俗的话来说,那可是"编年体史书"。

这种编年体史书一年接一年地记载史事,往往被冠以"春秋"之名。

武王伐纣主天下,分封诸侯。

各诸侯国都设置有史官,则各诸侯都编修有本诸侯国的国史。

因此,世间就出现有各种各样的《春秋》。

为了区分这些《春秋》,后人就不得不往里面添字,成为《鲁春秋》《燕春秋》《齐春秋》《宋春秋》等。

当然,也有不名《春秋》而另名为《志》《乘》《书》《杌》的诸侯国史。

为了让人一眼而知是何国国史,它们也同样被人往里添字,成了《周志》、《晋乘》、《郑书》、《楚杌》等等。

秦灭六国,其他《春秋》均毁于战火,仅剩《鲁春秋》。

那么,《鲁春秋》里面的"鲁"字就可以拿掉了。

毕竟,劫后余生的众多《春秋》中,独此一家,再也没有其他分号了。

此《春秋》记载了上自鲁隐公元年(前722),下至鲁哀公十四年(前481),含十二个国君,计二百四十二年的历史。

书中所记,虽以鲁国史为主,但对鲁国以外的其他国家也各有涉及。其所记历史事实的起止年代,大体上与一个客观的历史发展时期相当,为了叙事方便,历代史学家就把其上自周平王元年(前770),

下至周敬王四十四年（前476）这二百九十五年的历史发展时期用《春秋》这个书名来称呼，称为"春秋"时期。

下面重点说说《春秋》这部书。

按照上面的说法，《春秋》是由鲁国历代史官编著成书的。

但是，有这样一种观点，非常流行，甚至被认定为历史事实：即《春秋》出自孔子之手，为孔子所著。

为什么会出现这种观点呢？

因为《孟子·滕文公下》里面说：世道衰败，歪理邪说和各种暴行纷纷出现，有臣杀君的，有儿杀父的。孔子心中警惧，深以为忧，于是编著《春秋》，意欲匡救时弊。但编著《春秋》本是天子的职权，孔子这是在僭越职权。因此，孔子长叹说："认同我的人，是因为这部《春秋》！怪罪我的人，也是因为这部《春秋》吧！"

孔子是"先圣"；孟子是孔子的再传弟子，号称"亚圣"，那么他所说的话，非同小可。

西汉著作《史记》的作者太史公司马迁就非常迷信孟子说的话，他在《史记·孔子世家》里面借用文学手法，通过孔子之口，坐实了孔子著作《春秋》这件事。

他是这么写的：

孔子大叫："不行不行，君子最担心的事就是死后没有留下好名声，我的政治主张既然不能实施，那我拿什么留下给后世呢？"想来想去，他决定根据鲁国的史书，编著《春秋》。

另外，司马迁又在《史记·十二诸侯年表》中说：孔子深谙治国之道，但游说了七十多个诸侯国国君都没能让这七十多个诸侯采用，他于是阅读了周室的史料档案，结合鲁国的史书编写了《春秋》。

又在《史记·儒林列传》中说：孔子是听说管理山林的"虞人"和叔孙氏的仆从西狩获麟，认为自己向各国传道的路途已经穷尽，只好通过著史的方式来推行王道，于是著作了《春秋》。

司马迁一会儿说孔子在"干七十余君莫能用"的情况下作《春秋》

的,一会儿又说孔子是在听"西狩获麟"后作《春秋》的。

他还在《史记·太史公自序》提出了第三种说法:"孔子厄陈、蔡,作《春秋》。"

不管怎么样,孔子著作《春秋》的缘由,似乎有一个合情合理的解释:诸侯争霸,孔子目睹了礼法遭到践踏的各种现象,于是周游列国,推行自己的治国理念,想以一己之力扭转乾坤。但无一例外都碰壁了。他只好另辟蹊径,集中精力对周室、鲁国的文献资料加以整理,着手编写了历史著作《春秋》。他希望靠《春秋》来正名分,给诸侯、大夫以严正的褒贬,从心理上来钳制他们,从而安定天下的秩序,恢复周的政治权力。

不用说,孔子著作《春秋》的说法是很有市场的。

在很长一段时间里,几成定论。

甚至有人认为,东周时诸侯国的史书均已散佚,只因为鲁国史《春秋》是孔子编订的,大家都给孔子面子,所以《春秋》能流传下来。

因此,他们大加颂扬孔子,说必须感谢孔子,不然,世间就没有《春秋》了。

既然《春秋》是孔子的作品,而孔子又是儒家先圣,《春秋》就顺理成章地成为中国古代儒家典籍的"六经"之一,被后世儒家奉为瑰宝。

但是,明眼人一眼就看出,《春秋》里面有很多地方的笔调不一致、行文风格迥异,不似是一人的手笔,而应该是鲁国各个时期的众多史官共同撰写而成的。

因此,有人认为,《春秋》不可能是孔子一个人所著。

充其量,孔子最多也只是对《春秋》进行过整理罢了。

还有人认为,《论语》记载了孔子大量的生平言行,其中论《诗经》的很多,但对《春秋》未置一词,孔子极可能与《春秋》没有半毛钱关系。

第三部分 乱世奇才

实际上，孔子有无著作、编修过《春秋》，其中最大的一个疑点是：孔子如果著作或编修过《春秋》的话，那么，他为什么要把鲁国的国史从鲁隐公元年（前722）叙起？

这真是没头没脑，实在找不出合理的解释。

要笔者说，孔子不可能著作或编修过《春秋》。

原因很简单，在西周、春秋时代，著作、编修史书，那是史官的神圣职责，其他人，包括天子、诸侯、卿士大夫和其他任何个人，都无权过问，更不能修改，遑论著作？

我们知道，西周时周厉王施暴政，结果引起了国人的强烈反对，惨遭流放。

这一段历史为什么能流传下来？就是因为记录历史的史官如实记录，而后来即位的周宣王也没有改写国史。

其实，周宣王非但不敢改写国史，就连在厉王遭逐后摄行王事的共伯和，也就是卫武公，他也不敢随便改史。

厉王死，宣王即位后，卫武公还政归国，全须全尾，一直活到九十五岁。

晋灵公好逸乐，残暴敛财，祸国殃民，举国不安。执政大臣赵盾屡谏无效，反遭晋灵公多次加害。无奈之下，赵盾只好驾车出逃。当他逃到晋国边境，听说晋灵公已被其族弟赵穿带兵杀死，于是返回晋都，继续执政。史官董狐在史书上堂而皇之写下"赵盾弑其君"的春秋一笔，还宣示于朝臣，以示笔伐。赵盾心存敬畏，不能置一辞。赵氏的后代子孙，也不敢行任何篡改之事，这一段杀戮之事才得以传了下来。

此外，齐国大夫崔杼杀了齐庄公，掌管历史记录的史官秉笔直书"崔杼弑其君"。崔杼暴怒之下，将之杀害。但这个史官的两个弟弟不屈不挠，他们承袭了史官的职位，继续哥哥的事业，不肯改写这一史事。崔杼最后只好罢手。

……

从以上事例可知，记录历史是史官的神圣职责，谁也不得干预，甚至连杀人不眨眼的齐国大夫崔杼也干预不了。

孔子怎么可能去著作、编修《春秋》？

孔子一生尊崇周礼、恪守周礼，周礼既然严格规定史官之外，天子、诸侯和卿士大夫和任何个人都不得参与和干预著作、编修史书，孔子怎么可能去著作、编修《春秋》？

如果孔子著作、编修《春秋》的话，他不就成了践踏周礼的僭越者了吗？

二、吴起写作了《左传》？

吴起很可能是没有后代的。

《史记·孙子吴起列传》记载说：魏武侯是在公叔痤的挑拨下对吴起以嫁女相试探的，也就是说，公叔痤是想陷害除掉吴起的小人，文中明确提到："公叔为相，害吴起，起惧得罪，遂去之楚。"

但是，《战国策·魏策》中写了一件发生在魏惠王九年（前361）的事，这一年，吴起已经死了十九年了。说的是：公叔痤为魏将，在浍北大破韩赵联军。魏王大喜之下，赏田百万。公叔痤愧不敢受，请求赏赐给吴起的后人。

按照这种说法，吴起是有后人的，而且他的后人还生活在魏国。

这可真是一笔糊涂账。

吴起在魏国原来是有妻子的，并且生育有儿子，可能还不止一两个。

他逃亡入楚，居然把老婆孩子留在魏国，真是奇怪。

最后说一下，自清代的姚鼐、民国的章炳麟之后，至现代学者郭沫若、童书业、钱穆等人，提出了一个新观点，即《左传》的作者不是左丘明，而是吴起。

其理由大致如下：

一、《左传》成书在战国初年，左丘明是春秋晚期的人，而吴起是战国初年的人，所以《左传》的作者不是左丘明，而是吴起。

二、《左传》夹杂有儒家思想，也有法家思想，左丘明只是儒家中人，不是法家中人；吴起"尝学于曾子""受业于子夏之论"，又实行过变法，兼具有儒家和法家思想。

三、《左传》写战争写得详尽用力，左丘明只是一介书生，似不具备写战争的能力；吴起作为一个名将、军事家，写战争驾轻就熟。

四、《韩非子·外储说右上》里面说吴起是"卫左氏中人也"，即《左传》一书的名称就是从吴起的家乡名称来的。

五、《左传》写鲁、晋、楚三国之事细致，而吴起有过在鲁、魏、楚从政的经历，则著《左传》非吴起不能为。

六、《说苑·建本》里说："魏武侯问元年于吴子。"而吴起对以《春秋》之意"，而刘向《别录》叙述《左传》的传授源流明确交代："左丘明授曾申，申授吴起，起授其子期。"这说明吴起对《春秋》深有研究，并作过传授。

以上的一、二、三条，可以否定左丘明，但并不能证明"不是左丘明，就必定是吴起"。

至于第四条，用家乡名称来作书名，非常勉强。

主要是第五、第六条。

关于第五条，郭沫若在《青铜时代·述吴起》中说："吴起去魏奔楚而任要职，必已早通其国史；既为儒者而曾仕于鲁，当亦读鲁之《春秋》；为卫人而久仕于魏，则晋之《乘》亦当为所娴习；然则所谓《左氏春秋》或《左氏国语》者，可能是吴起就各国史乘加以纂集而成。"

郭沫若说这番话的时候，他已经形成一种"想当然"的思维模式，认为吴起有过在鲁、魏、楚从政的经历，就必须读尽、熟尽这三国所收藏的史书。他也不想想，吴起一生中的时间是怎么分布的——前面说了，假定吴起是在公元前408年离开鲁国的，那么，到他被肢解的公元前381年之间的二十七年时间里，他是在魏、楚两国度过的，而在楚国的日子最多不过三四年，也就是说，除去他青少年时期在卫国待过的约二十年时间、后期在魏国待过的约二十多年时间，那他在鲁国待的时间也不可能太长，也就二三年吧。

请问，他是怎么在鲁、楚两国所停留的短暂时间里熟读两国国史的？

最不可思议的是，按照郭沫若的说法，吴起还要利用在楚国的短暂时光里编纂好《左传》，这可能吗？

况且，他那时不是正在帮魏悼王实施变法吗？

至于刘向《别录》里说的"起授其子期"，即吴起把经过左丘明、曾申和自己编订过的《左传》传授给儿子吴期——那么，问题来了，这个"吴期"是吴起在魏国时的妻子生的呢？还是他在楚国时的妻子生的呢？

如果是魏国妻子所生，那当时吴起还未读过楚国的国史，没法编《左传》；如果是楚国妻子所生，那吴起遇难时，只怕这个"吴期"还是个两三岁的幼儿罢，传他《左传》，他懂什么？而且，吴起死，这个幼儿也已是覆巢之卵，不复存活了。

所以，吴起为《左传》作者之说，不足为信。

三、左丘明写了《左传》？

在中国古代历史上，曾经有这样一个让人深信不疑的故事。说的是：孔子崇尚三代之治，尊崇周礼，他目睹诸侯争霸、礼乐崩坏，在忧心如焚之下，一种匡时救弊的责任感油然而生。于是，他周游列国，到处游说并阐述自己的政治观点，想凭一己之力在某一诸侯国实施变革，由点发散到面，全面扭转社会风气。无奈得不到任何诸侯国的支持，他只在碌碌奔波中徒掷了光阴，空耗了精力。心灰意冷之余，孔子回到鲁国，闭门静思，决定另辟蹊径，用余生来整理古代相传下来的文献，编写历史著作《春秋》，以定名分、正人心，通过对诸侯、大夫的褒贬，从心理上钳制他们，惩恶扬善，拨乱反正，恢复周礼，还归天下以美好的社会秩序。但是，他在著作《春秋》时，原始察终，微言大义，以一字寓褒贬，太过深奥。他的好朋友左丘明生怕后人不理解，误入歧途，于是作《左氏春秋》为之作注。

故事优美动听，也合情合理。

但未必是真。

且让笔者简单梳理一下这个故事的源头。

首先，《春秋》和《左氏春秋》这两部书是真实存在的。其中，《春秋》既然被说成是孔圣人的作品，那就非同小可了，在汉代被尊为儒家"六经"之一。而《左氏春秋》与《春秋》关系如此密切，也被尊为儒家"十三经"之一，被东汉人班固改称为《左氏春秋传》，简称为《左传》。

不用说，《春秋》和《左氏春秋》这两部书的存在，是滋生上述故事的土壤。

那么，故事的种子是谁播种下的呢？

是儒家亚圣孟子。

《孟子·滕文公下》中说："世道衰微……孔子惧，作《春秋》。"

这是最早提到孔子著作《春秋》的文献。

但是，孔子平生是主张"述而不作"的，并没有任何可靠的证据可以证明孔子写过什么作品。

像我们所熟知的《论语》，其实是孔子的门人以及再传门人对孔子的言行所做的笔录，并非孔子的著作。

另外，在《论语》一书中，孔子坐而论道，天南地北，无所不谈，唯独没有片言只语涉及《春秋》。

前文已明确说了，在西周、春秋时代，统治阶级士君子国人的确在政治、经济、军事和文化各个领域享有极其广的民主权利，他们可以黜天子、逐诸侯，流放卿士大夫，决定众多国家大事。其中掌管国史记录的史官；更是可以通过刀笔钳制天子、诸侯、卿士大夫的言行；

而天子、诸侯、卿士大夫却不能随便观看、修改任何史料。像著名的"赵盾弑其君""崔杼弑其君"的史事都充分说明了这个问题。孔子不是史官,他是无权修改太史所掌管的国史记录的著作的,更不能越职编著《春秋》。

最关键的是,孔子一生尊崇周礼、恪守周礼,他是绝不会僭越和践踏周礼去著作、编修《春秋》的。

换言之,司马迁讲的故事是靠不住的。

但是,《论语·公冶长》出现了一句没头没脑的话,说:"巧言、令色、足恭,左丘明耻之,丘亦耻之。"

这句话被司马迁盯上了。

因为里面有"左丘明"这三个字。

这是现存资料中有关"左丘明"的最早记载。

从孔子说的这句话来看,孔子是非常赞赏左丘明的——左丘明厌恶巧言令色之徒,孔子就说,左丘明厌恶这种人,我孔丘也是同样厌恶这种人。

司马迁于是断定:左丘明和孔子是志趣相投的一对好伙伴,一起读书,一起高谈,一起游学,一起著书。

儒家亚圣孟子也说了,《春秋》是孔夫子编著的;那还有一本《左氏春秋》呢?这《左氏春秋》可不应该就是左丘明编著的吗?

司马迁于是在写《史记·十二诸侯年表序》时,大笔一挥,就写下了孔夫子编著《春秋》和左丘明编著《左氏春秋》的情节。

他说,孔子写《春秋》写得太过艰涩深奥,他的弟子都按照各自的理解来进行解释。左丘明为了不让孔子的本义埋没,"故因孔子史记具论其语,成《左氏春秋》"。

司马迁把这则故事说得活灵活现,东汉初年的学者桓谭即在《新论》沿袭其说,称:"《左氏》经之与传,犹衣之表里,相持而成。"

《汉书》的作者班固是司马迁的超级粉丝,他在司马迁所讲故事的基础上,脑补出这样一个画面:孔子为了著作《春秋》,和左丘明一起

第三部分 乱世奇才

去翻看史料。

班固把这一画面一本正经地写入了《汉书·艺文志》中，云："周室既微，载籍残缺。仲尼思存前圣之业……故与左丘明观其史记。"

由于司马迁、班固这两位史学大家都这样言之凿凿地说孔夫子编著了《春秋》、左丘明编著了《左氏春秋》，后世的史学专家因此都以为果真是如此。

汉宣帝时的博士严彭祖著《严氏春秋》引《孔子家语·观周》篇进一步把班固脑补出的画面丰富化，写："孔子将修《春秋》，与左丘明乘，入周，观书与周史。"

但是，诚如上面所说，孔子并非史官，即"孔子编著《春秋》"本来就是一个伪命题。

那么《左氏春秋》是否为左丘明的著作呢？

悬。

因为要证明《左氏春秋》是左丘明编著的，得先证明左丘明是一个史官。

有人说，左丘明必须是史官啊，班固不就在《汉书·艺文志》春秋类《左氏传》之下清清楚楚地注明了吗？说："左丘明，鲁太史。"

但是，查现存资料，最早讲左丘明是鲁太史的人应该是与司马迁同时代的孔安国。

孔安国为《论语》作注，他在《论语·公冶长》中"左丘明耻之，丘亦耻之"的条文中，注称左丘明为"鲁太史"。

孔子的话里没有透露出左丘明是鲁太史的任何信息，直接称呼"左丘明"。

司马迁的《史记·十二诸侯年表序》也只说"鲁君子左丘明"。

而从春秋末年至孔安国时代近三百余年时间里，从没有任何人有根有据地讲过左丘明是鲁太史。

孔安国是从哪儿考证出左丘明是鲁太史的？

想来想去，估计，孔安国是认为《左氏春秋》的内容如此丰富，述事如此广博，非史官不能完成。

而他在此前已先入为主地认定《左氏春秋》的作者就是左丘明。

二者结合，他麻利地得出结论：左丘明是鲁太史。

由此可见，孔安国的说法可能是他自己的臆测，未必是事实。

东汉的班固未经审辨，按照孔安国的说法，在《汉书·艺文志》的自注里大大方方地写："左丘明，鲁太史。"

但事实是怎么样的呢？

事实上，在春秋时代，人们在称呼史官时，往往会将该史官的职称或者其氏号与其名字并列在一起称呼。

比如《左传·昭公十二年》出现的"左史倚相"、《左传·庄公三十二年》出现的"内史过"、《左传·襄公三十年》出现的"史赵"、《左传·哀公九年》出现的"史龟"、《左传·僖公十五年》出现的"史苏"、《左传·昭公三十一年》出现的"史墨"和《左传·定公四年》出现的"史皇"等等。

当然，也有在称呼时省去了职称后面的人名的，但保留有其职称或氏号是必定的。如《左传·襄公十四年》出现的"左史"、《左传·襄公二十三年》出现的"外史"、《左传·襄公二十五年》出现的"太史"、《左传·襄公三十年》出现的"大史"、《左传·昭公二年》出现的"大史氏"等。

根据《汉书·艺文志》里的解释："太史对内史亦称左史，《周书·史记篇》穆王时有左史戎夫。《大戴礼记·盛德篇》云：'内史、太史，左右手也。'卢注云：'太史为左史，内史为右史。'《玉藻》云：'动则左史书之，言则右史书之。'"也就是说，这些左史、外史、太史、大史、大史氏，都是史官的职称或氏号。以上条文，都是只出现史官的职称或氏号而没有出现该史官的名字。

如果左丘明是鲁国的太史，孔子又是那么欣赏他，并且孔子又是那样一个彬彬有礼的人，那孔子不会直呼其名"左丘明"，而应该尊称他为"太史左丘明"或"史左"。

司马迁著《史记·十二诸侯年表序》，因为他实在查不出什么可以证明左丘明当过鲁太史的材料，所以他也没有说"左丘明，鲁太史"，而是很谨慎地称呼左丘明为"鲁君子左丘明"。

更可笑的是，《左传精舍志》也说：左丘明"世为鲁左史官"。

是的，春秋时期的史官都是世传其职的，如果左丘明是史官，那么他的祖辈、父辈和儿孙辈都应该是史官。

鲁国是众诸侯国中最为重视典籍的，该国史官的地位非常显要，该国史官频频在史籍上露脸。宣公时，有规劝宣公不要在"鱼方别孕"时滥捕的太史克；又比如在哀公时，有在艾陵之战中奔赴前线询问国书的太史固送。

但是，左丘明和他的祖父儿孙辈的行为事迹竟全然不见于任何记载。

据此可以断定，左丘明不可能是太史。

非但左丘明的身份可疑，就连左丘明这个名字，至今也仍是一笔糊涂账。

大多数人认为，左丘明姓"左"，名"丘明"。

但有一部分人认为，左丘明的姓是复姓，为"左丘"，名是"明"。

清代学者刘宝楠就在《论语正义》里解释说："左氏是两字氏，明其名也。左丘亦单称左，故旧文皆言左传，不言左丘传。"

也有一部分人认为，"左"是官名，"丘"是姓，"明"是名。

近代学者刘师培就在他的《左传答问》里说："以丘明为鲁太史，左史即太史，左其官，丘其姓，明其名。其不称《丘氏传》，而称左氏传者，以孔门弟子讳言丘也。"

还有一部分人认为，左丘明的名字已经湮没迷失而不可考，"明"其实是他的外号，就跟兵法家孙膑一样，"膑"并不是孙膑的名，是因为孙膑的膝膑骨被庞涓挖了，得了个"膑"字的外号。

可不是吗？《史记·太史公自序》里说了："左丘失明，厥有国语。"左丘是因为双目失明了，所以人们才叫他"左丘明"。

近代史学家郭沫若在《青铜时代·述吴起》中也有"左史成盲"的说法。

看看，这一切公案、这一切迷案，都缘起于《论语》出现的"左丘明耻之，丘亦耻之"这一句话。

不管如何，如果根据《论语》出现的这一句话来判断左丘明和孔子是同时代人，并且他们是一对很要好的朋友，那就会引出另一个问题——虽然《左氏春秋》所记录的史事起自鲁隐公元年（前722），迄于鲁悼公十四年（前453），但书中提到了一些预言的应验时间已经延伸到战国中期。

现在只能确认：《左氏春秋》的成书时间大约在战国中期，非一时一人所作，而是由战国时代的众多学者编集而成。

四、虚拟出两位光照千古的大英雄，司马迁堪称一流的编剧家

笔者很小的时候经常跟随母亲去看戏。

对一则名叫《狸猫换太子》的戏印象深刻。

该戏讲的是：宋朝皇帝宋真宗的李宸妃临盆分娩，要生了。宋真宗的另一个宠妃刘氏非常紧张，她找来内监郭槐商议，想出了一条狠毒的计策。他们找到一只狸猫，剥去皮，准备等新生儿落地，把它调换出新生儿，陷害李宸妃。一开始，他们的阴谋进展顺利，新生儿被换下了，李宸妃被打入冷宫。但是，他们并不知道，换下来的新生儿被宫女寇珠交给了宦官陈琳。陈琳随后将之装在提盒中送至八贤王处抚养。这个新生儿长大后，做了皇帝，他就是宋仁宗。"狸猫换太子"一案也被著名的包青天包拯破解。最终，郭槐被杀，已做了太后的刘氏自尽。冤情大白，大快人心。

此外，笔者还对长篇连续大戏《薛刚反唐》的一个情节印象深刻。

故事说的是，大唐名将薛仁贵之孙薛刚元宵节大闹花灯，一脚踢

死皇子，惊崩圣驾，自行逃遁。武则天临朝，下令抄斩薛氏满门。薛刚之兄薛勇时为盗马关总兵，惊闻噩耗，不知如何是好。义仆薛虎用自己的亲生子换出主人的幼子薛斗，逃锁阳城去了。薛斗长大后，成了威风八面的大将军，与叔叔薛刚一起联手诛灭了武则天，兴复了大唐。

最感人至深的还有《东汉演义》里"偷龙换凤"的故事。

故事说的是，奸雄王莽篡位，鸩杀了东汉平帝，还要杀死平帝的儿子——尚在襁褓中的刘秀。结果被老丞相窦融袖中暗藏其亲生女窦金莲，巧妙地换出了刘秀，救了刘秀一命。刘秀长大成人后，灭莽兴汉，成了一代中兴之主光武帝。

……

其实，类似的故事还有很多。

渐渐地，笔者发现，这些故事都或深或浅地受到元剧《赵氏孤儿》的影响。

《赵氏孤儿》讲的是，春秋时期晋国奸臣屠岸贾陷害卿族赵氏，将其满门抄斩。赵家门客公孙杵臼为了保全赵家血脉，用一民间婴儿换出赵武，送给义士程婴抚养。这样，赵氏孤儿赵武幸存了下来。赵武长大后为家族复了大仇。

很多人都说，"赵氏孤儿"的故事是真实存在的，因为它出自司马迁的《史记·赵世家》。

另外，据说现在忻州市城西的逯家庄就有一座公孙杵臼墓；而程婴墓就在忻府区南关村。

公孙杵臼和程婴的英雄形象因此光照千古。

他们舍生取义、救孤抚孤之壮举，受到世人赞扬。

但是，细考《史记·赵世家》，其所记载的"赵氏孤儿"事件是经不起推敲的。

其所载事件的大致脉络如下：

晋景公三年（前597），晋国大权臣屠岸贾在没有取得晋景公批准的情况下，突然行凶，指挥军队围攻晋国卿族赵氏居住的下宫，将赵氏满门抄斩。

赵氏当家人赵朔的一家，以及他的叔叔赵同、赵括、赵婴齐三家人，基本都丧生在这场血屠里。

只有三个人躲过此劫，侥幸活了下来。

这三个人分别是赵朔的夫人、赵朔的门客公孙杵臼和赵朔的好友程婴。

让人惊喜的是，赵朔夫人已经身怀六甲。因为她是晋成公之姊，得以躲入晋宫，顺利分娩，生下了儿子赵武。

屠岸贾耳目通天，很快带兵杀入宫中，到处搜杀赵武，一副不斩草除根誓不罢休的样子。

晋景公不敢阻拦，眼睁睁地看着屠岸贾为非作歹。

赵朔夫人只好听天由命，把赵武塞入裙内，夹在胯下，拼命祷告说："赵宗灭乎，若号；即不灭，若无声。"

谢天谢地，赵武一声也没哭。

屠岸贾像条疯狗，东闻闻、西嗅嗅，四下搜索，搜完宫里搜宫外，无休无止。

情况非常紧急，公孙杵臼紧急找程婴商议对策。

程婴听说了宫中情形，急得直跺脚，说："看这个情形，屠岸贾找不到赵氏孤儿是不会善罢甘休的，该当如何是好？"

公孙杵臼问他："抚养孤儿与死亡哪个容易哪个难？"

程婴想也不想，冲口答道："死易，立孤难耳。"

公孙杵臼拍拍他的肩头，说："赵氏先君厚待你，你勉为其难地去做难的事，我选择做容易的，请求先死。"

随后，公孙杵臼像《天龙八部》里面的叶二娘一样，从民间抱来一个婴儿，让程婴充当叛徒，向屠岸贾告密。

屠岸贾赏了千两黄金给程婴，把公孙杵臼和那个无辜的婴儿斩杀了。

第三部分　乱世奇才　277

晋景公十五年（前584），隐姓埋名的赵武长大，在父亲赵朔的好友韩厥的帮助下，从晋景公那儿要回了赵氏的封地，后来还执掌了军权。他率军攻打屠岸贾，灭了屠岸贾一族，报仇雪恨。

程婴看到赵武已光复赵家基业，就对天诉说："当年的下宫之难，大家都能从容赴死。我并非不能赴死，但我思谋扶立赵氏之后。如今赵武既立，为成人，复故位，我将下报赵宣孟与公孙杵臼。"为了酬答赵宣孟赵朔和公孙杵臼，他随后自杀。

故事曲折离奇，震撼人心。

但是，"赵氏孤儿"故事里的第一反派屠岸贾，仅见于《史记·赵世家》《史记·韩世家》中，《史记·晋世家》《左传》里根本没有这个人的记载。

这个就非常可疑了。

按照故事里说的，连晋景公都怕他，但《左传》《史记·晋世家》竟然没有关于这个人片言只语的记载，太说不过去了。

同样，"赵氏孤儿"故事里的两大主角公孙杵臼和程婴也仅仅出现在《史记·赵世家》中，出现得没来由，死也死得非常仓促。

对这两个人的身份交代得前后不对应——先是说公孙杵臼是赵朔的门客，而程婴是赵朔的朋友。但到了故事结尾，程婴自杀时，他又声称是为了酬答赵朔的父亲赵盾和好友公孙臼杵，可谓前后矛盾。

另外，《史记·赵世家》记载赵氏惨遭灭门的时候是晋景公三年（前597），但查《国语·晋语九》可知，赵朔是死于鲁成公二年（晋景公十一年，前589）之前。而据《左传》鲁成公十年（晋景公十九年，前581）记载，赵同、赵括是在鲁成公八年（晋景公十七年，前583）被晋景公所杀。也就是说，"赵氏族诛事件"，应该发生在晋景公十七年（前583），赵朔和赵同、赵括不是同时死亡的。

《国语·晋语九》里面记载，晋景公十七年（前583），赵朔夫人入晋宫避难时，是带着赵武一起入宫的。这一点比较容易理解，毕竟，赵武的父亲赵朔是在晋景公十一年（前589）前死亡的，世间不存在在母亲腹中孕育了六七年的"遗腹子"。

又由于晋景公在位时间只有十九年,按照《左传》里面有韩厥请晋景公恢复赵氏封地的记载,那么,赵武复立时间应该就在晋景公十九年(前581)。

还有一点特别重要的是:

《春秋左传注疏》记载:赵武之孙赵简子曾击败邯郸大夫赵午。这个赵午为赵氏另一支族赵穿的子孙。

由此可知:赵武绝对不是"赵氏孤儿"。

现代很多史家认为,"赵氏族诛"的范围仅限于赵同、赵括两个支族。赵穿一支没有受到牵连,赵婴齐一支也没受影响;赵朔、赵武这一支也未受波及。换言之,公孙杵臼和程婴那些惊心动魄、荡气回肠的情节属于虚构。

《史记·赵世家》对赵简子以前赵氏先祖中衍至简子之父赵景叔这二十多代人的记述,基本都是一笔带过,唯独在"赵氏孤儿"这一段,陡然奇峰突起,材料丰赡,叙事绘声绘色。显而易见,"赵氏孤儿"的故事属于编造。

把"赵氏孤儿"故事推向高潮的是元朝的戏剧家。

道理很简单。

宋朝赵氏王室向以春秋晋国赵氏后裔自居,蒙元灭宋,那些具有反元复宋民族意识的百姓开始对"赵氏孤儿"的故事情有独钟,他们希望赵宋能在死后重生,驱逐蒙元,报仇雪恨。

这样,元人纪君祥的《冤报冤赵氏孤儿》(又名《赵氏孤儿大报仇》《赵氏孤儿》)得以与《窦娥冤》《长生殿》《桃花扇》并列,成为了中国古典四大悲剧之一。

五、庞涓死于马陵之战?

"孙庞斗智"的故事,对中国老百姓而言,可谓是耳熟能详,妇孺皆知。

这主要是得益于司马迁的精彩演绎。

按照司马迁的说法，孙膑出生在东阿、鄄城两地之间，是孙武的后代子孙，曾经和庞涓一起同窗学习兵法。

这个庞涓是个小心眼，一肚子坏水。他到魏国应聘，当上了魏惠王的将军，自认才能不及孙膑，故意装作好心人，把孙膑接到自己的身边，说是有福同享。他却利用自己的权势，把孙膑的两个膝头的膝盖骨剔出来，还在他的脸上刺上了侮辱性的大字。

庞涓以为，做了这两件事，孙膑就不能行动，也不敢抛头露面，那么，自己就可以天下无敌了。

但是，庞涓这么做，反而给孙膑做了广告。

有识之士敏锐地觉察出：孙膑一定是个比庞涓还厉害的人。

这不，齐国使者到魏国都城大梁访问，就偷偷把孙膑带回了齐国。

齐国将军田忌非常赏识孙膑，不但拜孙膑为师，还把孙膑隆重地举荐给了齐威王。

齐威王也拜孙膑为师，向孙膑请教兵法。

不久，魏国攻伐赵国，赵国的国都邯郸城被围困得水泄不通。

赵国的局势危急，哭着喊着向齐国求救。

孙膑祭出了他的成名兵法——"围魏救赵"。

他让田忌率军攻打魏国的国都大梁，迫使魏军解开对赵国邯郸的围困，然后在桂陵（今河南省长垣县一带）设伏，痛击魏军。

田忌依计而行，大破魏军。

时间过了十三年，赵国已经和魏国化干戈为玉帛，伙同魏国一起去欺负韩国。

韩国哭着喊着向齐国呼救。

孙膑又一次祭出了他的成名兵法——"围魏救赵"，不，这次应该叫"围魏救韩"。

他让田忌率军攻打魏国的国都大梁，迫使魏军解开对韩国韩城的围困，然后在马陵（今山东省莘县西南）设伏，痛击魏军。

为了加强诱敌效果，孙膑还加用了一招"减灶行军法"，以为辅助。

庞涓中计，急吼吼地赶来。

孙膑算准了庞涓会在日暮时分到达马陵，他在马陵道两边埋伏军队，并命人刮去一棵大树的树皮，在上面写上"庞涓死于此树之下"几个字。

他吩咐一万名弓弩手潜伏在大树四周，约定"暮见火举而俱发"。

庞涓果然在日暮时分到达马陵，远远看见剥掉树皮的树上所写的字，让士兵点火上前照看。

一行字尚未读完，齐军万弩齐发，魏军一下子就崩盘了。

庞涓自知智穷兵败，长叹道："遂成竖子之名！"拔剑含恨自刎。

齐军乘胜逐杀魏军，俘虏了魏太子申。

孙膑从此名显天下，世传其兵法。

以上是司马迁在《史记·孙子吴起列传》里面对桂陵之战和马陵之战的记载。

这个记载，在时间上出现了明显的错误。

这个错误，司马贞在《史记索隐》中已经指出：

王劭：纪年云"魏惠王十七年，齐田忌败梁于桂陵，至魏惠王二十七年十二月，齐田盼败梁于马陵"，计相去才十年。

也就是说，桂陵之战发生在魏惠王十七年（前353），而马陵之战发生在魏惠王二十七年（前343），二者之间相距十年，不是十三年。

另外，存疑的小细节也不少。

比如，秦始皇未统一六国之前，各国文字是有差异的，"庞涓死于此树之下"这几个字，不知道是用哪国文字写的……

当然，存疑最大的，是在孙膑实施"围魏救赵"一计的前一年，即魏惠王十六年（前354），赵国以强凌弱，进攻魏国的盟友卫国。庞涓率部救援时，所用的策略是"围赵救卫"——他率主力部队直奔赵都邯郸，迫使赵军回救，以此来化解赵军对卫国的攻势，达到"救卫"的目的。

也就是说，"围魏救赵"并非孙膑的首创、独创；庞涓其实早已深谙此道，并且用得比孙膑巧，比孙膑妙，比孙膑强。

庞涓围攻赵都邯郸时，秦国趁火打劫，兵分两路进攻魏国，占据了榆关（今河南省郑州市中牟县南）以南地区；楚国也不甘落后，进攻魏国重镇襄陵（今河南省周口市淮阳县）；齐国更是暗中使坏，策动了原本归附魏国的宋、卫、鲁三国叛魏降齐。

一时间，魏国四面树敌，捉襟见肘，顾此失彼。

但庞涓舍其末，扼其要，打蛇只打七寸，通过加紧进攻邯郸来降服赵国，一举扭转了局势。

那么，庞涓既然是使用"围魏救赵"策略的高手，为何会在桂陵之战中中计？

中一次还不知醒悟？还要在马陵之战再中一次才知道懊悔？

司马迁似乎也觉察到这个有悖常理的现象，他在写桂陵之战时，没有明写庞涓参战，只是含糊其词地说"魏果去邯郸，与齐战于桂陵，大破梁军"。

1972年4月，在山东省临沂市古城城南一座名叫银雀山的低矮的小山发现了一处规模很大的汉代墓葬群。考古工作者随后从墓葬中发现了大量竹简。这些竹简的内容绝大部分是古代兵书，其中就有已经失传一千七百多年的《孙膑兵法》，以及《孙子兵法》、《六韬》等二十余篇著作。

经过认真整理，《孙膑兵法》分为上、下两编。上编可以确定属于《齐孙子》的十五篇，包括《擒庞涓》《见威王》《威王问》《陈忌问垒》等；下编是还不能确定是否属于《齐孙子》的论兵之作。

这里重点说说《擒庞涓》里面的记载。

《擒庞涓》全文只有四百多字，写"围魏救赵"没有《史记·孙子吴起列传》写得那么神妙。

一、为了救赵,齐军先攻打魏国的平陵(今山东省菏泽市曹县)——注意,不是攻打魏都大梁;然后派"二大夫"带兵从齐城(今山东省淄博市临淄区)、高唐(今山东省德州市禹城市)攻击环涂地区(地名,所在不详,一说"环涂"是迂回的意思)的魏军。

二、为了诱敌,被派去攻击环涂地区的齐军付出了沉重的代价——"二大夫"被杀。

不过,策略实施的效果不错:"庞子果弃其辎重,兼趣舍而至。孙子弗息而击之桂陵,而擒庞涓。"庞涓果然丢掉辎重,兼程急奔而至。孙膑带领主力不作任何停留,在桂陵埋伏,一击而擒庞涓。

从"擒庞涓"这三个字来看,庞涓不但参加了桂陵之战,还在桂陵之战被齐军擒获。

必须要知道,《孙膑兵法》是孙膑弟子在当时所记,不容有什么怀疑的。

那么,再回到刚才的问题,庞涓既然已在桂陵之战时中了孙膑的"围魏救赵"及伏兵狙击之计,他为什么不吸取教训,而在马陵之战时再次上当?

而更让人疑惑不解的是,庞涓明明已经在桂陵之战当了齐军的俘虏,又怎么能在马陵之战中指挥魏国作战?

其实,查《战国策》,在马陵之战担任魏军指挥官的,是魏太子申,没庞涓什么事。

《战国策·魏二·齐魏战于马陵》记载的是:"齐、魏战于马陵,齐大胜魏,杀太子申,覆十万之军。"

同章书还记:"今战胜魏,覆十万之军,而禽(擒)太子申。"

另外,《战国策·宋卫·魏太子自将过宋外黄》对马陵之战的记载也是:"魏太子自将。"意思是说,魏太子申亲自挂帅。

可以说,说庞涓参加马陵之战,那是司马迁在自说自话,而且他的自说自话也有些互相抵牾。

举例来说,《史记·魏世家》《史记·田敬仲完世家》《六国年表·魏》说"齐虏魏太子申,杀将庞涓""杀其将庞涓,虏魏太子申""齐虏我太子申,杀将军庞涓",表明庞涓是齐军所杀。

但《史记·孙子吴起列传》为了增强艺术效果,把庞涓写成霸王项羽式的自杀。

可能有人会因为《战国策·齐一·田忌为齐将》里提到"田忌为齐将,系梁太子申,禽庞涓",认为俘获太子申和擒捉庞涓这两件事是在同一场战争中发生的。

但对比一下《孙膑兵法·陈忌问垒》里记载的:"用此者,所以应猝窘处隘塞死地之中也,是吾所以取庞……而禽太子申也。"二者的情况是一样,这是对桂陵、马陵两次战役的总结。

事实上,擒捉庞涓之事发生在桂陵之战,俘获太子申之事发生在马陵之战。

可能的情况是,庞涓在桂陵之战被擒后,就已经被孙膑处死了。毕竟,膑骨黥面之仇摆在那儿,此仇不报,活在世上还有什么意思?

是的,庞涓极有可能在马陵之战的十年前就已经死了。

参考书目

1、班固著《汉书》，中华书局，1962

2、范晔著《后汉书》，中华书局，1965

3、王聘珍撰著《大戴礼记解诂》，中华书局，1983

4、张震泽撰著《孙膑兵法校理》，中华书局，1984

5、黄怀信，张懋镕，田旭东撰著《逸周书汇校集注》，上海古籍出版社，2007

6、司马迁著《史记》，中华书局，出版时间：2011

7、李昉著《太平御览》，中华书局，2011

8、司马光著《资治通鉴》，中华书局，2011

9、张世亮，钟肇鹏，周桂钿译注《春秋繁露》，中华书局，2012

10、徐正英，常佩雨译注《周礼》，中华书局，2014

11、乐史撰《太平寰宇记》，中华书局，2014

12、王秀梅译注《诗经》，中华书局，2016

13、林家骊译注《楚辞》，中华书局，2016

14、缪文远，罗永莲，缪伟译注《战国策》，中华书局，2016

15、张双棣，张万彬，殷国光，陈涛译注《吕氏春秋》，中华书局，2016

16、顾迁译注《尚书》，中华书局，2016

17、安小兰译注《荀子》，中华书局，2016

18、高华平，王齐洲，张三夕译注《韩非子》，中华书局，2016

19、陈涛译注《晏子春秋》，中华书局，2016

20、陈桐生译注《国语》，中华书局，2016

21、李山译注《管子》，中华书局，2016

22、陈桥驿译注，王东补注《水经注》，中华书局，2016

23、郭丹译注《左传》，中华书局，2016

24、杨天才译注《周易》，中华书局，2016

25、方韬译注《山海经》，中华书局，2016

26、王象之撰《舆地记胜》，中华书局，2016

27、吕思勉著《先秦史》，江苏人民出版社，2018

28、班固著《白虎通义》，中国书店出版社，2018

29、崔冶译注《吴越春秋》，中华书局，2019

30、高永旺译注《穆天子传》，中华书局，2019

31、郑晓峰译注《博物志》，中华书局，2019

32、张仲清译注《绝越书》，出版社：中华书局，2020

33、韩婴撰，许维遹校释《韩诗外传集释》，中华书局，2020

34、陈曦译注《孙子兵法》，出版社：中华书局，2022